图书在版编目（CIP）数据

南国舞台上的红豆豆：粤剧梅花奖演员访谈评论集 / 谢纳新，邓海涛著. -- 北京：中国戏剧出版社，2024.2
ISBN 978-7-104-05425-2

Ⅰ. ①南… Ⅱ. ①谢… ②邓… Ⅲ. ①粤剧—戏曲家—访问记—中国 Ⅳ. ①K825.78

中国国家版本馆CIP数据核字(2023)第200169号

南国舞台上的红豆豆
——粤剧梅花奖演员访谈评论集

责任编辑： 肖 楠　齐 钰

责任印刷： 冯志强

出版发行：	中国戏剧出版社
出 版 人：	樊国宾
社　　址：	北京市西城区天宁寺前街 2 号国家音乐产业基地 L 座
邮　　编：	100055
网　　址：	www.theatrebook.cn
电　　话：	010-63385980（总编室）　010-63381560（发行部）
传　　真：	010-63381560

读者服务： 010-63381560
邮购地址： 北京市西城区天宁寺前街 2 号国家音乐产业基地 L 座

印　　刷：	廊坊市印艺阁数字科技有限公司
开　　本：	787mm×1092mm　1/16
印　　张：	28.75
字　　数：	490千字
版　　次：	2024 年 2 月　北京第 1 版第 1 次印刷
书　　号：	ISBN 978-7-104-05425-2
定　　价：	238.00元

版权专有，违者必究；如有质量问题，请与出版社联系调换。

内容简介：

本书先后采访广东粤剧界18位中国戏剧梅花奖（2007年更名为中国戏剧奖·梅花表演奖）得主，记录他们的从艺经历和舞台心得，在回顾演员成长过程的同时，也力图描述20世纪80年代的粤剧状况和艺术表演规律，并就诸如戏曲传承、创新元素、市场机制等热点问题展开探讨。对于记录评论当今广东粤剧界有代表性的艺术家的足迹和心声，关注传统戏曲的薪火传承，有着一定的意义。

群星闪耀

序 一

谢纳新同志是我在广东省艺术研究所工作期间的一位同事，在十几年的相处之中，未发现她有什么耀眼的职称头衔，也未看见她发表什么炫众的宏篇巨论，只是一位平平常常、平易近人的女同志。邓海涛先生我暂时无缘结识，据说是一位从小痴迷粤剧艺术的高校教师，他和谢纳新志同道合，两人合作探索历届粤剧梅花奖获奖演员的奥秘。近年陆续看到他们这方面的合作成果在有关的报刊上发表，心中很是高兴。最近，他们把已经发表的文章进行补充修改，取名《南国舞台上的红豆豆——粤剧梅花奖演员访谈评论集》结集出版，更是令人产生惊喜的感觉。捧读之余，诸如"江山代有才人出""长江后浪推前浪"之类的感慨，不知不觉地涌上心头。

通过对历届粤剧梅花奖获奖演员的访谈，用文字去表述他们的从艺经历、艺术人生、创作业绩、成功经验，等等，在我看来是一件相当困难的事情。在中国的戏剧舞台上，历届获奖的梅花奖演员数以百计，在广东粤剧界也有22位，他们的高远志向、良好品德、高尚情操是基本相同的；他们的信仰、情操、担当、理想追求和家国情怀是大体一致的；他们的职业道德、勤业精功、社会主义核心价值观、修身立世品德操行，毫无疑义更是彼此高度相同。如何在千人千面的鲜丽"梅花"之中，同中求异，求同存异，使之各有韵致，别具风标，这确是颇难做好的一件事。好在两位作者的脑筋灵活，善于思考，他们于最普通的事物之中，抓住最核心的关键，以之开拓深化，终于写成和写好了这部作品。其中的关键就是历届梅花奖获奖者的共同职业——演员。他们认为，戏剧活动的三个要素——编剧、演员、观众之中，最重要的还是演员。通过演员的表演，才让一个又一个优美的故事，吸引了观众的目光。舞台上的角色是通过演员来塑造的，要是没有演员，就不可能创作优秀的戏剧作品。没有舞台上演出的作品，也就不能有广大的观众。写出演员应该具备的各个方面的条件，写出演员这个职业共同拥有的学艺初心、习艺艰难、艺途曲折、业有所成的经历，他们反映用心血和汗水浇灌出来的艺术情怀、灿烂业绩、经验造诣和把精品奉献给人民的德艺双馨的美丽人生，最后不就可以把所要书写、讴歌的梅花奖获奖演员的精神风貌、品位格调、精湛演艺、艺术价值充分地表现出来了吗？把一朵朵鲜丽高洁的"梅花"，串联玉成南国舞台上的"红豆豆"，于是有了这本别具一格的广东梨园人物"传奇"。

广东历来把培养优秀艺术人才的工作，作为建设中国特色社会主义文化事业的重要组成部分，历年举办推出优秀艺术人才、德艺双馨模范、跨世纪艺术之星、新世纪之星艺术展演等活动，以及参加中国戏剧梅花奖的评选，都是培养优秀艺术人才的重要举措。习近平总书记在看望参加全国政协十三届二次会议的文化艺术界、社会科学界委员时指出："一个国家、一个民族不能没有灵魂。文化文艺工作、哲学社会科学工作就属于培根铸魂的工作，在党和国家全局工作中居于十分重要的地位，在新时代坚持和发展中国特色社会主义中具有十分重要的作用。"习近平总书记还强调："新时代呼唤着杰出的文学家、艺术家、理论家，文艺创作、学术创新拥有无比广阔的空间，要坚定文化自信、把握时代脉搏、聆听时代声音，坚持与时代同步伐、以人民为中心、以精品奉献人民、用明德引领风尚。"在当今这个举国上下、大江南北齐声呼唤培养杰出人才的伟大时代，撰写、出版集中讴歌粤剧梅花奖获奖演员的作品——《南国舞台上的红豆豆——粤剧梅花奖演员访谈评论集》，是十分切合时宜和应予赞许的。为那些"各领风骚数百年"的"才人"摇旗呐喊、擂鼓助威，使他们扬名立世、各显神通，推广他们创作演出的优秀作品更深入地发挥启迪思想、陶冶情操、温润心灵的重要作用，我相信广大的读者是热烈欢迎的。让热爱粤剧的广大观众适时地看到粤剧梅花奖获奖演员的千姿百态、高美神韵以及他们身上反映出来的文化内涵、艺术价值，使观众于观剧之余津津乐道，这也是令人十分愉悦和高兴的一件赏心乐事。

祝贺《南国舞台上的红豆豆——粤剧梅花奖演员访谈评论集》出版面世。

谢彬筹（1936—2023年），曾任广东省艺术研究所所长。中国戏剧家协会会员。受聘研究员和一级编剧期间，发表戏曲史论、艺术研究、戏剧评论等方面的文章一百多万字。参与编纂《中国戏曲志·广东卷》，出版《岭南戏剧思辨录》《岭南戏剧观赏集》《岭南戏剧源流编》《永远的红线女》《红线女艺术简论》等著作。

序 二

名伶辈出是剧种兴旺发达的标志。余生也晚，未能亲睹20世纪三四十年代粤剧界"薛马廖桂白"群雄争胜的盛况，难免遗憾。但1957年我到广州中山大学读书后，有幸观看了马师曾、红线女、白驹荣、罗家宝、林小群、文觉非等的演出，马师曾在《搜书院》中"你看见半边明月"的一段口白，马师曾、红线女《关汉卿》中[蝶双飞]的曲子："将碧血，写忠烈，化厉鬼，除逆贼。这血儿呀化作黄河扬子浪千叠，长与英雄共魂魄……"几十年后尚不能忘怀。白驹荣曾带团到中山大学演出，他运腔流畅跌宕，荡气回肠，给人留下深刻印象。原来他那时候双眼已失明，台风自然潇洒，可见其艺术已臻出神入化之境。不久，我加入由著名戏曲学者王起（季思）亲自指导的中山大学中文系学生戏曲评论组，接触粤剧的机会更多。有一次在东乐戏院看罗家宝、林小群的《柳毅传书》，观众如痴如醉，当唱到[柳摇金]曲"感君爱怜"时，不少观众竟小声跟着哼唱，令我感到粤剧艺术巨大的魅力。后来，我看名丑生文觉非的《三件宝》《拉郎配》，观众常常笑成一片。《三件宝》中那几句"一醇滚（沸），二醇熟，三醇口有福"，竟不胫而走，成为当时街坊民众的谈资。以上这些大师的表演，让我领略到粤剧的通俗性、群众性及其神奇的艺术张力。粤剧名伶众多，流派纷呈，光就唱腔而言，就有薛觉先的薛腔，马师曾的马腔，新马师曾的新马腔，何非凡的凡腔，红线女的红腔，罗家宝的虾腔，陈笑风的风腔，等等，不一而足。所以，粤剧的昨天是辉煌的，"想当年，金戈铁马，气吞万里如虎"。

今天的粤剧名伶，或许在声望方面没有前辈大，但他们承继前辈大老倌的衣钵传统，有所发扬，有所创新，同样谱写着当今粤剧的辉煌。

谢纳新、邓海涛两位方家为我们推出一本很特别的书，之所以特别，是因为发前人未发之覆。这本《南国舞台上的红豆豆——粤剧梅花奖演员访谈评论集》，专门访问采写当今粤剧梅花奖获得者中的18位艺术家。中国戏剧梅花奖是由中国文联、中国戏剧家协会主办的中国戏剧表演艺术方面的最高奖项。毫无疑问，获这个奖的演员，都是各剧种的出类拔萃者。就广东来说，剧种历史比粤剧长得多的潮剧，只有三名演员获梅花奖，雷剧只有一名，广东汉剧有两名，粤剧竟有22名，把省内的兄弟剧种远远抛在后面，可见当今粤剧兴旺繁荣的程度。

这本粤剧梅花奖获得者的访谈评论集，用真实朴素的文字，记录当今粤剧最著名最有成就的一批演员的人生旅程与艺术足音，他们的从艺经历、心路历程与体会感言，足以为圈内圈外人之镜鉴。

　　冯刚毅是第一位获粤剧梅花奖的演员，表演风格潇洒大气，唱做俱佳。我有一次在中山纪念堂看他的《风雪夜归人》，戏演完后，几百名观众聚集台前，久久不愿离去，都想近距离一睹冯刚毅的风采。能够一睹正处于盛年（而不是老年！）的艺术家的表演，确实是莫大的眼福。冯刚毅终于以《风雪夜归人》中出色的艺术创造为粤剧争来第一个梅花奖，当时我也抑制不住内心的激动为他写了一篇评赏文章。后来，他演现代戏《驼哥的旗》，以驼背卑陋的外部形象与诙谐风趣的演绎，说明这是一位戏路宽广，对角色拿捏到位，既能"入乎其内"，又能"出乎其外"的艺术家。冯刚毅终于创造出粤剧舞台上难得一见的既卑微又崇高的驼哥的艺术形象，成为粤剧史上少见的"二度梅"获得者。

　　丁凡曾任广东粤剧院院长，其艺术造诣自不待言。有一位现居美国年过90岁的古老太，一听丁凡的唱就精神爽利，病顿时好了很多。丁凡创造了"戏可疗疾"的神话！但丁凡是一个平凡的人，从名字也可看出，这是一个追求简单庸常的人。访谈评论集并不回避他人生旅途中一些不为人知的尴尬事，丁凡高中毕业才进入德庆县粤剧团当学员，年龄大练功时的困难自不必说。一年后因技艺还未达标竟转不了正。这个面子一般人是丢不起的。"知耻近乎勇"，自此，一身汗一身水，丁凡刻苦磨炼自己，终于学有所成，艺有所就。访谈评论集用各种生动的细节，为读者记述了这些粤剧明星背后真实感人的各种故事。

　　汗水是成功的通行证，荣誉是奋斗的座右铭。据《南国舞台上的红豆豆——粤剧梅花奖演员访谈评论集》记载，姚志强、崔玉梅、麦玉清，都是十三四岁才进入粤剧学校或粤剧团当学员的，不难想见压腿练功这些基本功训练要付出多少汗水。曾慧当学员时，师傅规定学员不论男女，每次翻筋斗一定要翻够21个，女学员曾慧却几乎每次都超额完成！吴国华演猴王戏。化妆时头戴金箍，头部皮肤竟被勒出水泡。为了不影响造型，吴国华忍痛用针刺穿水泡后再戴头箍。练功或演出中的这些苦痛磨砺，一般观众是不易想到的。正是："不经一番寒彻骨，怎得梅花扑鼻香。"《香港商报》曾以《随时代发展的开路先锋，猴王闯粤剧天地——体操运动员转演文武生》为题，大赞吴国华的演技。"猴王"六小龄童看了吴国华的《猴王借扇》之后，十分赞赏并写信祝贺。梁耀安为了演出需要，曾一度在《苗岭风雷》中串演九个角色，从小生、小武、老生一直扮到丑生，从正面人物演到反面人物。有时还要顶角救场，行内谓之"吞生蛇"，对演员来说是很"恐怖"的事儿。有一次"春班"演出《钟无艳战齐宣王》，孰料扮齐宣王的演员临时生病上不了场，"救场如救火"，梁耀安二话没说顶上。由于平时专心睇戏记曲，他从文武生跨入丑生行当，倒也把齐宣王演得惟妙惟肖，十分难得。梁淑卿为了演好《铁面青天》中包公嫂娘一角，原来花旦应工的她变身老旦，她上网搜索有关资料，还在家用晾衣服的叉子当拐杖来回演练，找准感觉。红线女看了梁淑卿演出之后，赞她"一人千面，一曲千腔"。可见，梅花奖的"梅花"，是用艰辛的汗水浇出来的。

《南国舞台上的红豆豆——粤剧梅花奖演员访谈评论集》还传递了"折梅者"的艺术经验与从艺感悟。欧凯明是当今粤剧舞台上最负盛名的表演艺术家，他谆谆告诫后来者：年青时拼的是技术，中年拼的是文化底蕴，一定要加强自身的修养，才能担当重任。来自广西一个小村落的欧凯明，时时刻刻以红线女老师为圭臬。红线女说："我的生命属于艺术，我的艺术属于人民。"对家乡的眷恋，对亲人、老师、同学、朋友、观众的一片深情，还有那北海的滩涂，合浦师范的东坡亭，广西艺术学校的练功场，以及师傅的藤条……这一切令欧凯明无法忘怀，铸就了他当下如日中天的粤剧表演艺术。

今天，由倪惠英、黎骏声主演的《花月影》，丁凡主演的《伦文叙传奇》，李淑勤主演的《小周后》，欧凯明、崔玉梅主演的《刑场上的婚礼》……已经演出一两百场，甚至三四百场。这些业绩，与前辈粤剧艺术家比起来也毫无愧色。由这班梅花奖获得者，以及近期第28届折梅者、现今年轻一代的粤剧领军人物曾小敏等担纲撑起的粤剧艺术，正以崭新面貌创造着新的辉煌。

艺术是什么？照我看，艺术就是用高尚的情操与精神去软化被物质硬化了的心灵。对于粤剧艺术家来说，就是用粤剧愉悦大众、教化大众，提升大众的精神境界与素质品位。倪惠英说："粤剧是我的终身事业。""二度梅"获得者欧凯明说："戏比天大。"有这样一批以粤剧为生命、为粤剧奋斗终身的艺术家，粤剧是大有希望的，粤剧一定能够续写辉煌。

宋人杜耒的《寒夜》诗云："寒夜客来茶当酒，竹炉汤沸火初红。寻常一样窗前月，才有梅花便不同。"借用诗句的意思，一个演员得了梅花奖之后，有什么不同呢？我以为光环有了，台阶上了，使命感更强了，应该利用自身的优势，辐射出艺术的力量，带领更多的人前行、攀高、冲顶，把粤剧艺术推向一个新的境界。

这本《南国舞台上的红豆豆——粤剧梅花奖演员访谈评论集》的作者之一谢纳新，是我一位已故朋友谢成功的女儿。谢成功是20世纪60年代上海戏剧学院戏剧文学系的首届毕业生，在广东戏剧界劳作多年，曾主编《戏剧艺术资料》《南粤剧作》《广东艺术》等刊物。现在女承父志，推出这本《南国舞台上的红豆豆——粤剧梅花奖演员访谈评论集》，记叙粤剧明星的人生轨迹与从艺经历，为繁荣粤剧事业摇旗呐喊，其心至诚，其志可嘉。

是为序。

吴国钦，中山大学中文系教授、博士生导师。主要著作有《中国戏曲史漫话》《西厢记艺术谈》，校注有《关汉卿全集》《论中国戏曲及其他》，与人合著有《中华古曲观止》《元杂剧研究》，参与王季思主编项目《中国戏曲选》《全元戏曲》《元杂剧选注》的编注，著有《潮剧溯源》等论文数十篇。

前 言

　　我小时候曾经与父母一起，住过在舞台上搭建的小木房子，演员早晨的练嗓是我起床的闹钟。父母经常让我看正在流汗练功的演员，让我向他们学习，要从小学习吃苦耐劳！说只有吃苦，人才会有出息！

　　我从小到大，都生活在文艺圈里，从小喊的伯伯、伯母、叔叔、阿姨、哥哥、姐姐都是搞艺术的。他们从事不同的剧种、不同的行当、不同的表演形式，如有搞电影的、演话剧、粤剧、采茶戏和杂技的……在大戏院里，我和小伙伴在剧场里、在舞台上下追逐、打闹，模仿着大人们的表演。我们的游戏，都与看过的戏有关，甚至还能稚嫩地背诵他们的台词……

　　我一直记得，爸爸曾经告诉过我的一段梨园传奇。说在中华人民共和国成立前的江浙、上海一带，有一个演员面目非常丑陋，身长腿短，而且他的两腿还要是一长一短的，相差个八九厘米！要说多丑就有多丑，他的左眼角向下倾斜，他的右嘴角是向下歪的！听爸爸的讲述，他整个人就像雨果笔下的卡西莫多嘛！一个有残疾的梨园传奇人物！大家不知道他的本名，可他偏偏这么外形的人，却是扮演青春靓丽的花旦！还是个身手敏捷、擅于骑马劫富济贫的侠义人士！

　　爸爸说，他在镜前装扮时，有一套修整：通过戴头套时，拉紧两侧鬓角，他把左眼皮往上一拉，调整好与右眼持平，把右边的歪嘴往上一提，他这么一拉一提，他的五官端正啦！再经过一番油彩的装扮，一个漂亮的花旦出来啦！他有一双特制的马靴，可以修正他的高低不平的两腿，不仅让他潇潇洒洒在舞台上亮相，还能让他飞身上马，行走江湖，劫富济贫，留下一代伶人美名。这是我小时候听过的最神奇的、形象反差最大的梨园故事。

　　我从小喜欢演员，觉得他们很神奇！因为台下他们就生活在我的身边，可台上，他们像换了一个人，通过他们的表演，一个个故事吸引了我的目光。

　　角色是通过他们来塑造的，虽然他们不一定是最主要创作的发起者，可是没有他们，不可能有作品，更不可能有观众。

因为从小就有的演员情结，在2011年我创作了表现清末演员生活的电影文学剧本《戏子称王》。李文茂系粤剧演员，他领导反清起义的故事很有戏剧性，他和艺人们穿戏服表演，穿戏服起义，用道具打杀敌人，在锣鼓音乐中起义啦！多么精彩的画面！他的队伍是按梨园的武行来分排。他和官员们都穿戏服上堂审案，天气炎热，就脱掉袍靴置于案上，多么可爱的平民草根官员啊！

我和从小痴迷粤剧艺术的邓海涛先生合作，一起探索，从广东粤剧开始，从粤剧梅花奖获奖演员开始，通过与他们的访谈，了解他们的舞台从艺经验、艺术人生、代表作、取得的成绩，正面地评价和探讨他们的粤剧表演艺术。通过他们的生动叙述，特别是他们诙谐的、有趣的语言，他们的个人性格语言，把一个个鲜活的演员形象再现眼前。

从2014年的春节开始至今，我和海涛目前完成撰写、已在《南国红豆》期刊上发表的文章累计有18篇，到了补充、修改、结集的阶段了，希望大家喜欢。

谢纳新，广东省艺术研究所编剧、戏剧制作人、广东省戏剧家协会会员、中国演出经纪人。近年在戏曲方面的主要工作：2011年发表了电影文学剧本《戏子称王》；2015—2017年参加全国地方戏曲剧种普查工作，负责广东粤剧部分；从2018—2022年，历经三年多完成了由广东省艺术研究所与中国戏剧出版社合作出版的《广东戏剧文库·优秀剧作选（1949—2019）》（包括粤剧、潮剧、广东汉剧、正字戏、西秦戏、白字戏、粤北采茶戏、雷剧、客家山歌剧、乐昌花鼓戏、花朝戏等11个广东剧种卷和话剧卷，总共8卷25册）的全部校对、校勘工作；从2015年至今，主要参加广东省文化和旅游厅、广东省艺术研究所的品牌项目"粤戏越精彩"系列活动的工作。

目 录

序 一　　　谢彬筹　　　　　　1
序 二　　　吴国钦　　　　　　3
前 言　　　谢纳新　　　　　　7

梅开二度，天南一凤：冯刚毅　　001
情之所起，一往而深：丁　凡　　021
允文允武，戏真情深：欧凯明　　051
傲雪红梅，韵味更浓：陈韵红　　079
粤剧事业，终身奋斗：倪惠英　　103
温文尔雅，俊俏小生：梁耀安　　129
秀菊琴韵，秋圃犹香：曹秀琴　　147
心存远志，艺尚刚强：姚志强　　167
文武全才，别具一格：吴国华　　193
一人千面，一曲千腔：梁淑卿　　215
蕙心兰质，秀外慧中：曾　慧　　233
红派情缘，红梅琼姿：琼　霞　　257
情系红豆，锐意创新：李淑勤　　287
内外兼修，美的绽放：蒋文端　　305
勇猛精进，骏采驰声：黎骏声　　331
玉韫生辉，梅雪沁香：崔玉梅　　355
清丽灵秀，通台老倌：麦玉清　　383
粤剧传薪，梨园芬芳：曾小敏　　411

后　记　　　邓海涛　　　　　444

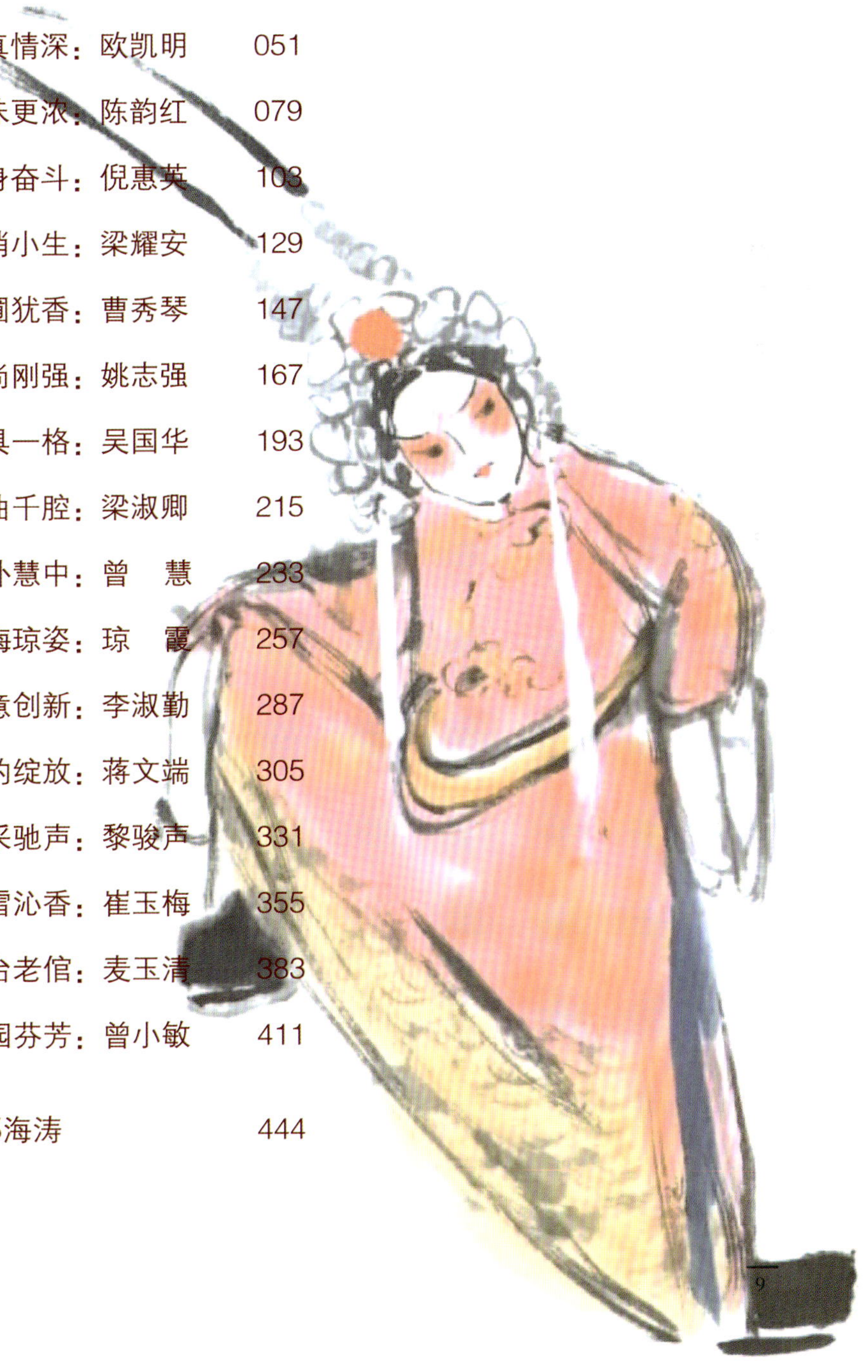

冯刚毅

梅开二度，天南一凤

1989年获第6届中国戏剧梅花奖

2002年获第19届中国戏剧梅花奖"二度梅"

作为粤剧界首度"摘梅"第一人，冯刚毅身上不乏荣耀与光彩。早年他已享有粤剧青年"四大天王"的美誉，时隔11年后的"梅开二度"更使他备受关注。独特的学艺经历和生活磨炼，让这位成功饰演了徐澄、宝玉、魏莲生、驼哥等人物角色的粤剧名伶，在岁月淘洗中不断锤炼自己的艺术修养，从而对粤剧文化有了不一样的视角和感悟。我们相信，冯刚毅内心充满对戏曲艺术的崇敬，同时也伴随着种种追问与思考。带着一连串问题，我们对他展开了访谈。

学艺·从业

冯刚毅原名冯盛世，出生于广州黄埔，自幼失怙。受母亲喜欢听粤曲的影响，他从小就热爱粤剧粤曲，立志长大后要以此为业。时代与环境的不同，往往造就个人境遇的迥异。冯刚毅的学艺道路非同一般。20世纪五六十年代，正是物质匮乏、资源短缺的时期，尚处孩童阶段的冯刚毅虽然一直热爱戏剧艺术，却苦于求学无门。恰好姐姐是厂里文工团的演员，每逢有文艺演出，冯刚毅都会到现场去观看，还曾在13岁那年，客串演出了一个没有台词的角色。1965年，冯刚毅满怀理想，进入宝安县粤剧团（深圳市粤剧团的前身）。每天挥洒汗水，追逐自己的戏剧梦。因为机会来之不易，冯刚毅很珍惜学习时光，边练功边学习，同时将学到的功夫置诸舞台去检验，提升自己的技能。但是，在进入剧团不久，全国开始了"文化大革命"，文艺事业受到很大的冲击，剧团也不例外。按照规定，很多经典的传统戏剧目由于各种原因都不能上演，演员们只能表演《农奴戟》《边防枪声》《瑶山春》等现代戏和《山地交通站》《山鹰》这一类

著名戏剧家吴祖光题赠冯刚毅

折子戏。由于资历尚浅，冯刚毅要从小角色做起，但他处处留心，观察并默记别人的长处和优点，为自己积累艺术经验。也正是因为有做B角（主角替身）的经历，为他日后适应不同行当的表演奠定扎实的基础。

未能从传统戏表演中汲取养分，冯刚毅当然感到苦闷，但他很快又找到学习的途径：利用省吃俭用存下的36块钱托朋友买了一台收音机，这样他就可以通过电波欣赏到粤剧名伶马师曾、何非凡等前辈的经典唱腔。与别人不同的是，冯刚毅虽然进入了专业团体，但由于各种原因，他只能利用业余时间去钻研专业技能。通过收音机，他能听见省港粤剧老倌的唱腔，领会其精髓，并着意模仿，化为己用。不久后，宝安县粤剧团又被合并到深圳市粤剧团，冯刚毅的机会更多了。20世纪70年代末，中共十一届三中全会召开后，中国文艺事业呈现良好的发展趋势。粤剧也开始复苏，一些传统剧目纷纷上演。冯刚毅开始正式在剧团担任正印文武生，并和搭档郑秋怡主演了《红灯记》《胡不归》等剧目。

演员要能"立"起来，靠的是"戏"，靠的是"角"。冯刚毅埋头苦练之余，心里一直盼望有一个适合自己的人物角色，能发挥自己的表演天分。1979年，这个他等待许久的角色终于来了——那就是《鸳鸯泪洒莫愁湖》中的公子徐澄。

真正确立冯刚毅正印文武生地位的剧目，正是由深圳市粤剧团排演的大型粤剧《鸳鸯泪洒莫愁湖》。该剧改编自民间故事，讲述的是明朝永乐年间，忠臣少卿为奸臣邱丞相所害，其女儿莫愁被卖至王府，与王府公子徐澄相遇相爱，后两人遭邱丞相女儿邱彩云毒害的故事。冯刚毅在这出戏上倾注了大量心血，在唱腔和表演上都细细雕琢，反复排演。该剧一经上演，即受到观众欢迎。除了粤剧的文化消费传统，以及改编自民间故事的男女情爱模式、凄怨剧情因素外，更离不开冯刚毅精神俊朗的扮相、丝丝入扣的唱做功夫：他把剧中主人公徐澄多情耿直、矢志不变的形象演活了，故而使该剧盛演不衰，影响甚广。研究粤剧史的黄镜明曾撰文称道："不少同行认为他（指冯刚毅）的唱腔清脆明亮，圆润柔和，流畅自然；赞赏他的表演'求朴实而不尚华彩，重洒脱而不轻佻'。"（见黄镜明：《蜚声省、港的粤坛新星冯刚毅》）

该剧在当时连演300多场，备受追捧。无论是此剧还是主角冯刚毅，都受到戏迷的关爱支持。冯刚毅于访谈中还说到，观众很热情，经常亲手煲了靓汤糖水送给他"润喉"。有时候一送就是若干份，为了不浪费，只能与剧团同事一起分享戏迷朋友珍贵的心意。不过即便受到热捧，他依然很清楚自己的职责，要把舞台上的人物唱好演好，才不会辜负热爱粤剧的观众和同道。

梨园行内有一句话："台上一分钟，台下十年功。"为了练基本功，冯刚毅可谓吃尽了苦头。他刚进博罗县东乐粤剧团时，个子不高，身材瘦削，体质较弱。练功时，他往往要付出比别人多很多的时间和努力。但出于对粤剧的热爱和对理想的追求，他把疲劳困苦置于脑后，全身心投入到学习和练功中，给剧团其他人留下了深刻的良好印象。

在选择行当时，冯刚毅考虑到自身条件，专攻小生。在长达五十多年的演艺生涯中，他主演了《鸳鸯泪洒莫愁湖》《情僧偷到潇湘馆》《双枪陆文龙》《风雪夜归人》《情系中英街》《血溅鸳鸯剑》《阴阳怨》《紫钗记》等为观众熟知并称道的剧目，成功塑造了各类小生人物，积累了丰富的舞台经验。从深圳市粤剧团退休后，他退而不休，认为演员应该不断学习，提高自己的艺术修养，拓宽自己的艺术视野。于是，他尝试向电视剧进军，并通过面试，参与粤语情景喜剧《七十二家房客》的演出，饰演剧中心地善良、乐于助人的金医生一角。

唱腔·表演

在戏曲的"四功"唱念做打中，唱是摆在第一位的。一名成功的戏曲演员往往依靠独特的唱腔来展现自己的艺术面貌，塑造鲜明的人物角色。冯刚毅很早就注意到唱腔的重要性。粤剧史上，名家林立，派别纷呈，如早期的"薛、马、廖、桂、白"，继而有新马腔、凤腔、虾腔，等等。在众多唱腔派别中，冯刚毅对何非凡的"凡腔"特别感兴趣。何非凡是20世纪40年代的粤剧名伶，享誉剧坛。《粤剧史》载："何非凡，原名何康琪，广东省东莞县人。年轻时曾在一家导游社任'电话生'（接电话的青年工人），性喜音乐，爱唱粤曲，擅长秦琴。曾拜石燕子、陈醒章为师学戏，并在九龙城一家小戏院演戏。后来，陶醒非、凌霄影组班赴上海演出，他任第三小生。南归后，在澳门南环游乐场与花旦婉笑梅、邓碧云等合作。张雷公组织大罗天剧团时，请他和邓碧云、区楚翘和王中王合作，颇获观众好评。1947年，他自组非凡响剧团与著名花旦楚岫云合演冯志芬编撰的《情僧偷到潇湘馆》，在广州市连演三百六十场，场场满座。何也因此有'情僧'的绰号。此剧赢得观众热烈欢迎的原因，除了剧本和舞台美术有新意外，还与何非凡自创的'凡腔'有关。"（引自赖伯疆、黄镜明著《粤剧史》，中国戏剧出版社1988年版，第214页）

何非凡的"凡腔"，又称"狗仔腔"，其特点为行腔或高扬或低沉，跌宕多姿，很适合表达激荡饱满的情绪。"凡腔"讲究声音的亮丽、发音的短促有力和绵长悠扬相结合以及运用气息的技巧，但效仿者虽众，得其中三昧的人却不多。冯刚毅对"凡腔"情有独钟，他体会到该腔能"因腔显情""以情带腔"的特点，善于制造字音的跌宕起

梅开二度，天南一凤

冯刚毅示范小生表演造型

南国舞台上的红豆豆 粤剧梅花奖演员访谈评论集

粤剧《情僧偷到潇湘馆》,冯刚毅饰演贾宝玉

伏，凸显情感细腻变化，同时能充分发挥戏曲唱腔听觉特点，通过某些音位的适度夸张，令听者有很深的印象。在《情僧偷到潇湘馆》一剧中，冯刚毅饰演贾宝玉，在"偷祭黛玉"一段，他充分吸收"凡腔"的特色，无论是七字清中板还是二黄慢板、二黄滚花的唱段，他都突出个别字音的腔调，或延长，或加促，合理夸张，使之变化丰富多样。如"呢个宝……玉……逃禅，今晚偷……复返""致令到鸳鸯分散分散""呢呢呢呢我……敢话""待等我在西天成……佛，个阵不知见妹你瘦骨……姗姗……"等句子，冯刚毅都会通过某些字词发音的若断若续、轻重相间，加以适当延长和跌宕，使剧中人物个性更鲜明，情绪更丰富，唱做更和谐。这些特征在诸如《碧海狂僧》等粤曲中还屡有出现，也说明冯刚毅对"凡腔"的运用熟稔甚而出神入化。

《红楼梦》是中国古典名著，为人所熟知。对于该巨著的其他艺术形式的改编之作，更是不计其数。全国各地的戏剧戏曲以及说唱艺术，都不乏"红楼改编"的佳作。粤剧《情僧偷到潇湘馆》是一出以"宝黛情事"为主题的经典剧目。剧情讲述宝黛心心相印却因贾母、王夫人等人阻挠，好事难谐。黛玉抑郁不已，最后魂归极乐。贾宝玉得知黛玉归天，愤而出家。宝玉万念俱灰却又难释旧怀，某夜复返潇湘馆，偷祭黛玉。该剧以唱段的情感抒发为主，演员须在人物唱腔上非常讲究，才能饰演好情感丰富的贾宝玉。此剧原为何非凡的名剧，经久不衰。后由编剧家陈冠卿重新整理，冯刚毅及深圳市粤剧团一众演员在继承前辈的基础上，注入现代表演气息，得到观众的好评。新马师曾看了冯刚毅的演出，称赞其唱腔"神似凡腔，胜似凡腔"。除了唱腔方面的雕琢，冯刚毅还曾前往上海越剧院，专门请教曾出演越剧《红楼梦》的名家徐玉兰、王文娟，请她们帮忙指点自己的身段和表演，力求自己无论在唱腔还是身段上都达到高标准的要求。

冯刚毅是个有心人，他不仅以"凡腔"为学习对象，还对其他唱腔流派均悉心留意，了解其渊源、特色，明其所长，化为己用。他有一个与众不同的特点，对于行内一些约定俗成的说法，他都不会盲从偏信，而是通过自己的实践加以检验再吸收。如对于"能唱高音者，则不擅长低音"这一说法，冯刚毅就不同意。相反，他认为演员要打破陈规，了解自己特点并弥补不足，兼及全面。在模仿取法前贤上，他也不墨守一家一派，泥古以求，而是强调要博采众长，融会贯通。比如在唱腔表演上，他既学习新马师曾（原名邓永祥，香港粤剧演员）高音的清丽，同时辅以罗家宝"虾腔"的低音效果，婉转部分则效法陈笑风"风腔"精髓。粤菜称大杂烩为"什锦煲"，在唱腔上，冯刚毅也体现出吸纳众家之长的特点，但他深谙"化为己用"的道理，一切从人物角色性格和情绪出发，来设计、使用唱腔。因此，我们便不难理解，对于大家赋予他"凡腔"继承人的美誉，冯刚毅是笑而不纳的。个中缘由既有谦虚自励、不敢比肩前贤的谦让美德，更源于他对于艺术理想的坚守以及独特的艺术理解。

粤剧《情僧偷到潇湘馆》，冯刚毅饰演贾宝玉

冯刚毅认为戏曲演员的基本功训练，应该狠抓唱腔发声练习，由自然发声慢慢提升至自如发声。他根据自己多年的舞台经验，总结了一套"自圆发声法"。所谓"自圆发声法"，就是充分认识发声的位置，并恰如其分地运用气息（气沉丹田），使字音在口腔之间得到回旋与修饰，从而在发音中避免气息对声带的直接冲击，让发声更圆润自如。他认为，发声不应在喉咙声带，而是从口腔中出来，这都需要通过字音的循环运动才能达到修饰的效果。从"自然发声法"到"自如发声法"，体现了戏曲演员对于唱腔发声的自觉总结与规律摸索，也是冯刚毅在

接触不同演唱方式时，对气息、腔调、咬字与情感有机融合的辩证思考以及对传统戏曲唱腔特色的深刻体会与认识。

获奖·挑战

冯刚毅早出道，早成名，他是粤剧界获得中国戏剧梅花奖的第一人，也是首位"二度梅"得主。单凭此殊荣，不难想象他生活中的粤剧明星光环。但是，事实每每与想象不一样。观众看到的或许只是他光辉璀璨的一面，却很少有人了解在艺术道路上他所经历的心路历程和挫折坎坷。

1989年，作为广东粤剧演员代表，冯刚毅凭借《风雪夜归人》获得第6届中国戏剧梅花奖。该剧原为我国戏剧家吴祖光的话剧名作，20世纪80年代初，深圳市粤剧团决定把它移植改编，以粤剧形式搬上舞台。为了更好地完成这一作品，深圳市粤剧团专门邀请行内专家共同创作改编，由曾文炳、张云青担任编剧，张奇虹、梁德先担任导演，著名表演艺术家、吴祖光夫人新凤霞和粤剧名伶罗品超担任艺术指导。

在《风雪夜归人》中，冯刚毅饰演剧中男主角——一位京剧名旦魏莲生，他为人耿直狷介，热心好善，为戏迷和百姓所追捧，后与法院院长苏弘基的四姨太玉春相遇，两人因境遇相似而相怜相惜，渐生情愫，于花园幽会中被人发现。从此，魏莲生被驱逐出境，玉春沦落为奴。该剧借男女主人公的悲惨遭遇，揭示了"人该如何寻觅自己的位置和价值"的深刻命题。玉春是一名引导者，她热情主动，对魏莲生不断地予以启蒙引导，使本来安于现状却把痛苦掩埋起来的魏莲生开始直面现实与自我，思考人生。在第三场两人相会一幕中，面对玉春关于"你是否靠自己力量帮助人，你是否堂堂男子汉"的质问时，魏莲生痛苦掩面，发出慨叹："我难以开言。台前做戏似有体面，台下肚中浸黄连。东家笑你太卑贱，西家对你侮辱更多端，耍戏胡缠。官家买笑，我唱戏筵前。哪堪千双眼底我委曲求全，苦难言。我父打铁谋生，终日无饱暖。爹妈兄长相继抱恨长眠，此身有若无岸靠的断桅船。"这段唱词充分体现出魏莲生长期以来饱受玩弄鄙弃、毫无人格尊严的内心苦痛，凸显了主人公"生活卑微，形如玩物"小人物身份的深刻寓意。

在采访时，谈及对于剧中男主角魏莲生的表演心得，冯刚毅说，还是要"沿着戏走"，即遵循剧作创作主旨和人物性格要求，结合程式表演，凸显人物的内心世界和情绪变化。因而，他把男花旦魏莲生在生活中略带女性温柔美的特点从动作、言语、表情三方面呈现出来，同时也通过唱腔和表情，表现了人物对世俗观念的抗争精神和高贵品质。虽然这是一出现代剧，但冯刚毅牢牢把握戏剧的冲突张力，深刻领会作品的主题思想，形象地再现角色的丰富性格，获得观众认可与肯定。该剧上演后，广受欢迎。深圳市粤剧团曾于1984年晋京入中南海为中央首长献演此剧，得到中央领导人的亲切接见和高度评价。《风雪夜归人》还曾在广州各大剧院轮番上演，其艺术生命力和影响力亦可见一斑。吴祖光看了冯刚毅的表演后，亲笔为他题写了"天南一凤"四个字，对他的表演艺术给予了高度肯定与评价。

"高处不胜寒"，从事艺术工作的人，一旦到了某个高峰，要么坚持不懈，继续攀登；要么急流勇退，华丽转身。冯刚毅声名鹊起后，也迎来了人生的转折点。就在他的事业走向高峰时，他做出了一个令人意外的决定，退出剧团，请辞改行。原因是多方面的，既有受到港台流行曲等新兴娱乐方式冲击，粤剧开始受冷落的社会现实，也有个人渴望通过其他劳动形式，改善家庭生活的经济需求，更有在艺术巅峰期功成身退，为观众留下美好印象的保守心理。尽管上级领导、同行好友为之惋惜而苦口婆心多番劝留，但冯刚毅不为所动。或许促使他"毅然转行"的原因，真有物质上的诱惑，但也不排除在事业有成后暂时的落寞与虚空。甚至在他的内心深处，有着对艺术道路如何走下去的迷惘甚至恐惧。总之，他需要暂时放空自己，再重新认识生活与自我。就这样，他离开深圳市粤剧团，转行当了的士司机。

人每每在迷失与开悟的交叠中成长。真的实现了儿时当司机的理想，每天抓住方向盘东驰西骋后，冯刚毅发现，自己其实并没有把握住内心真正渴求的方向。物质生活的改善，并不能弥补他在精神上的追求，他发现自己最放不下的还是老本行——粤剧舞台。在认识到"社会分工有不同，职业虽无分贵贱，但每个人都有自己特有天赋"后，他于离开深圳市粤剧团180天后，重新回到这个属于自己的天地。演员的表演需要沉淀，除了技艺上的训练和文化底蕴的积累外，生活的磨砺往往如盐之于水，使演员在不经意间拓宽艺术视野，提升艺术修养。

对于这位梅花奖演员的回归，无论是上级单位、剧团还是领导、同事，都是热烈欢迎的。冯刚毅也暗下决心，决定加倍努力，好好完成演出任务，并不断在艺术上提升自己。机遇与挑战同在，他又碰到了新的剧目和角色。深圳由边陲之地成为特区城市，经济上固然大步向前，蓬勃发展，而更重要的是，深圳人的思想观念也不落人后。就以深圳市粤剧团来说，20世纪90年代，得改革风气之先，他们常常有新构想、新思路，勇于挑战自我，不断突破。传统戏剧既有种种属于艺术范畴和技艺的"限制"，但也往往因此而带来艺术观念和审美趣味的"突围"。在成功改编、移植《鸳鸯泪洒莫愁湖》《风雪夜归人》以及创作出《情系中英街》《牌坊村新传》《窗外有片红树林》等剧目后，深圳市粤剧团把目光放到了创新式的现代戏，并希望通过此戏再度冲击中国戏剧梅花奖。这一想法得到有关上级领导和红线女老师的大力支持，经过考虑策划，剧团专门邀请安徽黄梅戏剧作家刘云程编剧，创作出大型现代粤剧《驼哥的旗》。该剧主要讲述抗日战争时期，内心善良而外表丑陋的驼哥，于某夜救起了与未婚夫赵大鹏失散而走投无路意欲自尽的金兰。经过一段时间相处，金兰为驼哥的恩情和人品所感动，答

梅开二度，天南一凤

1989年，冯刚毅获第6届中国戏剧梅花奖，与友人合影

冯刚毅（左）与新马师曾（右）合影

南国舞台上的红豆豆　粤剧梅花奖演员访谈评论集

粤剧《风雪夜归人》，冯刚毅饰演魏莲生

粤剧《风雪夜归人》,冯刚毅饰演魏莲生

应嫁给他。孰料后来死里逃生的赵大鹏参加了东江纵队并与金兰重逢。三人陷入情感尴尬境地。赵大鹏为驼哥的真诚所动,接受现实而忍痛割爱,驼哥则有所感悟,决定抛开此前苟且生存的"自我保护"方式,烧掉了此前用作"幌子"的"膏药旗"和"青天白日旗",冒着生命危险,毅然举起为东江纵队通风报信的大红旗。

故事一开始,以一段幽怨南音道出驼哥身世与卑微:"身材矮,背而弯。从小生下是驼驼。爹娘教我应知短,遇事忍让避风波。好似灶膛泼湿熄了火,忍来忍去背更驼。"正因为外表的缺陷以及所受的教育、所处的环境等原因,驼哥一直就活在没有安全感中,他的忍辱避让,求的只是苟且的安宁。体现此特点,最典型的莫过于为了保护自己,驼哥随时准备不同旗帜,即"做人要做到滑又圆",方能应对周全。后来经历波折后,他发现这种"墙头草"式的卑微生存方式非但不能应对残酷的现实,甚至会导致更痛苦的心灵上的折磨。最终他选择了"舍生取义",以实际行动支持正义斗争,完成了从一个小人物到英雄的蜕变。与传统粤剧相较,《驼哥的旗》有着鲜明的时代精神气息,将宏观视域中历史之沉重沧桑与微观思考下生命个体之卑微崇高结合起来,通过历史事件折射出普通人的生存模式与人性光辉,以艺术手法提供给观众思考历史、人生的想象空间,引起观众的情感共鸣。

冯刚毅此番面对的是另一种挑战。在这以前,他饰演小生角色可谓驾轻就熟,如今却要饰演他从来没碰过的驼背丑生。刚开始时,他坦承并无很大把握。但是他不畏惧挑战,不惮于与昨日的"自己"较量。冯刚毅在《我演驼哥》一文中写道:"机遇对演员来说是重要的,但机遇来了以后,如果演员没有艺术灵感,没有迎难而上的创新精神,也会与机遇失之交臂。"(见《演员手记》之《我演驼哥》)初阅剧本,冯刚毅打心底里喜欢上驼哥这一角色,但对于没有表演丑生行当的经验而不无惴惴。挑战既是压力也是动力,"誓要演好此角色"的信念激发了冯刚毅,他开始深入研究剧本,仔细揣摩人物。功夫不负有心人,尽管此前专攻小生行当,但多年来舞台表演积累的经验早已使冯刚毅对于戏曲有着独特的艺术嗅觉和感悟。他发现驼哥这一角色,与传统意义上的丑生相比,有着特别之处:第一,由于《驼哥的旗》是现代历史题材性质的剧目,主人公驼哥虽然属于丑生行当,但是与传统丑生行当不同,他身上既有供人哂笑嘲讽的卑贱丑陋,但更多的是掩藏在诙谐表面下的苟且忍辱;他看似喜剧人物,却有着悲剧因素;他看似卑微低贱,却隐藏着随时爆发的热血果敢;他看似委曲圆滑,却能在内心保留一丝坚守与倔强。冯刚毅将之概括为"求生、求爱、求节",准确地捕捉到人物的性格特点和行为特征。第二,这是一部严肃题材的剧目,但驼哥是一个不乏喜剧元素的人物,他善于调侃自己,能在绝境中找到光明出路,也能在两难取舍中牺牲自己,成全别人。这是一个形象丰满、情感立体的人物,在表演时,既不能循规蹈矩,墨守传统;也不能一味夸张,过分表现。如何拿捏尺度,十分考验演员的功力和经验。第三,剧本故事情节跌宕起伏,往往峰回路转,人物感情变化也是细腻而迅速,驼哥的爱恨情仇都浓缩在剧中的情节冲突和矛盾中。如何处理好小中见大、大小紧扣,在语言、表情与动作上,凸显驼哥外表的丑陋与心灵的美丽的对比,是把人物演活的关键。

粤剧《驼哥的旗》，冯刚毅饰演驼哥

粤剧《驼哥的旗》，冯刚毅饰演驼哥

经过反复琢磨，冯刚毅在保持传统的基础上，根据剧情和人物需要，大胆创新。他既继承吸收马腔的唱腔特点，让驼哥这个丑角形象更加丰满新颖；同时又继续发挥凡腔特色，将文生演唱的特点融进丑生行当之中。作为二度创作的演员，冯刚毅在剧本修改定稿时还大胆提出自己的意见，建议在开头和结尾，以南音为曲调加上两个唱段，既增粤味，也烘托人物心境，有利于情感气氛的升华。该剧充分体现了新编大型现代剧在保留粤剧传统因素的基础上，融入时代主旋律和艺术审美趣味新气息的特点。

在长达五十余载的艺术舞台上，冯刚毅塑造了不同的角色，收获累累硕果的同时，也积累了丰富的经验。从昔日镁光灯下大舞台上的全心投入，到如今退休后的云淡风轻，冯刚毅自然免不了感慨与思考。粤剧艺术是广阔无垠的，但粤剧舞台对于演员而言，却在客观上存在时间与身体的限制。冯刚毅很清楚这一点，但他选择了另一种方式继续从事艺术工作。为继续发挥冯刚毅的余热，深圳市有关部门支持他成立"冯刚毅粤剧艺术工作室"，中山市也设了"黄圃镇冯刚毅文化艺术工作室"，为他研究、传承粤剧艺术提供良好工作氛围与环境。冯刚毅在采访中吐露心声，他很想为社会文化艺术贡献微力，成立工作室后，他会更关心艺术创作和艺术传承。自己多年的舞台经验告诉他一个真理，任何演员都需要好的剧目来磨炼、寻觅和提升自我，而粤剧艺术的传承也刻不容缓。如何赓续传统，如何紧扣时代，怀揣着这些问题，他更谦虚潜心地钻研艺术，更耐心细致地培育后进。这固然是他热爱粤剧艺术的表现，更是他感恩社会和观众，以图回报的体现。

结　语

作为艺术访谈和学术探讨，我们在此过程中更倾向于了解演员在诸如继承与创新、剧本理解与角色演绎、行当表演与观众接受等命题上，或感性或理性的理解与诠释，并以此审视、对照我们的戏剧创作和表演，在梳理当代粤剧史的同时，做出客观而可资借鉴的理论总结。从冯刚毅身上，我们不难发现，他既有对粤剧传统的自我摸索与自觉继承，也有对于现代审美的大胆设想和用心创新。他对于唱腔的深入研究，对于角色的仔细琢磨，对于剧本的主动理解，对于舞台的自如把握，对于传承的自觉承担，都付出大量心血和精力。他善于继承总结传统戏的表演规律，并不懈摸索探寻现代戏的演绎模式，通过长期的舞台实践，努力寻找能契合自己和表现人物有机统一的新唱腔，大胆探索传统程式与现代题材和谐融会的新形式。作为广东粤剧界首位中国戏剧梅花奖和"二度梅"的获得者，冯刚毅及其表演的剧目、人物、风格，可视为新形势下粤剧演员在传承传统经典与应对时代审美需求的学术视域中，深入理解粤剧表演艺术、成功进行行当转换的成功典范，是寻找戏曲艺术和现代生活契合点与突破口的典型个案，具备粤剧艺术当代化的思考价值和意义。

粤剧《楚天情侣》，冯刚毅饰演秦巨

丁 凡

情之所起，一往而深

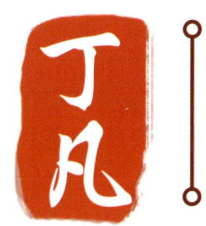

1991年获第8届中国戏剧梅花奖

取得一定成就的人，其成功的规律，每每相似；但当中坎坷的经历，则因人而异。在粤剧界，不少人可能只是关注大老倌们辉煌的表象，但是往往忽略了他们在奋斗过程中的艰辛和酸楚，很少人能深切体会到，为了继承弘扬、宣传推广粤剧文化，工作者们付出了多少心血和精力。当然，出于对艺术的眷恋、热爱以及自觉承担的勇气、热情，他们又义无反顾地选择了这条过程曲折、前途光明的大道——只为了沿途那些美好的风光。汤显祖的《牡丹亭》中有"情不知所起，一往而深"的名句，贴切地形容那些为钟爱之人或事物而持之以恒、坚定前行的人。广东粤剧院院长丁凡正是属于钟情于粤剧艺术而不断努力探索的"前行者"。

丁凡，一级演员，中国戏剧梅花奖获得者，粤剧表演艺术家。他对艺术执着追求，刻苦磨炼，博采众长，逐渐形成了自己独特的表演艺术风格，成为社会各界瞩目并深受海内外观众欢迎的粤剧文武生演员。2018年5月，丁凡入选第五批国家级非物质文化遗产代表性项目代表性传承人名单。

丁凡高中毕业后进入德庆粤剧团学戏，后被送到广东粤剧学校进修。1979年毕业演出时，罗品超等老前辈来看表演，丁凡刚好在折子戏《红梅记·放裴》中扮演裴舜卿，惟妙惟肖，活灵活现，并且高难度的绞纱、吊毛、劈叉等动作都做得很好，被前辈罗品超一眼看中，推荐他进入广东粤剧院青年剧团。刚开始时德庆粤剧团不肯放人，丁凡只好先回去工作，孰料后来县委书记得悉县里有个大有前途的年轻人，便同意他持介绍信到广东粤剧院报到。就这样，丁凡便在广东粤剧院扎根了。由于他之前在德庆粤剧团已经被作为小生人才去培养，因此来到广东粤剧院后，丁凡便在戏中担纲文武生主角。说到这里，丁凡依然不忘感谢那些关心栽培他的领导和老师，如张克、罗品超、林小群、关国华等。谈话中，丁凡深情地谈起了粤剧前辈罗品超老师（鉴叔），说他不但慧眼识英才，力荐良贤，多方提供表演的机会，而且在生活上也给予他无微不至的关怀，甚至演出服装，罗老师都会主动过问，大力支持。由于罗品超当时身兼多职，公务繁忙，无暇另抽时间专门指点丁凡，但只要演出完，有零碎时间，罗品超都会结合自己表演的剧目给丁凡教戏。丁凡也是借助这些机会，通过观察、聆听、领会、实践，慢慢找到抓住角色特征的方法以及在舞台的感觉。在学习过程中，丁凡发现罗品超老师的艺术观念很开放，虽然注重基本功，但在台上并不为程式所囿，而是从剧情与人物、情感出发，使舞台富有生气活力，他认为这才是戏曲真正的魅力。另一位老师是粤剧名家陈小汉先生，丁凡也从他身上感受到粤剧小生的艺术精髓，并不断融会贯通，使自己的表演更富有特色与神采。

对于给他提供了广阔艺术天地的广东粤剧院，丁凡充满了感恩之情。他认为，戏曲演员与歌星不同，不能仅靠个体的能力，必须要有团体的努力和支持。所以，各种奖项的获得，丁凡认为与剧本、导演、演员等都密不可分，是属于集体结晶的荣誉。

在艺海遨游的同时，丁凡除了碰到好机缘，还碰到了一位好搭档，她就是刚从广东粤剧学校毕业的陈韵红。1984年，广东粤剧院为大力扶持新人，决定成立新的青年实验团，让年轻演员都有实践和展示的舞台和机会，而丁凡和陈韵红就是当时青年实验团的"招牌"，这对"金童玉女"的组合为剧团注入了新鲜血液。

对于担纲主角的丁凡来说，他面临着的是新一轮的挑战，他开始意识到，自己要拓宽戏路，文武兼修，才能适应时代和观众的要求。在青年实验团的"开山戏"《美人鱼》中，丁凡一改往日文质彬彬的书生气，取而代之的是身手矫健、动作利落，能攀岭越涧、勇救美人的渔民英雄形象。导演陈小华还特别为丁凡、陈韵红设计了一段双人舞，这在当时可谓一种新手法，吸引了很多人的眼球。《中国新闻》中载有题为《新粤剧〈美人鱼〉创上座最高纪录》的文章，里面提及："……《美人鱼》连演4场，打破了人民戏院当年卖座率的最高纪录。在当前粤剧不景气的情况下，有如此效果，出人意料……该剧在唱腔上加入不少动听小曲，在表演上渗进了魔术、杂技、芭蕾舞等艺术形式

粤剧《帝女花·香夭》
丁凡饰演周世显

粤剧《柳毅传书》，丁凡饰演柳毅

粤剧《胡不归·慰妻》，丁凡饰演文萍生

的精华，加上布景和服装等方面的改进，使人耳目一新。"从报道可以看出，观众对于粤剧的新元素、富有时代气息的新面貌是接受的，甚至是喜爱的，关键看剧组、导演和演员如何通过剧本去安排情节、塑造人物、凸显特色。丁凡继续尝试探索，他接着排演了一系列武场戏，如《劈陵救母》《三跪九叩寒江关》《一把存忠剑》等。虽然出于对艺术的精益求精和细琢巧磨，丁凡对自己的表演还有很多期待与思考，但是正是参与了这些不同排场、不同类型的剧目演出，使得他的艺术风格不断走向成熟，在艺术高峰上不断攀登。

1991年，丁凡凭借《魂牵珠玑巷》荣获第8届中国戏剧梅花奖，该剧是根据民间传说改编而成的粤剧，主要叙述了女主人公胡贵妃（菊珍）因貌美被选入宫为妃，出于爱国之心，向皇上举报了一手遮天的奸相贾似道，从而被逐出皇宫，走投无路欲跳江自尽时，幸得珠玑巷黄贮万等人相救，胡贵妃、黄贮万喜结连理，但后来官兵缉拿胡贵妃，黄贮万得悉原委后决心与爱侣生死相依，最后两人双双受迫害抱恨而死的悲惨故事。故事歌颂了胡、黄二人真挚的爱情以及珠玑乡民不畏权贵、反抗暴吏的斗争精神。

丁凡饰演的黄贮万，为人忠厚、正直，为保护胡贵妃不惜牺牲生命，剧中有较多催人泪下的感人片段。如投井一幕，面对官兵追捕，为保护黄贮万，胡贵妃把他锁进石室，自己含悲跳井。黄贮万万念俱灰，挣扎着扑至井边，他痛心疾首地呼号："井啊，我要问，为何眼睁睁，竟叫爱妻做了井中魂？哀我欲救无能，欲叫不敢。有门难破，有手难伸，恨透饿虎馋狼，如此凶残毒狠！你们还我爱妻，还我亲人。纵是地灭天诛，难解万般痛恨，要问天下谁最苦，我黄贮万，是第一人啊！"对残暴的官吏痛斥呵骂后，黄贮万决心以死殉妻，一头撞到古井旁，显示了不甘屈服于暴政淫威的操守。

丁凡在饰演这一角色时，把人物内心痛惜爱妻、痛恨爪牙的悲愤交加的情感演绎得淋漓尽致，唱腔、动作、表情和眼神都丝丝入扣。在梅花奖颁奖演出晚会上，时任中共中央政治局委员的李铁映同志对丁凡说了一句鼓励的话："我虽然听不懂广州话，但整个晚会最悦耳动听的就是你唱的粤剧！"丁凡听后备受鼓舞，因为这是对他一直以来对艺术坚持不懈追求而努力付出的肯定，更成为他日后对粤剧艺术不断雕琢、精益求精的动力。

众所周知，戏曲的表演讲究"四功五法"，唱是居首位的。可以说，粤剧演员只有在唱腔上下苦功钻研，才有可能在艺术上形成自己的独特风格。丁凡的嗓音清越华丽，

粤剧《六国大封相》
丁凡饰演魏国元帅

粤剧《观音情度韦陀天》
丁凡饰演韦陀

粤剧《唐宫香梦证前盟》，丁凡饰演唐明皇、蒋文端饰演杨贵妃

表演声情并茂，引人陶醉，这固然与他平日的有心积累分不开，但更重要的是与他独特的艺术观念有密切的关系。他曾在一次接受采访时提及，他对于艺术的吸收与做人一样，较为随意、随缘，并且能够随物赋形，根据当时的实际情况来决定自己的选择。因此，他会听很多老前辈的唱曲，并模仿他们，但这种模仿不是刻意的、呆板的，而是结合自己的特点和喜好来进行挑选，凡是自己喜欢的又唱得舒服的，他就采取"拿来主义"，而不会囿于所谓的流派和门户；凡是观众喜欢的，他就去思考如何改进提高自己的艺术，使大家接受。在丁凡的观念中，他认为，艺术是个性化的，没有绝对的对与错，任何事情都要尝试过之后才知道是否适合。丁凡曾有一段时期感到彷徨，因为有前辈批评他的唱腔，他就转回去重新学习传统唱法，但后来他发现很多年轻观众喜欢他的唱腔特点，认为时代感强，能贴近他们的审美要求，于是，他重新坚持自己的路子，认为只要发声方法科学，不影响舞台表演，同时又能保持自己的特色，得到观众认可，他就坚定不移地走下去。这也说明，艺术的风格和特点不是一成不变的，也不可能只有一种存在的形态，如何去探索与众不同的艺术之路，需要艺术工作者、艺术家们自己去寻觅、试验。

成功的背后往往蕴藏着人所不知的各种艰辛，丁凡看似艺途上一帆风顺，实际上他在默默苦练、专心钻研的时候，很多人都并不清楚，更不能想象他到底承受了多少压力。除了在表演上吸取众长、博采广收外，丁凡还非常善于思考，他很注重学习和思考，并且经常强调要加强"戏外功夫"的修养，比如阅读名著、结合剧本看原作，深刻理解文学作品中所描画的人物和舞台上所塑造角色的异同，同时深入地观察生活、了解民风民情，帮助自己在舞台上更恰如其分地表演。正因为有这些"戏外功夫"的长期积累，才有了舞台上栩栩如生的各式人物。

丁凡在自己的舞台生涯中，获奖无数，不乏众多代表作，除了前文提及的梅花奖参赛作品《魂牵珠玑巷》外，还有颇具地方特色的《伦文叙传奇》。该剧取材于广东民间传说，讲述的是明朝的广东状元伦文叙，从"卖菜郎"到"状元郎"的传奇故事，中间穿插了伦文叙与胡府丫鬟掀起的爱情浪花。与传统生、旦戏不同的是，该剧聚焦在"喜剧性"上，更多地表现伦文叙的机智诙谐、聪明过人，更多的笔墨放在剧情的跌宕起伏，以及令人捧腹大笑或会心一笑的大小包袱上。比如胡家小姐嫌贫爱富，看不起卖菜的伦文叙，意图羞辱他，叫丫鬟阿琇将他挑担上的菜全部买下，伦文叙巧妙地回了一句："我的菜是供人食用的，不是供人施舍的。"当阿琇上前拦阻时，为摆脱纠缠，他又突然叫了一句："狗来了。"吓得胡小姐顿时花容失色，仓促离开。这些片段充满了生活气息，丁凡演绎起来也是形神俱备，把书生气和市井气结合得严丝合缝，令人称赞。

粤剧《魂牵珠玑巷》
丁凡饰演黄贮万

粤剧《魂牵珠玑巷》,丁凡饰演黄贮万、蒋文端饰演胡贵妃

粤剧《伦文叙传奇》，丁凡饰演伦文叙、蒋文端饰演阿琇

又如在"金銮斗诗"一幕中,伦文叙与柳先开各逞才气,互相斗法,论才学胸襟,伦文叙自是不遑多让,但是念及一旦自己获胜,就得按照旨意被招为驸马,"不贪驸马尊衔"与"难舍状元美梦"两种心理此时在相互交战。他内心深处,依然不忘深巷梅香(胡府丫鬟阿琇),"不恋龙庭凤凰"而"匆匆交卷"。在剧中,丁凡非常巧妙地把伦文叙的才情灵气和忠贞刚直糅合在一起,通过念白和唱腔,把人物的内心立体地、细腻地表现出来,赢得了观众的广泛认可,也树立了一个雅俗共赏题材的典范。该剧获得了第5届广东省艺术节表演一等

情之所起，一往而深

粤剧《伦文叙传奇》，丁凡饰演伦文叙

奖，也是丁凡代表作中令人印象深刻而他本人又情有独钟的一部剧目。丁凡还告诉我们，由于该剧有很多喜剧的元素，因此非常受欢迎，尤其送戏下乡时，该剧更是深深吸引了群众。众所周知，悲剧容易催人泪下，引起情感上的共鸣，但是喜剧，尤其粤剧喜剧作品并不多。这个剧能受到欢迎，是凝聚了创作者和台前幕后的工作人员的大量心血，也为将来的创作提供了一个典范参考。目前《伦文叙传奇》的演出场次，已超过400场。

谈及自己喜爱的角色，丁凡则笑谈，自己喜欢不断挑战新角色，例如在《风云2003》一剧中，丁凡饰演关山一角（人物原型为钟南山），压力很大，因为一方面钟南山院士知名度很高，也是家喻户晓的名人，尤其对于广州市民来说，他的形象并不陌生，肯定会不自觉地将现实中的钟南山与舞台上的"钟南山"进行比较；另一方面，因为条件的限制，丁凡只能凭着曾经开会时与钟南山见面交谈的点滴回忆，以及图像片段来揣摩人物角色性格特点和内心世界，尽量"还原"艺术创作中的"关山——钟南山"形象。由于有深厚的现实基础和令人感动的多个场面，再加上丁凡等演员的倾力演出，作为一个近距离的现代题材，该剧上演后，观众反响非常热烈。

对于演员饰演角色的看法，丁凡有着自己独特的角度，他认为，作为演员，原则上当然是能饰演任何类型的角色，而且众多角色中也肯定有演员心目中所喜爱和钟情的人物，但是喜欢不等于就可以胜任表演，演员和角色之间还是有距离的，能否拉近这种距离，往往要看演员的功力，同时更重要的是尊重演员的个人特点，因为每个人都有自己的专长和特色。作为演员，就是要找好定位，明确自己的长短优劣，才能在表演中扬长避短、得心应手。

在采访丁凡的过程中，从他所表达的片言只语中即可感受到，这既是一位肩负重任的剧院院长，同时又是一位性情中人。他对于传统文化尤其是粤剧文化的热爱不时溢于言表，也正是由于他发自内心的热爱，他可以不计名利，排除困难，只为不断攀登艺术的高

039

粤剧《南海一号》，丁凡饰演李六哥

粤剧《范蠡献西施》，丁凡饰演范蠡

峰。丁凡喜欢尝试，为了发掘粤剧的新元素，他充分吸收兄弟剧种以及各种艺术形式的新元素，诸如交响乐、西方戏剧等，他认为，尝试是允许的，对于新事物千万不要抱着极端的态度"爱时欲其生，恶时欲其死"；也不要老是抱着陈旧观念，囿于俗套。一件新生事物是否适合发展的规律，大可以"风物长宜放眼量"，看看其活动的轨迹，当年薛、马等前辈的改革，也曾一度被人诟病，但事实证明没有这些"先行者""改革者"的开拓创新，就没有粤剧今天的面貌。

丁凡非常赞成目前所开展的粤剧表演大全的记录工作，认为这是一种很好的总结，将会嘉惠梨园。绝大多数剧目都是前辈们之前演过，通过各种方式保留下来的，诸如《江湖十八本》等古老剧本，也只耳闻，未曾目睹。近年恢复排演的粤剧例戏《香花山大贺寿》，内地与香港地区的版本就各不相同，到底谁更标准，难以定论，行内人所能做的就是根据现有力量尽量挖掘传统、保留传统、恢复传统，同时要更深入地理解传统。又如《六国大封相》，其他剧种也有，但粤剧已经形成较成熟的排场，积累多年，应予以保留，但也不应紧抓不放，唯此独尊。做好文献资料的记录，也要适当地予以发展，在活态传承中保留精髓。对于粤剧传统和历史，丁凡认为应该结合实际情况，如时代审美趋向、观众审美趣味等元素，客观对待。一方面需要抢救、保存非物质文化遗产财富；另一方面，不能拘泥于此，要处理好传承与创新的关系，取其精华，去其糟粕。就戏曲而言，继承归根到底是为了应用到舞台艺术中去，成为"活的形态"，不能只停留在"文物保护"的层面，应持开放而非保守的态度，保持戏曲的生命力。随着时代的变迁，剧目的修改完善与传统的改良革新，都是符合戏曲发展规律的。戏曲工作者与研究者不同，前者更应充当"引导者"而非"解释者"，应培养好粤剧的观众。

在唱腔上，丁凡尝试把戏曲传统唱法与通俗唱法结合起来，适当吸收一些歌唱技巧，使自己的嗓音高亢华丽，并融入舞台人物中去。虽然也曾受到质疑，但不可否认，很多年轻演员都在借鉴、模仿这种唱法。丁凡认为，粤剧前辈如罗家宝、陈笑风、红线女等名家，他们之所以在唱腔上有个人艺术风格，有着独特的艺术见解，这与他们在舞台上不断锤炼、逐渐形成自身特色有密切关系，也就是说，他们从戏剧表演的艺术高度去看待"唱腔"，围绕戏剧主旨、人物性格等去设计唱腔，故而在舞台上呈现了唱腔的丰富性。人们经常说的"唱得有味道"，这种"味道"是沉潜得来的，是积累得来的，是实践得来的，只有这样才能为人称赞，为人接受。艺术家只有在艺术对象上倾注了足够的感情、倾注了"自我"的鲜明色彩，其艺术作品才能有打动人心的力量。

丁凡还指出，对待唱腔流派问题时不能忽略共性与个性问题，这也与接受者密切相关。一般来说，声音条件好、声线高亢亮丽的演员广受欢迎，但也不排除限于先天声音条件而"另辟蹊径"的个别艺术家，他（她）们多呈现出特殊的个性，这里面就存在选择的现象。但无论哪种选择，都只是反映艺术的多面性与丰富性，没有"以一代百"的道理，更不能以某种标准一概统揽丰富多彩的艺术现象。另外，时代也在进步与变化，过去从艺者没有他人安排的音乐唱腔设计，靠自己"度腔"（演员根据剧情曲词与自身声音条件设计唱腔、乐谱），而今天的粤剧舞台已经形成分工明确、种类齐全的成熟结构，留给演员自身发挥的空间并不多，更遑论静下心来细雕慢琢，自度新腔。戏剧艺术不是个人行为，涉及方方面面，不能脱离现实问题去讨论。看待粤剧演员的唱腔问题，实质上是探讨粤剧行业内编剧设计、集体制作、演员状况的综合复杂现象。

丁凡还非常重视粤剧电影，认为这种艺术形式能吸引不同层面的观众，而且戏剧与电影这两种艺术能互相融通，对于演员本身也提出了很多要求，促使演员提升自身艺术修养。又如粤剧题材方面，丁凡也展开了思考与探索。他坚持认为舞台不能只有历史题材，创作应该适当延伸到现实社会，反映人民的生活。广东粤剧院主创的《青春作伴》《南海一号》《风云2003》就显示了创新的态度。在这些现代戏中，诸如多媒体摄影、实体背景、异域音乐等其他艺术形式都被搬上了舞台，呈现了新的效果、新的元素。

在漫长的艺途上跋涉，丁凡并非毫无退缩的想法。当年曾有一段时期，广东的粤剧受到港台流行文化冲击，陷入低迷，他也曾考虑过转行当歌手，按照他的外形、声音等条件完全可以大有作为，但是当时的广东省文化厅厅长唐瑜语重心长地劝慰他："培养一名流行歌手不难，但是培养一名粤剧文武生却不容易。"就因为这句话，丁凡又想起了自己投身粤剧事业的初衷，他认为，坚守自己的阵地，切实地为地方文化做出应有贡献，才是自己内心最真实的追求，也最能体现自身价值。如今，他既要肩负着广东粤剧院的行政等一系列工作，又要把精力放在排戏演练上，支撑着他的，始终是那一颗责任与热情并存的红心。

粤剧《梁山伯与祝英台》，丁凡饰演梁山伯

粤剧《风云2003》，丁凡饰演关山

除了在艺术上不断探索，丁凡还非常注重传承，通过"传、帮、带"把艺术的精髓传给徒弟们，好让他们继续去发扬光大。目前，他的爱徒有彭庆华、曾小敏、文汝清、许文杰、黄春强、李嘉宜等人，在师傅的悉心栽培和细心调教下，这些年轻人已经成长为新一代粤剧新星，并承担薪火相传的重任。现任广东粤剧院院长的曾小敏还获得了第28届中国戏剧梅花奖，并与同门师兄弟文汝清、彭庆华（获得第30届中国戏剧梅花奖）登上了2019年中央电视台春节联欢晚会的舞台，向全国观众展示了粤剧表演的精彩片段。

在表演中，丁凡一丝不苟，总琢磨着怎么才能表演好、塑造好人物，这种习惯也影响了他的教学。丁凡的徒弟文汝清（现为一级演员、正印小生）刚开始跟他学习时，丁凡便教授了《白蛇传·断桥》一折。后来文汝清在学校演出时，因为勒水发太紧，影响了正常发挥，没有在舞台上展现出师傅传授的精要，丁凡便毫不客气地指出他的不足之处。丁凡对于艺术的态度很执着，绝不马虎；同时，他秉持博采众长、兼容百家的态度，鼓励学生们多看戏、多琢磨、多实践。他刚参加工作时，总是省吃俭用，用积蓄到各地去"观戏"，以此领悟戏曲舞台的精髓与魅力，并汲取兄弟剧种的艺术精华，补充到自己的粤剧表演中去。平时他也尽可能抽空主动看学生们的演出，关注他们表演艺术水平的进展，不时耳提面命，哪怕一些细枝末节也不放过。

丁凡还认为，一个人不可能什么都懂，因此学习艺术不要囿于一家，应该转益多师，博采众长，学生们要懂得利用自身条件和资源去努力塑造自己，形成自身艺术面貌。他经常向徒弟们强调，既要发现并学习他的优点，也要了解他身上的不足，提醒自己如何补足完善。例如，徒弟曾小敏在演《荆钗记·投江》时，丁凡支持她向原江西省赣剧院演员、现中国戏曲学院教授涂玲慧学习身段，使舞台呈现出很好的艺术效果。

丁凡对于艺术和人生都有乐观的态度，他始终认为，一代人比一代人强，现在的青年，无论是智商、阅历等自身条件，还是社会的重视程度、教育培训体系等方面，都远比自己当年要好得多。从基本功来说，他们都已经具备上台挑大梁的基础，只是欠缺舞台实践和时间浸淫而已。再加上政府不断重视本土文化并加大投入力度，接受层面的粤剧观众欣赏水平也不断地提升，这些对于促进演员自身素质提高和舞台经验积累等都很有裨益。

我们在评论艺人时，习惯把艺术水平和品格魅力结合起来，所谓"人品戏品不可分"。丁凡尽管经常强调自己人如其名，是一名平凡的粤剧工作者，但熟知他的人都知道，他有着良好的人品和作风。他很注重自己的个人形象，平素严于律己，宽以待人，还经常教导自己的徒弟"戏品要好，人品更要好"。别人经常赞誉他的"扮相俊俏"，丁凡不同意"演员主要靠外表，长得好看自然有粉丝戏迷"之说，认为这是一种误解，不能把问题简单化、庸俗化。戏曲的接受群体有自己的审美标准，是该类艺术的重要特征。戏行以"声、色、艺"作为演员能否从艺成名的关键因素，但这里的"色"，不能直接等同于演员的外貌，更重要的是个人从内到外的气质修养以及舞台形象。所以，演员应该看重自己平时的艺术积累与内在修养，努力提高表演水平。观众的追捧与批评都说明，接受群体也会在无形中对演员施加压力，如果不能全力以赴，只靠外表，是得不到观众认可的，也无法促进艺境的拓展。

丁凡是性情中人，对人对事都坦诚相待，不虚言假语，不矫揉造作，对朋友更是真心相待、热情大方，对观众、戏迷尽量有求必应，报以平等之心和赤诚之心。有一位现居美国年过九十岁的戏迷古老太，非常喜爱看丁凡演戏，说也奇怪，老人家身体不舒服了，只要一听到丁凡的声音，或者看到丁凡的表演，她就来精神了，比医生的药还有效。有时候为了让老人家身心舒畅，家人还请求丁凡满足她作为戏迷的要求，方便时就与她联系、聊天，丁凡都尽量在时间允许的情况下满足他们所提出的良好愿望。为此，古老太的家人很感激丁凡。丁凡认为，人与人之间要相互尊重，戏迷的热情，是对演员最大的肯定和回报，演员也应该尽自己所能，除了舞台上尽力表演外，台下要尽可能拉近与戏迷的距离，和他们做朋友，不只接受他们的热情，还要虚心接纳他们提出的意见和建议，这才是演员和戏迷正常而有益的关系。

由于长相俊俏，嗓音华丽，丁凡拥有不计其数的"粉丝""拥趸"，更有不少慕名而来的拜师者，纷纷表示要追随他投身梨园或学唱粤曲。但是这位大名鼎鼎的"丁院长"从不以明星自居，在他俊朗潇洒的外表下，蕴藏着一颗朴实、坦诚的心，对戏迷他以礼以诚平等相待，从不敷衍委蛇；对于学生，他既懂得择善而授，时常点拨为人处世之道，同时又严格要求，注重基本功的训练和舞台的实践。很多人并不清楚，"双肩挑"的丁凡，承受了多少压力，经历了多少困难，遇到过多少挫折，但他依然孜孜以求，坚持不懈，以无限的热情投入到事业中，他始终笃信：钟爱往往难以用言语去解释，既然有自己钟爱之事，就应当为之奋斗和奉献！让我们衷心祝愿"平凡"的丁凡在人生舞台上不断绽放"不平凡"的光彩！

欧凯明

允文允武，戏真情深

1995年获第12届中国戏剧梅花奖

2015年获第27届中国戏剧梅花奖"二度梅"

欧凯明，一级演员，工文武生，师承粤剧艺术大师红线女。2018年欧凯明入选第五批国家级非物质文化遗产代表性项目代表性传承人。欧凯明扮相英武俊朗，嗓音洪亮而富有张力，表演风格细腻传神，戏路宽广，常把高难度的技艺糅合于人物形象的塑造之中，增强了艺术表现力和粤剧观赏的美感，深受广大粤剧观众喜爱。曾主演传统古装长剧《关汉卿》《黄飞虎反五关》《天作之合》《搜书院》《一把存忠剑》《情动铁将军》《花枪奇缘》，新编历史古装剧《南越宫词》《楚河汉界》《关公忠义鼎千秋》《审死官》，新编剧目《山乡风云》《野金菊》《刑场上的婚礼》《孙中山与宋庆龄》《凉茶王传奇》《梅岭清风》《秦王孟姜》《岭南人家》《红的归来》《初心》等几十部剧目，塑造了一系列性格迥异的戏剧人物形象。

戏品人品，德艺双馨

初见欧凯明，给人的印象正如舞台上他所饰演的正面人物：潇洒而不失沉稳大方，豪爽而更带坦率热情，他亲切自如的笑容、磁性十足的声音，让来访者马上进入一种"拉家常"的愉悦场景。当我们以"三情"——对师长的感恩之情、对家乡的眷念之情以及对舞台的热爱之情来简单概括他的艺术人生时，这位有理想、重情义、成熟稳重的粤剧演员表示赞同这个说法。他认为，要做好戏，先做好人，这是当一名演员的前提。一个人有情有义，懂得感恩，才会有正确的价值观和丰富的感情，才能对舞台艺术产生敬畏和热爱，从而投入到表演中，去感染观众。对于戏曲演员来说，需要的素质太多了，"四功五法"等基本功只是技术上的"硬件"，对人这个个体来说，最重要的是文化的积淀和内心的修养。

欧凯明并非一开始就了解粤剧，热爱粤剧。恰恰相反，他是"误打误撞"进入这一行的。1978年，中共十一届三中全会后，文艺的春天来临了。彼时刚刚恢复传统戏，传统戏演出时观众特别多，欧凯明所在的合浦师范学校开设了文艺班，专门招收"粤剧后备人才"予以训练培养。欧凯明被音乐老师看中并推荐去文艺班，但他当时根本不知道是学粤剧的，学了半年以后才明白过来。说起那一段艰辛痛苦的经历，他依然铭记在心，牢牢不忘，笑称"苦得哭了一年"。在平日训练过程中免不了"挨打"，比如做小翻（后手翻），老师说打20个小翻，自己记不清了，多翻了一个，老师马上批评："记住了我为什么打你，我说20个就20个，以后在舞台上你要想好了，如果不按照这个规矩，很容易出事！"正是在合浦师范学校学习的三年，欧凯明接受了严格的基本功训练，为日后舞台演出做一些武生的"倒地复起""乌龙绞柱""侧身铲椅""莲花座"等高难度动作，奠定了扎实基础。

欧凯明的成长，离不开人生的导师——粤剧大师红线女。从合浦师范学校毕业以后，欧凯明就留在合浦青年粤剧团，演了几年戏。1986年年底他参加了广西艺术学校的考试，1987年年初演完"春班"后，就去广西艺术学校读书，毕业以后，被分配到南宁市粤剧团。当时红线女老师得知广西有个好苗子，连忙奔赴前往，请求领导把这位年轻人交给自己培养。如今回看，红线女老师的眼光是独到的，为粤剧事业无私奉献的精神也是值得称许赞颂的。当然，对于年轻人的要求也是严格的。

当我们谈起这段师徒因缘时，欧凯明始终饱含深情。他说到，正是红线女老师那种对粤剧艺术的执着追求和无私奉献，对年轻一代的悉心栽培和大力扶持，使得自己在艺术上不断受到启发和取得进步。同时，深深感受到红老师以及那一代前辈、老师们伟大的人格力量，他们出于对粤剧艺术真挚的热爱，呕心沥血地培育新人，扶掖后进，自觉承担着"传、帮、带"的传承重任。这种精神深深感染了欧凯明，他明白了人活在世上，应该懂得如何去感恩和回报，这种感恩的思想，鼓舞着他在艺术人生道路上探索跋涉的同时，不忘扶持后学，不忘自己对于艺术和人生理想的追求。如今，他在教导学生时也经常强调，年轻时期拼的是技术，必须天天练功；到了中年时期，在理解、塑造人物形象时，就

粤剧《一把存忠剑》，欧凯明饰演吴汉

粤剧《一把存忠剑》，欧凯明饰演吴汉

要讲究文化底蕴，这往往能决定自己在事业上的走向和高度；到了年纪稍大时，更要承担社会责任，发挥自己的人格力量去影响后辈。所以，他对家乡和家乡的父老乡亲一直抱着眷念之情，我们不妨看看他的内心独白："多年来我去过许多国家，走过不同的城市，见过不同的精彩，认识不同的人群，相貌变了，处境亦变了。不变的，是关于这片大海，这方土地，这里亲人、老师、同学、朋友的记忆！每当灯光璀璨、掌声响起，我的眼前常常会浮现出故乡的那些人、那些事——北海银滩的日出日落、合浦师范的东坡亭、广西艺术学校的练功场、老师的藤条声声和言传身教、同学省吃俭用送我的一块香肥皂……我期待着有一天，能够带着我的作品回来，与家乡的亲人执手如故，话家常、叹回巢；更期待着和我的团队一起，面朝大海，如海浪般释放心中酝酿已久的澎湃激情！"

短短的一段文字透露的，正是这位昔日从广西小村落来到广州大都市寻找梦想的青涩少年，到如今粤剧界赫赫有名的大老倌的心路历程。这位粤剧"二度梅"得主一直关心家乡的发展，惦念着老师和同学们。有一次，欧凯明回乡探访师友，座谈中老师深情地感叹："想不到小胡（原名欧小胡）出去这么多年了，还记得大家，真是个懂得感恩的人啊！"如今功成名就的欧凯明认为，自己在外面摸爬滚打，略有小成，除了自身努力，更要感谢师友们的关心和厚爱，所以人应该对社会、亲人和师友怀有感恩之心，好好珍惜今天的幸福生活，积极地为社会、为艺术做出应有的贡献。

在谈到恩师的指导和帮助时，欧凯明深情追忆到，红线女老师给自己提供了一个非常广阔的平台，并针对自己的实际情况因材施教，专门请了很多老师来指导和帮助自己，对待自己就像她的亲儿子一样。从红老师身上，自己也学会了对舞台的敬畏和眷恋，对人和事的爱憎分明的态度和原则。

在艺术上，可能很多人认为，"红腔"是"旦腔"，那么演生角的欧凯明如何去取法呢？对此，欧凯明特别指出，人的声音是天生的、独特的，不是简单地通过学习就能得到的，但是"腔"却是可以学习借鉴的。"红腔"的精髓之一就是以腔带情，通过唱腔去刻画、塑造人物内心世界的节奏和处理手法，这些都使得自己受益匪浅。他还清楚地记得红老师经常强调，塑造人物时，要先了解人物的背景，如剧本的文学元素和情感元素，甚至要先看看原著的文字，去帮助自己理解人物。在他饰演《家》的觉新一角时，红老师就让他先读读巴金原作，好好体味一下小说的人物描写，再针对人物特点运用戏曲程式演绎出来。自此，欧凯明养成了看书的爱好，帮助自己汲取知识养分，更好地融入角色表演中去。欧凯明认为，"红腔"受到广大群众欢迎并非偶然，其艺术上的

允文允武，戏真情深

欧凯明和红线女老师合影

成就，是与红线女老师长期的艺术经验和情感的积累分不开的。自己作为她的学生，很幸运地能亲聆她的教诲。尽管有红派弟子身份的压力，但同时这是一种强大的动力，不断敦促自己勤勉艺术，精益求精，永不止步，使自己的眼界和胸襟越来越开阔，更深刻地懂得，此刻作为一个中年的粤剧人，肩上正担负着文化传承、发展的时代重任。红老师还曾指出，学习模仿前辈的唱腔，应"重神不重貌"。欧凯明曾分享一个细节，当时他演马（马师曾）、红（红线女）名剧《搜书院》，模仿马师曾的"马腔"，但其实声音位置有所不同。红老师即指出，可以揣摩马师曾唱腔的特色，但不必照搬，以免影响自己的嗓音。

粤剧《黄飞虎反五关》,欧凯明饰演黄飞虎

粤剧《搜书院》，欧凯明饰演谢宝

粤剧《南越王》
欧凯明饰演赵佗

粤剧《南越王》
欧凯明饰演赵佗

粤剧《孙中山与宋庆龄》
欧凯明饰演孙中山

粤剧《刑场上的婚礼》
欧凯明饰演周文雍

粤剧《香花山大贺寿》
欧凯明饰演韦陀

粤剧《关公忠义鼎千秋》
欧凯明饰演关公

"古""今""文""武",熔于一炉

尽管欧凯明有多重身份,既是广州粤剧院有限公司总经理、艺术总监,又曾是广州红豆粤剧团的团长,还曾担任省人大代表和现任市政协委员。但是一提起他,很多观众都冠以"著名粤剧文武生"这一美誉。他是名副其实、为数不多的真正的粤剧文武生。1992年加入广州红豆粤剧团后,在红线女老师的悉心指导下,欧凯明开始了崭新的粤剧生涯,"古""今""文""武"不同戏路的各种类型的角色,他都愿意不断去尝试,挑战自我。因为这是一种享受艺术创作的过程,剧团为他的表演所提供的广阔平台和视野有助于他实现艺术上的飞跃。对于"传统戏"与"新戏",欧凯明有着自己独到的见解,如果是"传统戏",他就一定要扎实地去传承、发展地去传承、开拓地去传承,会根据实际需要做出相应的小调整。如果是"新戏",应该反映现代人的戏剧思维和理想追求,每一代人有每一代人的社会历史责任,应该传承,努力使之成为经典。所以,无论"古""今""中""外"的人物角色,欧凯明都倾尽所能,将自己的思考与塑造熔铸其中,更能凸显舞台人物的多面性和复杂性。

谈到武生行当,欧凯明所饰演的武生形象可谓深入人心,他娴熟的传统功架、优美的身段和精湛的武功一直为人所称道。1994年,欧凯明携《罗成写书》和《武松大闹狮子楼》参加广东省首届粤剧艺术大奖赛,一举夺得金奖。特别值得一提的是《武松大闹狮子楼》,在这个他自己重新创排、自编自导自演的折子戏中,他首次大胆运用了粤剧传统中特有的"乱府排场":在唱完"俺武松岂是好欺凌,直上狮子楼誓杀西门庆"这一段滚花唱词后,欧凯明所饰演的武松径直推开店小二,直冲向西门庆,两人展开一番厮杀,欧凯明充分利用桌凳等道具来做文章,表演诸如"倒地复起""乌龙绞柱""侧身铲椅""莲花座"(飞身跃上150厘米高的椅子上180度转体)等高难度动作,更好地凸显了武松"万丈深仇,一腔火盛",欲手刃杀兄仇人那种愤恨难抑、渴望伸张正义的内心世界,赢得了行家和观众的一致好评。

又如在《一把存忠剑》的《斩经堂》中,欧凯明的"后趴虎"给人留下了非常深刻的印象,每次都会引来掌声雷动。观众们都知道,这是一个难度系数极高、最能考验演员基本功的动作:演员要在身披翎子长靠、脚蹬高靴的状态下往后翻转,落回原地,没有一定的"功力"是根本做不来的。在设计这个动作的时候,欧凯明也曾有顾虑,担心观众或戏评家说不合情景,但他最终还是坚持运用自己的技巧去充分展现剧中人物的内心。正是这个动作,才更好地凸显了戏中人吴汉目睹爱妻自刎而死的那一刻内心的悲恸,增添了人物的情感张力和戏剧的视觉张力。由于经常练习和表演这个动作,身体筋

骨方面免不了有损伤和疼痛。有时候，欧凯明是在忍着身上的伤痛甚至打了封闭针的情况下做完这个动作的。他深深知道，"无情不感人，无技不惊人"，观众热烈的掌声是对戏曲程式的由衷赞赏和对戏剧人物的欣赏共鸣，更是对自己戏剧表演的充分肯定。每次演吴汉，锣鼓点一到，欧凯明都会亮出这个"绝技"，不辜负来看他表演的观众朋友。

在2013年《岭南一粟——欧凯明艺术专场》的表演中，欧凯明挑选了五出折子戏，分别是《黄飞虎反五关》《搜书院》《斩经堂》《南越宫词》和《刑场上的婚礼》，基本涵盖了传统和现代、文生和武生的戏剧典型人物。当晚还有一个人物是欧凯明很想去演的，只是由于专场篇幅限制，未能一偿心愿。这个人物便是关羽。在欧凯明三十多岁时，曾有人劝说他演关公，但是他认为饰演该角色没有一定的人生阅历和定力，就不能胜任。2008年，欧凯明终于圆了自己的一个梦想，他突破以往的表现手法，在《关公忠义鼎千秋》中以红脸长须的形象来饰演关公一角。欧凯明用了很长时间去适应挂长须，因为长须有一定重量，同时还要习惯挂着长须去表演。而且，从后台的化妆开始，他就不能开口说话，要静静地酝酿情绪（称之为"入戏"），做好登台的准备，直到舞台表演结束卸妆后才能与人交谈。欧凯明对于角色的尊敬与严谨，对于表演的认真与投入，由此可见一斑。

在获得第12届中国戏剧梅花奖后，欧凯明沉寂了一段时间。他在寻觅自己想要表演的下一个角色。这时候，有一出戏仿佛在静静地等待着他的召唤，那就是《楚河汉界》。其实一直以来，欧凯明都有"霸王情结"——他想在舞台上演项羽。历史上的项羽，尽管是个战败者，但是他身上所折射出来的英雄气概和磊落形象，是应该受人尊重和敬仰的。在欧凯明心目中，项羽是英雄，是真正的男子汉，是一种灵魂、一种精神和一种气魄的载体。而刘邦恰好是那种为追求成功而不择手段、卑鄙无耻、六亲不认的小人。这段历史故事已经由多种艺术样式演绎过，欧凯明选择了一个崭新的角度重新塑造项羽，去重现他从佩剑叱咤的西楚霸王，到最后战败而自刎于乌江的悲凉和绝不屈膝求降的决绝，虽然故事结局不美满，但是过程却是悲壮的、震撼人心的。事实证明了他的眼光是独到的。当他看到《楚河汉界》的第一句台词"我一见你威猛我就冲动，一见你沉默我就心疼，你是我心中的神明啊，我愿意融化在你的心中"时，整个人都为之震动了，马上萌生了创作和表演的冲动。在表演霸王时，他注意念白的艺术魅力，掌握好节奏和情感，发掘潜台词的力度和火候，把项羽身上的朝气、光明、高贵的个性和灵魂表现得淋漓尽致。

戏真情深，"戏""我"两忘

欧凯明对于戏剧舞台有一种特殊的爱恋，他的人生仿佛就是为了舞台而生存和精彩的。在《岭南一粟——欧凯明艺术专场》的宣传专刊中，他用文字这样表述："我离不开舞台，我选择戏曲表演作为灵魂的倾诉方式，去探索和发现。"美国剧作家、戏剧大师尤金·奥尼尔说过："舞台，它是人类的幻想和希望唯一能被证实的地方。"对于欧凯明来说，自己很幸运拥有了这个方寸之地，在这里做梦并实现梦想，是件非常过瘾的事情。在他心目中，没有什么事物比戏剧和舞台更过瘾了。我们平常总说"戏假情真"，但是在欧凯明身上，我们却感觉到他对人对戏都抱着一种真挚、诚恳的情感，全身心地投入其中，真可称得上"戏真情深"，也正是由于这份真情，欧凯明在舞台上所饰演过的角色难以细数，莫不演得惟妙惟肖、入木三分。他自己有句私家"名言"："看我非我，我看我，我也非我——一定是我；装谁是谁，谁装谁，谁就像谁——谁还是谁！"

对于舞台艺术的角色表演，欧凯明有着深刻的理解，他认为，演员是在塑造一个"他"，但同时更是在寻觅自我，让自己成为"他"的一部分，在"他"身上融入"自我"的理解与阐释，使"他""我"在戏剧的特定场景中找到融合点和共鸣点。在接受采访时，经常被人问及最喜欢哪个角色，欧凯明则表示，每个角色他都喜欢，因为都倾注了自己的心血和精力。每一次表演都是对角色的全情投入，都是与"角色人物"的对话，都能在重现他们内心世界的同时去发现自己、提升自己。所以，他笑称自己在准备表演以及排练期间仿如"半个和尚"，意指要抱有敬畏和虔诚之心，此期间虽不说"斋戒沐浴"，但要达到"心无杂念"的状态，就要很注意饮食和休息，做出一些牺牲，以便全身心投入到舞台表演中去。

在访谈当中，身兼多职的欧凯明屡屡被一些电话和事务上的处理程序打断，但是他始终坚持一个工作原则，那就是"戏比天大"。自己首先是演员，是剧院的艺术总监，排戏演戏是自己的首要任务，在本职工作与其他事务两者不能得兼的情况下，肯定要先做好自己的本职工作，要对得起看戏的观众。对于他的敬业爱岗、尊重艺术的严谨态度，我们不由得肃然起敬，也不由得想起红线女老师所说的："我的生命属于艺术，我的艺术属于人民。"作为红老师的弟子，欧凯明也自觉承担着弘扬艺术、服务人民的重任，奋勇前行。

有了对艺术不断探索的源源动力，欧凯明更潜心于如何去塑造不同的角色，使之形神俱备，在舞台上绽放异彩。为此，他可谓用心良苦，精雕细琢，力求将传统表演程式

允文允武，戏真情深

粤剧电影《刑场上的婚礼》海报，欧凯明饰演周文雍

与现代戏剧理念紧密结合在一起。要说一名演员应有的条件，欧凯明可谓是极有天赋的，他身板硬朗，外表俊美，声音洪亮，唱功了得，基础扎实，无论文武人物，他表演起来都可以惟妙惟肖。但欧凯明并不满足于自身的良好条件，他觉得要深入地了解和塑造人物角色，光凭天赋还远远不够，如何将剧中人物的内心世界细腻而又自然地展现出来，还得多琢磨研究，在表演上下苦功夫。因此，欧凯明所饰演的角色，都蕴含着他自己独特的理解和深厚的情感。

粤剧《刑场上的婚礼》，欧凯明饰演周文雍、崔玉梅饰演陈铁军

粤剧"二度梅"得主欧凯明

  比如《刑场上的婚礼》，该剧通过周文雍、陈铁军这一对革命情侣的爱情故事，展现了20世纪20年代第一次国内革命战争时期的历史风云。从2007年首演至今，多次修改，力求尽善尽美，该剧展演后，受到广泛的好评。饰演剧中男主角周文雍的欧凯明，坦承自己每一次演出都被感动得一塌糊涂。他是这样用文字描述周文雍的："走进你，我为这一段感人肺腑、催人泪下、荡人心肠、激人奋进的历史而感动。你用生命来坚守信仰，用热血来点燃光明。"他还曾动情地说："周文雍是一个革命者，是共产党一个非常有代表性的人物，无论是红岩的许云峰、江姐，还是佛山的周文雍、陈铁军，都是共产党的优秀人物、真真正正是特殊材料做成的。当你走进他们的内心之后，你就会很理解，他们就是为这个民族、这个国家，为他们的理想可以前赴后继，坚贞不屈，没有二话。在生与死面前，情愿为了理想拒绝生，选择死。所以我觉得很感人。"《刑场上的婚礼》作为现代戏，取材于大家所熟悉了解的革命故事，因此，如何使粤剧传

欧凯明和红线女老师的合影

统戏剧元素和现代舞台特色结合起来，吸引乃至感动观众，是有一定难度的。该剧的亮点在于并非使用革命理念的简单说教，而是通过人性的挖掘来引起观众的情感共鸣。欧凯明牢牢抓住这个关键，把周文雍身上的侠骨柔情和英雄气概表现得淋漓尽致，达到"神似""情真"，将个人对于历史、革命和人性的理解完全融入舞台表演中。正是由于有一种情感和价值观的认同，使得欧凯明在表演时，内心情感的波澜壮阔都一一表现出来，引起观众的情感共鸣。2015年，欧凯明凭借该剧再度成功"摘梅"，成为继冯刚毅之后的粤剧"二度梅"得主。

说到将不同角色熔于一炉，这并非口头说说那么简单，真正要饰演诸如王者、伟人、革命家这一类身份特殊的角色时，难度是非常大的。有些角色是演员从未碰过的，毫无音像资料可供借鉴模仿，这时候就完全要看演员能将表演水平、人生阅历与内心体验融合并发挥到什么程度。比

粤剧《初心》，欧凯明饰演叶挺

如在《孙中山与宋庆龄》一剧中，欧凯明就碰到了难题，因为"孙中山"这一形象在之前的粤剧舞台上从来没有出现过，他必须不断揣摩、想象这位伟人的言行举止和内心世界，从最细微之处凸显其形象气质。正如他所说的："面对这样一个伟大的人物（孙中山），我只能用每一种细致入微的可能性去触摸这个伟大的魂魄，以我的真诚去完成向先行者的致敬。"

另外，该剧由获得"文华导演奖"的龙杰锋导演执导，他的理念是让戏中人物凸显伟人平凡的情感，去呈现伟人在投身革命事业中所绽放的人性的光芒。例如，孙中山与宋庆龄的爱情，他们彼此之间的互相信任与支持，对待革命和人生起伏的积极乐观态度，等等。而欧凯明都能把这些细节处理得恰到好处，从细微处展现了伟大革命者孙中山的宽阔襟怀和真情至性。该剧有一幕情节，就是宋庆龄为了掩护孙中山而导致流产。欧凯明谈到这一段时道："在演到孙中山得知宋庆龄流产时，他拿着宋庆龄为孩子准备的那件衣服时的情绪，演员不可能用传统的牌子、锣鼓去演绎，我用了一种很压抑的唱法，去表现哽咽的感觉。"该剧既是现代剧，又是革命和伟人题材，与传统的粤剧人物表演都很不相同，但是，欧凯明都能用自己的表演经验和细腻入微的表演技巧，力求使人物形象丰满而生动，很好地达到了演员和角色合二为一的境界。

业余时间，欧凯明多用来看书思考。无论是教授学生徒弟们还是接受采访，他都经常强调，演员要加强文化修养。他笑称，作为戏曲演员，肚子里没有上百首传统诗词歌赋，表演起来就没有"味道"，会让观众感觉到"隔"，即演员无法跟角色合二为一。他的办公室，摆放着文房四宝，可见他时常从传统文化中得到熏陶沾溉。他挂在嘴边的一句话可供年轻演员们借鉴："表演说到底还是看一个人的综合素养。"

近些年，欧凯明拓展近现代题材粤剧的演出，如《梁启超》《初心》等，还尝试拍粤剧电影，如《刑场上的婚礼》《小凤仙》《南越宫词》等。其中，《南越宫词》是"广州市粤剧电影精品工程"重点项目，获得第34届中国电影金鸡奖最佳戏曲片奖。这些都反映了作为一名表演艺术家不断开拓艺术疆域、不断挑战自我的决心。

采访的时间是有限的，在不知不觉的交谈中过得飞快，但是留给我们思考的东西十分丰富，难以一一用言语去表达。在采访的过程中，我们一次又一次感受到欧凯明这位质朴、热情而又富有理想、富有朝气的大老倌，对于粤剧艺术深厚真挚的感情与执着不懈的追求之"心"，感受到他对于戏剧艺术独到的理解和大胆的尝试之"新"，也感受到他对于自己的严格要求和对学生真切的关怀指导之"情"。归根结底，这都源于他对粤剧艺术深深的热爱，对师长朋友的感恩图报，对自己肩负传承艺术、文化重任的自觉，诚如他所言："不是粤剧没有我不行，而是我欧凯明离不开粤剧，是我欧凯明生命中不能没有粤剧！"正是在粤剧艺术中，欧凯明寻觅到了自己生命存在的价值与意义，还有在探索漫漫艺术途中的各种艰辛与喜悦，方寸之地，蕴藏着他洒满心血汗水的艺术结晶！

陈韵红

傲雪红梅，韵味更浓

1995年获第12届中国戏剧梅花奖

陈韵红，广州粤剧院正印花旦，一级演员。她的名字，相信大家都不会陌生。陈韵红屡获殊荣，曾获首届文华奖个人表演奖、中国戏剧梅花奖、中国小百花粤剧节艺术表演金奖、广东第五届鲁迅文艺奖、首届广东戏剧家突出贡献奖等多项殊荣和行内外好评，曾是粤剧行内为人瞩目、有发展前途的一名粤剧新星，与丁凡的组合更被誉为粤剧舞台上的"金童玉女"。就在艺术渐趋成熟之时，她做出了一个令人惋惜的决定：为家庭舍弃事业，退出粤剧圈。而时隔十多年后，她又选择重归这片艺术园地。如今的陈韵红，对粤剧艺术有着更多的思考沉淀，对自己的表演有着更高的期许与追求，对于粤剧事业也有更多的愿望与祝福。我们借访谈机会，了解陈韵红的粤剧情结与表演心得。

从艺杂谈

陈韵红生长在充满粤剧氛围的家庭，父母经常组织私伙局，戏瘾非常大。陈韵红自小就受到家里人的耳濡目染。但她当时年纪尚小，并没有对这一传统艺术产生浓厚兴趣，反倒是深好此道的父母对她寄予了殷殷厚望，把她送进了广东粤剧学校。当年的陈韵红身材高挑（故有"咪姐""阿咪"之绰号），老师们都对她刮目相看，希望这棵幼苗能茁壮成长。陈韵红本来对学习抱着放松的心情与模棱两可的态度，由于受到鼓励，她从原本的被动求学转变为积极练习，逼着自己早起练功，苦练一年后，水平突飞猛进，在毕业考核中取得优异成绩。对于那段艰苦的日子，陈韵红虽然只是轻描淡写地寥寥几句带过，但以她高挑的身材，发育较早的骨架，我们不难想象，在摸爬滚打的基本功训练中，她定然吃过不少苦头，要克服诸多困难，方有所成。

谈及从艺经历，陈韵红坦言自己走的是一条坦途。毕业后，她就被分配到广东粤剧院，与粤剧名家罗家宝搭档，参演的第一个戏是《袁崇焕》，陈韵红出演袁夫人。这是她第一次与大老倌搭档，当时心中颇为忐忑。所幸无论是主角罗家宝，还是同台的其他演员、音乐师傅，都给予她极大的鼓励和支持，使她安下心来，很快适应粤剧舞台。后来，广东粤剧院成立了青年实验团，她和丁凡等青年演员一起加入该团，并担任正印花旦，得到前辈罗品超、林小群、关国华、小神鹰等老艺术家的指导，有较多的锻炼机会。因此，忆述往事，她非常感激领导和剧团对她的关怀眷顾，感激老艺人的言传身授，使她能顺利地在粤剧舞台园地茁壮成长。

与丁凡合作的十年，是陈韵红非常难忘的一段时期。那是她最富有青春气息与激情的光阴，也是她积累、沉淀艺术经验的岁月。在访谈中，陈韵红对这位老搭档满怀敬佩之意，她赞赏丁凡对艺术的执着追求和刻苦钻研。当年并不如今天的信息网络时代那么便利，要看一出戏，学习借鉴别人的优势和长处，可以说颇费周折。丁凡经常省吃俭用，有时甚至不惜长途跋涉远赴外地观摩学戏。搭档的好学也感染了陈韵红，她开始时时处处留心，吸收一切对于戏曲表演有益的养分。比如，她注意到昆剧表演的细腻、京剧的大气，以及其他兄弟剧种的特点，这些都是非常丰富且取之不尽的艺术资源。有一次，她到美国百老汇看戏，也深有体悟，认为应该吸收外来的新鲜元素，补充到已有的戏曲程式中去。但同时，她也反对一味求新而脱离粤剧传统，认为应该坚持粤剧艺术的核心形式和精神，也就是我们所说的梆黄体系、广东音乐与小曲以及背后蕴含的广府地域文化特征。

在参加中国戏曲学院举办的"纪念徽班进京二百年"高级培训班的学习中，陈韵红非常珍惜这一难得机会，抓紧一切可以看戏的机会，哪怕只是剧目中的一个动作、一个唱腔，均将之活学活用，融入自己的表演中。陈韵红认为，任何剧种都不能自满自大，要清楚自己的历史，明白其渊源所在。粤剧本来就是在借鉴吸收外来的梆黄体系基础上，发展起来并逐步完善的，一直都保持兼容并包、容纳贯通的优点。在新的时代，观众会有新的审美观念和情趣，戏曲也应该适时地做出改变。深刻思考并挖掘"旧传统"中有用的宝藏，结合时代发展的步伐，使"旧传统"不断更新，而不是在岁月的淘洗中"年华老去"，才是粤剧工作者及观众有心人聚焦所在。

"戏如人生，人生亦如戏"，生活总是有波折，充满令人意想不到的"突如其来"。在事业还处在蓬勃发展之时，陈韵红做出了一个艰难的选择，因为要养儿育女，她得前往香港定居，要告别曾为之洒遍汗水、付出热情的舞台。不少领导、同事、好友与戏迷都为之惋惜，并尝试劝留她。但是，陈韵红去意已决，毅然退出剧团。尔后时隔十几年再度复出。

虽然在自己最佳状态时离开舞台，陈韵红当时也有百般不舍，但访谈时她也说到，自己并不后悔，因为到香港定居的十五年，尽管已非氍毹生涯，但回归平淡的家庭生活，未尝不是一位演员对内心进行观照、对艺术展开思索的大好良机。初到香港的前五年，陈韵红基本上与粤剧绝缘，待儿女稍长时，她开始行动了。一些学校有管弦乐团，需要节目表演。陈韵红灵机一

粤剧《汉文皇后》，陈韵红饰演汉文皇后

粤剧《金莲戏叔》，陈韵红饰演潘金莲、欧凯明饰演武松

粤剧《宇宙锋》，陈韵红饰演赵艳容

粤剧《碧海狂僧》，陈韵红饰演叶飘红、黎骏声饰演伍小鹏

傲雪红梅,韵味更浓

粤剧《碉楼》,陈韵红饰演秋月、黎骏声饰演司徒镇海

傲雪红梅，韵味更浓

粤剧《大唐胭脂》，陈韵红饰演胭脂、黎骏声饰演裴晓郎

粤剧《十三行》，陈韵红饰演潘母、黎骏声饰演潘文孚、吴非凡饰演伍云英

动,决定利用这一机会,宣传推广粤剧。陈韵红深深感受到,培养粤剧演员不容易,而培养粤剧观众也是任重道远且非常必要的,这些都是文化得以传承的保证。很多人连粤剧、粤曲是什么都尚且不了解,更遑论喜欢与热爱了。于是,陈韵红专门请人写了首《昭君出塞》的曲谱,让小朋友们帮自己伴奏,在表演节目的同时宣传粤剧艺术。刚开始时,孩子们对这种"奇怪高深而又古老"的艺术是抗拒的,后来经过陈韵红耐心细致地开展思想工作后,他们才答允尝试一下,结果用了半年才完成这首《昭君出塞》的其中一段。回顾整个过程,虽然颇费周折,但陈韵红认为非常值得。不少家长和孩子,正是通过这种方式才第一次认识粤剧,有些人还抱着好奇之心,尝试了解这一传统艺术。时隔数年,当这些孩子们慢慢长大了,还懂得欣赏粤剧,这都给了陈韵红极大的信心和热情,她找到了于舞台之外释放自己能力的方式:把传统的根苗埋在孩子的心底,就有长成参天大树的可能。培养粤剧的观众也是一项刻不容缓的重任。陈韵红还提及,如今香港中文大学等高校开设了与粤剧相关的课程,公办的中小学里也有粤剧知识讲座。所以,当女儿放学回家,问及自己滚花的上下句如何区分时,陈韵红不禁感到意外,同时内心十分欣喜。原来也有人关注粤剧,也在做宣传普及的工作,虽然自己不是一名社会活动家,但只要默默耕耘,为粤剧贡献微力,也是非常有益的。养儿育女的陈韵红,此时才更体会到当年号称"超级戏迷"的父母对自己进行教育熏陶的意义!

演艺琐谈

艺术讲究雕琢,每一种技巧都并非平常人所看到的那么简单,而演员对于技艺的磨砺,种种个中况味,更难为人知。陈韵红律己甚严,她总觉得自己的唱腔不如意,尤其发声位置还不理想,未能游刃有余地应对表演行当。于是,她开始琢磨如何使自己的声音更持久、更圆润、更有味道。说来也怪,俗话说"隔行如隔山",不同的艺术种类、样式,往往特点会比较悬殊。但这只是我们认识事物的一方面,实际上,异处也往往有相通点,只有"同中见异,异中见同",才能够对事物作出全面客观的了解和把握。

陈韵红不止喜欢唱粤曲,也喜欢唱民歌。她从民歌发声方法上受到启发,认为粤剧唱腔与民歌唱法有相通之处。她注意到民歌的发声较通透,诀窍就在舌齿间的协调上。粤剧发口,最忌的是声音生硬、尖刺,要使声音圆润有力,舒坦自然,则要适当效法民歌发声位置。尤其唱高腔时,一旦共鸣点找好了,演唱者会越唱越舒服,声音的效果也会很悦耳。多年来,陈韵红都注意观察歌唱者的"嘴巴"(嘴型),思索他(她)们唱

傲雪红梅，韵味更浓

粤剧《一把存忠剑》，陈韵红饰演王兰英、丁凡饰演吴汉

粤剧《宇宙锋》，陈韵红饰演赵艳容

得好的原因，她认为，只有发声正确了，控制声音自如了，才能提高唱腔水平、丰富舞台表演。

除了在唱腔上精益求精，在表演上，陈韵红也下了很大苦功。在采访中，她谈及当年陈小华老师指导自己的一个细节。陈小华老师非常强调表演的程式和人物的性格，注意挖掘演员的特长，从而启发表演者扬长避短、虚实结合。在《宝莲灯》一剧中，陈韵红要一人同时分饰两个角色，一个是深明大义、贤惠淑德的民间女子王桂英，一个是向往人间生活、充满人情味的天宫仙子华山圣母。两个行当不相同的人物，表演起来有一定的难度。素来擅长青衣行当的陈韵红，认真琢磨起一台戏的两个角色，在熟悉台词的基础上深入理解剧本的主题，细细推敲唱词所要表达的含义。慢慢地，她琢磨到两个角色有着很大的差异：华山圣母虽为神仙，但遇上书生刘彦昌时情窦初开，表演时宜多展现少女的脉脉含羞情怀；而王桂英虽为凡间妇女，却能委曲求全、舍己为人，表演时则宜呈现母性、人性的无私与崇高。舞台上，陈韵红牢牢把握住角色的特征，借助唱腔和眼神、动作把人物内心表露无遗。兹就剧中部分情节试举一两例以说明之。

开场时，陈韵红所饰演的华山圣母，先是端坐莲座，端庄肃穆，但借助眼神即表达了"厌仙居独处孤山"的心情，随后翩翩起舞，舞姿妙曼，更契合人物向往人间的情绪倾向。在与刘彦昌相遇一场，她更是阻止因产生误会的女伴灵芝斩杀刘生，反问"何以追杀这儒生"，同时眼中流露脉脉恋意，配合调寄《杨翠喜》的一段小曲和一段南音，塑造了仙女圣母与凡间刘生互生情愫的温馨场面。相对于后面的冲突场景而言，这一场表演显得温情、舒缓，是典型的才子佳人相爱排场。当被兄长二郎神杨戬压在华山下时，圣母不为所惧，喊出一句"既有离夫别子重重恨，再压华山十座又何如"，表露了向往自由而坚强不屈的个性。

而饰演王桂英，人物内心世界更复杂，既是贤妻，又是良母，而且王桂英的戏份主要集中在戏剧冲突处，情绪的起伏与感情的丰富性都要靠演员去把握。例如，她得悉孩子闯下弥天大祸，要鞭打他以示惩戒，但内心却是痛苦不堪："骂奴才，太倔强，偶疏管教便逞强，惹得飞灾临身上，令慈母心恸伤。"当沉香与秋儿兄弟俩争把罪案揽上身时，王桂英又不禁心痛爱儿，连呼："我我我，我的心爱。"但她一瞥见刘彦昌在旁一声长叹，又连忙硬起心肠责骂道："我的不肖儿郎。"当审问兄弟俩无果，刘彦昌说沉香"仔啊你却无生娘关痛痒"时，当沉香反过来劝慰爹娘勿再伤心，自愿去投案时，王桂英唱道："正是凄凉语语断人肠，他纵不是我亲生，也是我亲抚养。试问何堪舍却此小沉香？唯是心爱秋儿爱似明珠在掌，忍教虎口送羔羊。论情论理谁不爱亲生儿？后母苦衷，又有谁体谅？"权衡之下，王桂英百般不舍地忍痛让刘彦昌把亲生儿子秋儿带到秦府交案。当做出这一决定时，陈韵红把王桂英这个人物心如刀割、万般无奈的翻滚情绪通过悲泣、哀叹、凄怨的唱腔与念白演绎得淋漓尽致。正是凭借该剧的出色表演，陈韵红获得第12届中国戏剧梅花奖。京剧名家胡芝风观看表演后说："陈韵红表演很突出,唱功好,高音通透,她在《宝莲灯》剧中先后饰两个不同行当的人物,她的表演手法、身段都不一样,演活了人物,特别是以手指变化来说话很精彩。"

陈韵红忆述到,陈小华老师对她的帮助很大,尤其在人物角色的启发上。以《宝莲灯》为例,王桂英属于青衣行当,而华山圣母则属于花旦,两个角色差异较大,要抓住细微处,使她们有较大的反差。剧中有王桂英教子责罚一幕,为帮助陈韵红理解角色,陈小华不断提供孩童被父母鞭打的情景,以此启发她投入到角色中,塑造苦心慈母的形象。在《情僧偷到潇湘馆》和《伦文叙传奇》中,陈韵红所饰演的林黛玉和侍女阿琇都是小旦行当,此前她没有尝试过,想打退堂鼓。陈小华知道后,严肃地教导她说,演员的职责就是要面对任何角色,把他(她)演活,而不是挑三拣四,畏难而退。你不要老想着某个角色便于自己表演,对演员来说,最大的挑战就是把"不像"(指不合自己心意)、"不好演"的人物表演得"活灵活现""入木三分"。当你付出努力,尝试后,你就可以多一分收获了。

时隔多年,陈韵红很感谢恩师的这番教导。俗语说:"名师出高徒""良药苦口利于病",别人的提点往往能使自己有所提升和感悟。她还提及《情僧偷到潇湘馆》一剧,其中林黛玉一角,此前已有人饰演过,陈小华却要求陈韵红演出不一样的感觉,要在前人基础上有所突破,为了收到效果,她甚至让陈韵红住在自己家里,勤加指点。从抗拒到接受,陈韵红开始琢磨角色,她专门查阅《红楼梦》原著,研究该如何把这弱不禁风、多愁善感的林妹妹在舞台上演绎得更细腻、更生动。钻研角色时,她发现这位不在愁中即在病中的林黛玉,外表看似风前弱柳,内心却保持一份孤傲清高、遗世独立,因为她聪敏灵慧,比别人又多了咏絮才思,拥有复杂敏感的内心世界。陈韵红经过观察、思考与琢磨,抓住了人物的性格特征,表演起来得心应手。

在另一出粤剧《焚香记》中,陈韵红又受到陈小莎老师的指导和启发。陈小莎曾对她说:在舞台上一定要把演员自身最有优势的地方呈现给观众,要让这优势传达出感情和信息。你知道自己身上的优势是什么吗?陈韵红突然被问住了,还在寻思时,陈小莎揭开了谜底,说道:你的手非常漂亮,你自己可有留意?你千万不要浪费了。经她一提醒,陈韵红才恍然大悟,并想起当年在广东粤剧学校求学时,李燕清老师曾教她指法,自己多年来一直把指法运用到舞台上,利用手指手腕的柔软、舒展,变为舞台语言,甚至化到程式中去,以"手"来说话,形成自己的表演特色。此后,在每一套戏、每一个人物中,陈韵红都有自己独特的"指法",以配合自己的唱腔和眼神,利用"手"来做文章。

在《焚香记》第六场《打神》中,陈小莎不让陈韵红用水袖功而是用手去表现叱骂海神爷,充分展现了"手"的能动性,释放了演员的肢体表演空间,是一次成功的尝试。又如在《唐琬绝命词》中,陈韵红利用"柔弱的手"塑造出弥留之际万般无奈绝望的唐琬形象,这种无声的语言增添了很强的舞台效果,使得人物更丰满、更立体。陈韵红认为,传统戏剧行当有着职能划分的历史沉淀和实践理据,经过若干年发展已臻成熟,是对现实生活的高度概括和提

粤剧《魂牵珠玑巷》，陈韵红饰演胡菊珍

粤剧《金莲戏叔》，陈韵红饰演潘金莲

炼，但呈现在观众面前的舞台人物角色是要经过演员重新创造的形象，这就构成了行当程式与现场表演互相影响、互相促进的"一体两面"的关系。程式不应成为演员表演的羁绊，不能僵化地理解和套用，而要融入自己对生活、人生的观察体悟，这样表演出来的人物才是有血有肉、活灵活现的。在《一把存忠剑》《魂牵珠玑巷》《范蠡献西施》《伦文叙传奇》等剧目中，陈韵红都在运用行当的规范性基础上，深入挖掘人物丰富的内心世界和性格特征，力求表现出角色的丰富形象和独特个性。

戏行漫谈

出于对粤剧舞台的热爱，陈韵红在回归家庭十五年后，开始寻思复出。尽管她很清楚将面临极大的困难，但粤剧艺术的魅力使她无法压制重新回归粤剧天地的念头。最终，在家人的鼓励支持下，陈韵红在阔别粤剧舞台十五年后，又重新回到这一块令她魂牵梦萦的艺术园地，走进了既熟悉又陌生的地方：说熟悉，因为她坚持本行，依然从事粤剧艺术；说陌生，因为她离开舞台长达十五载，现在要去的广州粤剧院是个新单位——一切都得从头适应。但她认准自己选择的方向，坚守自己的决定，抱着热爱工作与谦恭学习的态度，克服诸如兼顾家庭生活、须两地奔波等种种困难，重新投入到粤剧事业中。

在香港成立自己的工作室时，陈韵红已经做了大量的关于粤剧的公益工作。每举办一次公开演出，她都是自己掏钱请专业演员，还有宣传、布置、公关等工作，她都不遗余力，事必躬亲。正因为有这些积累，使得陈韵红在回归粤剧事业时才能较快地适应新环境，而此前的表演，也使她逐渐找回专业演员的感觉，不致荒废原来的功力。对于艺术工作者而言，除非选择另一种生活方式，否则真的永远不能言休，也不能停步不前。

从艺多年，陈韵红不只对表演艺术有不可或离的感觉，对于自己从事的行业，她也有思索与探询。众所周知，粤剧发展至今已有三百多年，也经历了几次改革。而当回首过往、评价历史时，其中的得失，值得每一位粤剧工作者和研究者认真、谨慎地反思，总结出有益的经验，对仍然在继续的粤剧艺术工作，做出积极的指导。访谈中，陈韵红结合自己的经历，对于粤剧发展提出了一些想法。

很多行内人士和戏迷都会有疑问，粤剧行当从过去的十柱制、六柱制到如今的双柱制（"生旦戏"），这究竟粤剧的行当是在进步还是在倒退？可谓众说纷纭，莫衷一是。对此，陈韵红有自己的见解。她认为，行当减缩会削弱舞台艺术的表现力。戏剧与人生是相通的，一台精彩的大戏，就应该有多个面目不同的人物，有跌宕起伏的节奏和情节。每出戏剧本来就是靠团体共同努力去经营、推动与发展的，而不是仅靠一两人即可撑起整台戏。同时，陈韵红也指出，粤剧发展要靠传承。一些大老倌，在发展自己演艺事业的同时，更应该扶持年轻一辈，让他们"多担戏"（以主角身份参与表演），多接受磨炼。经验老到的"老倌"可以为他（她）们充当配角、绿叶。只有这样，青年才俊才能近距离得以学习，并积累舞台经验，迅速成长。

在比较粤港两地的粤剧现状时，陈韵红谈到，两地在艺术特点上、对传统的继承和创新上以及市场运作上固然有一些相近之处，但更多的是由于文化体制和观念迥异而呈现出各自的特色。首先，在团体组织的体制上，内地多为政府行政拨款支持的剧团组织，在资金、设施、人员编制等方面有一定的保障；而香港的粤剧团体是私营的，意味着他们首先要解决生存的实际问题，无形中对他们的艺术表演有着较直接的影响，这种影响可以理解为：一方面，他们的市场化更成熟、更真实。一般地，香港的粤剧团体，除了几个主要演员较为固定，其他演员多为业余兼职性质，流动性较大，而演出剧目和风格多以观众喜好、审美指向为前提。这与内地情况很不一样。另一方面，香港政府对粤剧大力扶持，对粤剧演出有一定保护措施，演出票价也较低，并且以观众自己掏钱买票为主，使粤剧真正进入市场。而内地的粤剧团体大多靠春班或秋班，在乡下包场演出获得经济收入，真正依靠票房收入的演出并不多见。其次，在对待传统与创新的态度上，由于受到现实条件的限制，为降低成本，香港粤剧表演较趋向保守，旧传统的成分保留较多，内地剧团则趋于创新，倾向于追随全国戏曲热潮，注重现代化设计审美观点，在舞台装饰、灯光音响等方面都有较大投入。另外，在粤剧文化艺术教育制度化方面，香港也较内地先进和成熟，值得有关部门学习和借鉴。

重登粤剧舞台的陈韵红，这几年排了不少戏，除了多年前已经熟稔于心的传统旧戏外，她还和新搭档黎骏声合作了不少新戏，并探索新的塑造人物的方式。如在现代戏《碉楼》中，她表现出了更多的主动意识。因为该剧的背景涉及近现代广东开平的华侨史，反映了岁月变迁中的"人"对寄寓乡土文化象征意义的碉楼的深切感受和历史伤痕，无论时代特色、人物性格都呈现出了复杂化。该剧也一直在上演中不断修改完善、精雕细琢。陈韵红对于自己所饰演的女主角秋月，做了深入细致的分析研究，认为这个人物与众不同的是，她既有传统女子的性格特征，又富有一定的反抗精神。要表现出戏剧的张力和文化意蕴，完全依靠传统程式是不够的，还要更多地借鉴现代戏剧情节化、生活化的优点，补充到表演中去。因此，她在该剧中更重视人物服饰、化妆、灯光等辅助手段，来配合自己的表演，并根据舞台实际，对于剧本的修改完善提出了自己的建议和意见，充分发挥自己作为演员的主动性，更积极地参与到剧本创作和表演创作中去。

正如她的名字所赋予的含义一样，如今的陈韵红经历了从舞台到生活，再到舞台的兜兜转转，可喻之为"傲雪红梅韵更浓"。曾有老艺术家言道：从事艺术工作的人，永远不能退休，他（她）应该一生都奋斗在自己的艺术舞台上。与陈韵红一席欢谈，更感觉到作为演员的她，对于艺术、对于本行都出于一种挚诚的热爱与眷恋，方有"永不言休""为伊憔悴"的不舍情怀。有坚守艺术园地的工作者，定有百花争艳、群芳吐彩的春天，让我们衷心祝福陈韵红和众多的艺术坚守者艺境精进，再上一层楼！

粤剧《文成公主》，陈韵红饰演李夫人

倪惠英

粤剧事业，终身奋斗

1997年获第14届中国戏剧梅花奖

倪惠英，一级演员，曾任广州粤剧团当家花旦。在众多的粤剧名伶中，倪惠英是较特别的一位，她很早出道，饰演过众多的舞台角色；她热爱粤剧，积累了丰富的舞台经验；她永不懈怠，尝试着多样的舞台实验。尽管倪惠英的角色从广州市粤剧团团长转换到广东省戏剧家协会主席，但始终不变的，是她对粤剧舞台的赤诚钟爱，对粤剧艺术的执着追求，对粤剧观众的信任友爱。带着关于她个人艺术道路以及对于粤剧的传承创新、艺术表演的火候尺度等问题，我们走近了第14届中国戏剧梅花奖得主倪惠英。

学艺点滴

倪惠英有句座右铭："粤剧是我的终身事业。"几十年来，她把全副心思都投入到粤剧艺术中去，无怨无悔地奉献自己的青春与汗水。诚如她在《粤剧生涯三十年感怀》中所言："是粤剧艺术的光辉照亮了我的生命……'演员'于我，已不仅仅是一项工作、一种劳动或一种职业，它是一种生活经历，一种超越了自身有限时空的对'自我'的创造和扩充，一种张扬生命意志的审美享受。"

时代往往会造就某些人，以他们作为高举时代风气旗帜、勇当时代弄潮儿的人。当然，前提是个人的努力，能及时把握住时代脉搏的敏锐度。倪惠英的青少年时期，恰好是20世纪富有浪漫情怀和理想主义的年代，积极向上、不懈进取的时代精神深深地在她幼小的心灵刻上烙印，坚定了她追求戏剧艺术的信念。

粤剧事业，终身奋斗

由于自小喜欢唱歌，并且天生一副好嗓子，倪惠英自然成了学校里的文艺骨干，八岁时即参与大型音乐舞蹈史诗《东方红》的演出，十四岁进入了广州市粤剧团参与演出，十五岁即担任主角，饰演《红灯记》中的李铁梅。不过，虽然天赋金嗓，但刚开始时，由于此前倪惠英从未接触过粤剧，所以一切都得从头学习。命运总是眷顾有准备的人，倪惠英遇到了不少名师与"明师"，使她很快就走上学习戏曲艺术的正轨。在访谈中，倪惠英提及了几位名师，如"子喉王"谭佩仪老师，在她的亲自教导下，倪惠英充分发挥自己音色亮丽高亢的特点，并将之很好地融入演唱中去，使原来的金声玉喉，在经过系统训练后，显得更富质感，更利于运腔用气。编剧家何建青曾在《红船旧话》中称道："她（指倪惠英）天生一个串珠喉，又经著名女高音曲艺家谭佩仪引导，因而嗓音高、低、疾、徐，任从调控，获致'金嗓子'的美誉。"后来，倪惠英又得到红线女老师的悉心指导，对于粤剧表演更有体悟。在唱腔上，尽管红线女以"红腔"闻名于世，但她却不会强迫学生模仿自己的声音，而是因材施教，各有侧重。对此，倪惠英回忆往事时，饱含感激之情："红线女老师对我这个学生非常关心、爱护，有关粤剧的事情，她都很用心。在唱腔上，我学习她的方法而非声音，因为生理条件不同，所以我特别注意到她高音区的发声方法，力求使自己的声音变得流畅饱满。"20世纪90年代，倪惠英与香港的文千岁等名伶录制了一系列粤曲唱片，其中一些曲目如《珍珠慰寂寥》《重开并蒂花》等，至今仍为人津津乐道，视为学习的范本。1992年，倪惠英还凭借《定情剑底女儿香》中的《剑归来》一曲获第二届中国金唱片奖。

1971年，编剧家陈自强第一次看倪惠英的演出，马上赋诗赞曰："延安窑洞试新声，音韵技能未算精。底事听来惊四座，欣欣歌者有豪情。"老前辈对于蓓蕾新苗的欣喜与勉励之情溢于纸上，而倪惠英也证明了伯乐的眼光，她努力不懈，不断严格要求自己，锤炼技艺。

对于唱腔，倪惠英也是深有体会的。一方面，她充分利用天赋的声音条件，使吐字饱满有力、圆润清晰，且富有穿透力，即行内常说的字正腔圆；另一方面，她又能结合曲词和剧情，安排好气息与腔调的高低起伏，使真假声很好地结合，在生动地演绎角色的同时又能突出个人唱腔的风格。倪惠英的声线深深地吸引、感动了不少戏迷，而这一切与她的刻苦磨砺、潜心钻研是分不开的。

"转益多师""博采众长"是每一位艺术家成功的通律。抱着谦虚好学的态度，倪惠英对身边的老师们极为留心，不断发现、研究他们的长处，化为己用。例如何家耀老师，素有"粤剧小神童"的称号，每天早上起来练功，倪惠英看在眼里，自觉地跟随老师早早起床，苦练基本功。因工作上的便利，她得以与陈笑风、罗家宝、罗品超、郎筠玉、靓少佳等大老倌或为师友朋辈，或同台献艺，请益求教良机甚多，她都会牢牢把握住珍贵的间隙，从前辈身上汲取营养。她笑称自己是时代的幸运儿，能接触到众多大老倌、艺术大师，了解他们艺术上的见解和特色。在《红灯记》中，她印象最深的就是同台表演的陈笑风，他身上流露的儒雅气质和娴熟的舞台程式，能很快带自己进入到角色中，使自己顺利地完成演出。

谈及当年对于粤剧的热爱，倪惠英的兴奋之情溢于言表，甚至对于兄弟剧种，她也会细心钻研，发现其特点和长处，以裨补自己的粤剧艺术表演。在访谈中，她透露自己曾深深赞羡并沉迷于京剧大师张君秋的旦角表演和子喉唱腔、川剧名家杨友学的男旦特色、越剧名家傅全香的唱腔，并以此为借鉴，与粤剧表演相对照比较，融会贯通。全国各地所访名师、所见名剧、所听腔调，均对倪惠英艺术视野的拓宽和表演技巧的提升有着巨大影响。

尽管在讲述从艺经历时，除了多次提及感恩老师外，倪惠英对自己的辛勤付出总是轻描淡写地一笔带过，但我们可以想见，作为一位戏剧演员，如果没有坚强的意志和远大的目标，没有平素的刻苦训练，没有扎实过硬的基本功，根本不可能胜任台上众多个性不同、面目各异的角色。在戏曲表演中，"四功五法"必不可少，而且往往见功底，所谓"台上一分钟，台下十年功"。这些类似的描述性言语，可能已经老生常谈，引不起读者兴趣。但在这里不厌其烦地再三指出，只是想说明，诸如倪惠英这样的知名演员、戏剧表演艺术家们，其光辉灿烂的成功，背后往往是练习、排练时不足为人道的各种痛楚心酸；而类似"唱嘢咬线""啱晒叮板""字正腔圆""讲究做手"等基本功，却正是在舞台上能挥洒自如、忘我投入的必要前提。粤剧艺术（其他剧种亦然）讲究心口相授，其传承往往靠一代又一代艺人将历史传统所积累的经验和规律的原貌很好地保留下来，才利于后来承继者在此基础上不断创新。倪惠英深谙个中道理，其勤奋好学、刻苦雕琢，与其说是对于自我的严格要求和表演技艺的需要，毋宁从深层次角度而言，是对于戏剧行业的尊崇慎敬，对传统艺术的继承发扬！

粤剧《花月影》
倪惠英饰演杜采薇、黎骏声饰演林园生

粤剧《白蛇传》，倪惠英饰演白素贞、李伟聪饰演许仕林

粤剧《游园惊梦》,倪惠英饰演杜丽娘、梁耀安饰演柳梦梅

舞台掠影

从艺多年，倪惠英饰演了难以一一细数的各式人物，并体验了各类角色的悲欢离合、喜怒哀乐。她深深地爱着这方舞台，感谢艺术赋予她广阔的精神空间与情感载体。当我们探讨演员的艺术特色和成就时，自然离不开他（她）在舞台上所塑造的人物，以及在其中走过的心路历程。

早在20世纪70年代，倪惠英凭借主演《红色娘子军》一举成名，当时的剧目还保留较明显的样板戏痕迹。直到20世纪80年代初，粤剧开始重新复兴，排演大量的传统古装戏剧，如《柳毅传书》《白蛇传》《吴起与公主》等，倪惠英均参与演出。这当中有位关键的人物，对倪惠英艺术表演的提升起了非常重要的作用，她便是上文提及的、被倪惠英尊称为恩师的红线女。因为工作需要，红线女被安排到广州市粤剧团工作，她非常欣赏倪惠英的天赋与好学，决定将自己所学倾囊相授，无私地将自己的首本戏《打神》《蝶双飞》的艺术技巧精华一一道来，并亲自指导倪惠英排演《西厢月下情》《天之骄女》《凤阁双姝》等戏。在此期间，倪惠英在原有知识积累的基础上，更深刻地认识到花旦行当要戏路宽广，既有青衣和刀马旦，且文武的风格各异，还有古装戏与现代戏的区分，这都需要演员去细心揣摩人物角色，捕捉其内心世界和性格特征。对于演员而言，这是最大的挑战，但如果能够最终胜任角色，这同时也是对演员艺术水平极大的提升。

倪惠英对于经典名剧非常熟悉，对于自己所饰演的剧中人物，她也是拿捏有度，表现出扎实的基本功和高超的艺术造诣。如在《西厢月下情》一剧中，倪惠英饰演崔莺莺，与饰演张生的梁耀安搭档。其中有一幕是张生白马寺解围后，受夫人宴请的情景。当中考验演员对人物情绪的准确传达：小姐莺莺与张生再度相会，心中喜悦难以言表，遂唱道："乌云吹散，鹊桥架上。心盼相逢，面羞难仰。"但又害羞不已，故意道："不去，不去，回绣房。"待到老夫人反悔约定，让张生与莺莺以兄妹相称时，莺莺呆若木鸡，心如刀割："真个是一声惊雷轰天响，惊散梦魂，裂碎心肝。鸳鸯杯，装的竟是夺命酒，逼将亲奉有情郎，能不绞断人肠？"这种跌宕的情感起伏，最考验演员的情绪控制。与电影演员不同的是，戏曲演员侧重唱腔与动作，通过程式表达人物内心情感。当然，程式基本是固定的、旧有的，如何善用技巧、程式，使得戏剧节奏与故事情节、唱词念白很好地结合起来，这又是一大关键。在演绎崔莺莺一角时，倪惠英领会了人物的性格特征，留意到剧情的曲折紧张，体悟着曲词的起承转合，把属于闺门旦的人物演得活灵活现、入木三分。

而在《吴起与公主》一剧中，倪惠英所饰演的公主，则又与一般闺门旦不同。故事讲述的是魏国公主深深爱慕吴起，但无奈朝中奸臣妒忌吴起而屡进谗言，魏武侯以家国大事为重，对吴起有所猜疑，却又不愿放掉这位奇才大将，导致吴起对公主起了误会。该剧在历史故事基础上进行改编，剧情起伏跌宕，剧中人物个性鲜明，关系又复杂，因而对于主角的要求更高。如何凸显戏剧主题，彰显戏剧冲突，是演员必须跨过的"一道坎"。剧中有一幕，倪惠英要同时饰演真假公主：一位是货真价实的金枝玉叶；一位是魏相公叔出于私心而让自己女儿冒名顶替的"赝品"。这自然要求演员能恰如其分、迅速地进行角色的转换。但对于倪惠英而言，最大的挑战是处理公主与吴起误会产生前和产生后的情景。公主的身份和气质决定了她是高贵大方、见识不凡的，但她身上又有女孩子的羞涩与细腻，而在争取自己的爱情时，她又是主动而有智慧的，如何将人物内心复杂的情感、性格很好地表达出来，需要处理好每一个细节。凭借多年的表演经验，倪惠英深入理解角色的定位与特征，以及情节冲突的起伏转折，为观众呈现了一位有情义、有勇谋的公主形象，并凭该剧获得第二届广东省艺术节表演一等奖。

粤剧传统一直保留了大量的古装戏，相较而言，现代戏就显得少，影响也不大。除了《山乡风云》等寥寥可数的剧目，成为经典的委实不多。倪惠英勇于开拓，她深深感到粤剧艺术也应该要有现代气息，反映现代人的时代风貌和精神生活，挖掘并拓展粤剧的现代题材。她一直在等待着这样的剧本，而《土缘》就是她心目中理想的现代戏剧。该剧富有南国田园特色，1997年参加第五届中国戏剧节获优秀演出奖、优秀表演奖（主角、配角）和优秀唱腔设计奖，并获中国曹禺设计奖剧目奖；1999年获为广东省"五个一工程"奖，并进京参加庆祝中华人民共和国成立50周年献礼演出活动；2001年荣获中宣部"五个一工程"奖。倪惠英也凭借《土缘》一剧获得1997年第14届中国戏剧梅花奖。

粤剧事业,终身奋斗

粤剧《游园惊梦》,倪惠英饰演杜丽娘、黎骏声饰演柳梦梅

粤剧《三家巷》，倪惠英饰演区桃

《土缘》作为现代题材的新时代粤剧，有着鲜明的艺术特点和时代背景。该剧以王小凤（倪惠英饰演）和阿贵（梁耀安饰演）这一对青年男女的爱情为主线，围绕他们在坚守"自家良田土地"、靠自己双手艰苦创业过程中所遇到的人事矛盾而展开故事，反映了改革开放以来，市场经济环境下的珠三角劳动人民在生活、观念、心理等方面的巨大变化，是一部贴近现实而又发人深思的喜剧。其特点有三：一是题材上，如实描绘本地人民生活情景及内心世界，有纪实意义；二是表演上，将传统程式与剧本主题很好地结合起来，凸显作品的现代风貌；三是风格上，既有社会大时代背景下各种观念冲突交织的严峻思考，又增添了活泼、轻松的喜剧元素，使得该剧张弛有度、庄谐并存，收到了令人意想不到的效果。

倪惠英在该剧中扮演一位有思想、有冲劲的新时代女性王小凤，她与男主角阿贵互相爱慕多年，相约等事业有成便共结鸾凤。他们决定买下家乡一块荒滩地养殖鳗鱼，创一番事业，但是在此过程中困难重重，遇到了来自双方父母的质疑劝阻，来自竞争方刘大发老板的百般为难阻挠。面对一个个"结"，阿凤都积极地去面对，去耐心化解，在爱情上出现危机时，她也多方设法劝解、鼓励爱侣，甚至还与刘大发"化敌为友"，商讨发展大计。在《土缘》中，倪惠英充分展现了她对角色诠释的独特性与功力：不但在剧本曲词基础上淋漓尽致地发挥自己高亢华丽的唱腔，突出人物乐观向上、奋发图强的性格特点；在动作上，也将传统程式与舞蹈造型很好地结合起来，使得人物活泼生动、富有个性而又可爱可亲，拉近与观众的距离。可以说，正是由于演员出色的表演，使得《土缘》淡化了说教痕迹而增加了生活气息，在彰显主旋律的同时又不失本土味道，是难得一见的将题材、剧本、演员、观众很好地融合于艺术空间的作品。

反思探索

从艺多年，倪惠英积累的不仅仅是丰富的舞台经验和累累的硕果，对粤剧的热爱，使得她不时反思粤剧的生存现状和未来发展。这已经超越了一名普通演员（或者从事该行业职业者）的职责。只有具备了强大的历史使命感和责任感，她才会自觉地在文化事业上不断探索、不断攀升。粤剧于倪惠英而言，已不仅仅意味着世俗意义的功成名就那么简单，而更重要的是，在多元化的新时代，粤剧这一有着悠久历史的古老剧种，如何应对现代多种娱乐方式和其他外来文艺文化种类的冲击？如

古腔粤剧传统例戏《仙姬大送子》，倪惠英饰演仙姬、黎骏声饰演董永

粤剧《游园惊梦》，倪惠英饰演杜丽娘

何在"百舸争流"中凸显自身特色而又不改旗易帜,丢失原有的传统菁华?粤剧如何能更进一步贴近时代与生活,如何更有效地培养与争取观众,从而为薪火传承提供更多的守护者与关爱者?在戏剧的艺途上,倪惠英犹如一名"朝圣者",永远不会停止探索、思考的步伐,永远不会放弃内心纯真的崇敬与信念。

在《舞台自述》中,倪惠英就意识到:"作为新一代的粤剧工作者,我们在艺术上要不断追求完美,有责任把形式精美、思想优秀的创新剧目奉献给社会,奉献给观众……粤剧正是通过一代一代艺术家们贴近时代、贴近生活,在思想内容、艺术形式上大胆创新而有所发展的。薛觉先、白驹荣、马师曾、红线女等优秀的艺术家,又以自己杰出的成就,把粤剧艺术推向一个思想健康、形式精美的新高度,使粤剧受到广大现代观众的喜爱。同样,我们也应该以一种责无旁贷的态度,去做好我们这个时代应该做的继承和创新的工作。"在访谈中,她向我们提及了她关于粤剧发展最新的一些思考。

随着时代的发展,我国文化体制改革不断在深化,而不同的文化团体和组织也在改革大潮中面临困境。体制内的戏剧生存发展与市场经济环境中的自由竞争构成了一对难以割舍、相互纠缠的矛盾体。行业竞争激烈的状况下,粤剧的消费群体、政府投入、演出资源等方面都逐渐凸显自身的劣势,再加上电子化媒体时代的不断发展,过去曾经辉煌的粤剧艺术,早就陷入到观众群体减少、消费力度减弱的尴尬境地。作为团长与演员,且经历过潮起潮落,倪惠英非常清楚个中缘由,她也很明白,自己力所能及的,首先是艺术上的"突围"。倪惠英认为,只有在观念、艺术上突围,粤剧才能自救,必须要勇于迈出第一步。只有创作出符合现代人审美趣味的新剧,做好包装宣传工作,才能争取市场,才能让更多的人了解并逐渐热爱粤剧。2002年,她带领广州市粤剧团创作出新型都市粤剧《花月影》,在舞台调度、音乐唱腔、舞美灯光、服装造型、舞蹈形体等方面都对传统粤剧进行了全方位创新,呈现出清新淡雅、美轮美奂的艺术风格。该剧刚推出时,也有不少人提出质疑,纷纷提出"粤剧不能这么改""粤剧不能丢掉传统",但如果以客观眼光看待,《花月影》实现了剧团收入的增长点,成为剧团的核心作品

倪惠英从艺50周年晚会

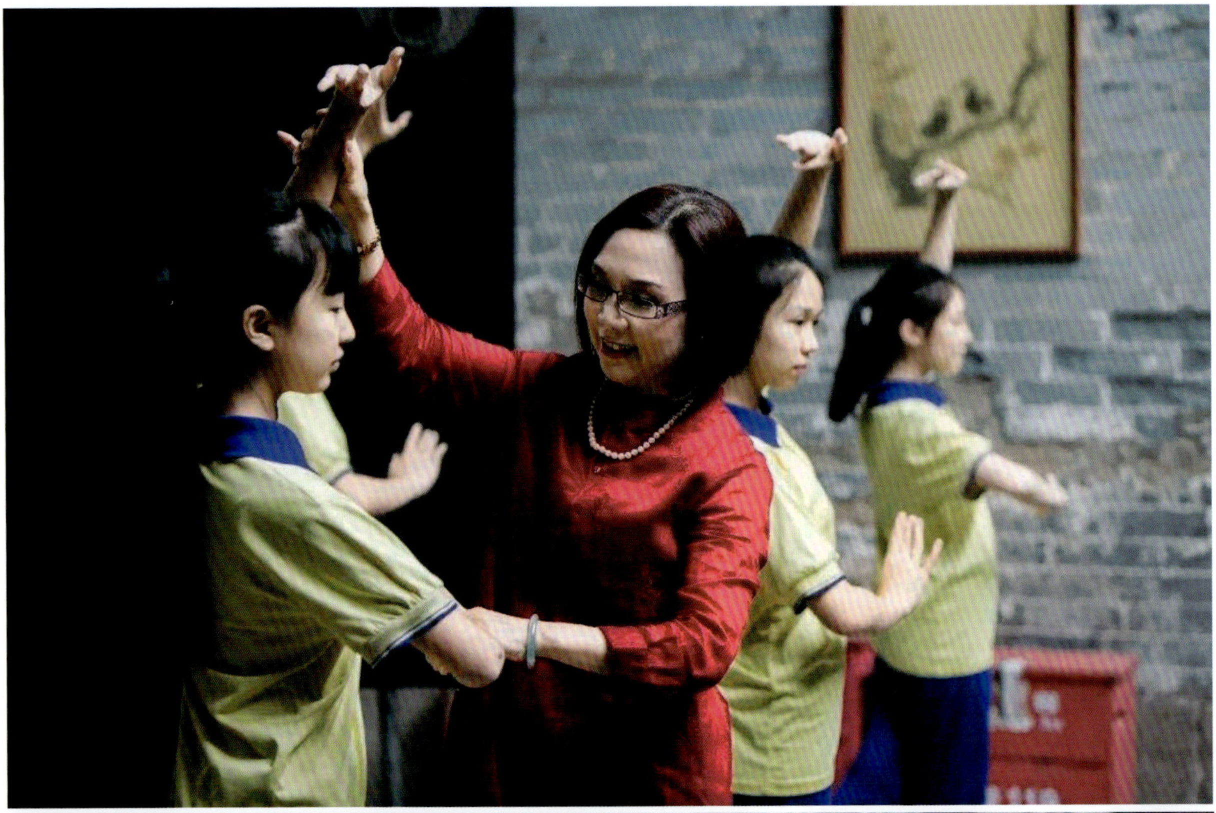

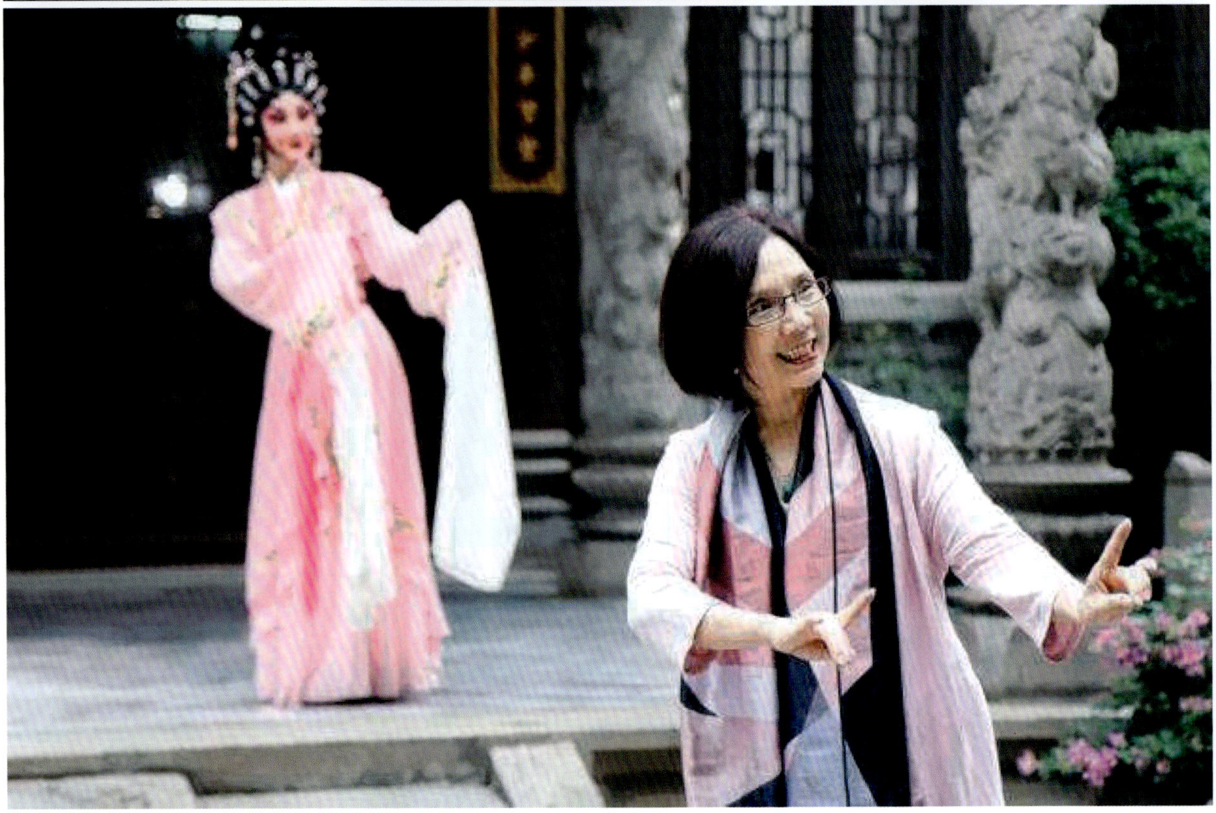

和品牌。通过"精品戏剧走进大学校园"系列活动，该剧在社会上产生了较大反响，吸纳并拓宽了观众群体，提升了观众审美层面。可以说，《花月影》无论是在艺术实践观念上，还是在戏剧生产方式上，以及推广传播途径上，都做出了大胆的尝试和改变，而事实证明这一步是成功的，是具有示范性的。

戏剧是一门艺术，而且有着悠久的传统历史，但它是特殊的艺术，集中体现在它的综合性、商品性上，并由此决定了它的创作和欣赏、评价与消费，都不是建立在单一维度上的。倪惠英深深理解这一点，她认为应该发挥戏剧的多功能性，如娱乐、教化、审美等功能，让人们充分认识到戏剧是中国传统文化的重要组成部分，并呈现出一个滚动发展的趋势。作为广府文化代表的粤剧，更富有兼容并包、开放融会的特点，能反映时代精神和风貌，既有古典传统的高雅气质，也有趋新求变的审美需求。作为粤剧工作者，就应该做出更多的思考和探索，赋予粤剧艺术更多的审美特色和人文精神。

曾担任广州市粤剧团团长的倪惠英，有着对粤剧更开阔的视野、更高度的关注和更深刻的思考，所有这些，并非远离了艺术范围，而恰恰构成了她的艺术素养和文化底蕴。很难想象，一位演员，没有高远理想、没有个人思考、没有长远目光，该如何在舞台上生动地演绎不同的人物角色。所以，或许正是行政管理工作与社会现实生活的磨炼，更能使一位演员深入体味广袤世界与深刻人性，对艺术的淬炼与提升不无裨益。

在这里特别挥笔一书的是，曾任广州市市长的黎子流对粤剧发展一直非常关注。作为倪惠英的老领导、老朋友，他对倪惠英也赞赏不已、关爱有加。在致倪惠英从艺40周年专场表演的贺词中，他写到："作为艺术家，倪惠英具有远大追求和人生目标；作为团长，她是一个有思路、有开阔视野、有强烈使命感和责任感的人。我高兴地看到这些年来，她面对粤剧'淡风'，以及种种困难局面，但她不灰心、不丧气，凭着坚韧的意志，团结各方有志之士，进行深入的分析思考，积极探索在新的历史条件下粤剧的出路问题，难能可贵的是，他们不会停留在口头争论或继续抱残守缺上，而是迈开步伐，付诸实际行动。"黎市长的赞誉，既是对倪惠英艺术成就的高度评价，更是对粤剧艺术发展的殷殷期望。可以说，正是由于有黎子流老市长这样热心粤剧事业的有心人（注：1992年，黎市长提倡成立广州市粤剧振兴基金会并任会长），并身体力行，亲自学唱粤曲，登台表演，为粤剧事业的蓬勃发展贡献力量，粤剧文化的宣传普及才更为广泛增强，才使得更多人主动关心了解这一传统文化和行业。而从另一角度审思，也正由于倪惠英心系粤剧，多有留意，积极争取上级政府、领导的大力支持，以及社会各界对粤剧事业的扶持、资助，才使得面临困境的粤剧文化产业呈现转变突围的趋势，也为热心于振兴粤剧的同行工作者提供了思考探索的平台与途径。

倪惠英对于粤剧的关注和传承，除了舞台艺术的总结和思考之外，还延展到学术理论的梳理工作上来，推动粤剧的创新、传播、传承。为了《粤剧表演艺术大全》的出版，她到处奔走，组织集结省港澳粤剧界行内外专业人士以及老中青三代演员的力量，多方位、多层次地展现粤剧表演艺术的整体面貌，全身心投入到该书的编撰工作中去。经过长时间的积累打磨，在众人同心协力下，该书于2019年11月23日晚首发并举办了"此物最相思——《粤剧表演艺术大全》首发式"晚会，背后蕴含了倪惠英的殷切期望与良苦用心。在2021年10月15日晚的《遨游艺海五十春——倪惠英从艺50周年晚会》暨《梨园铸痕——倪惠英艺术人生》新书首发式上，倪惠英表示："这次最大的感触是让我厘清今后的路。因为我一直觉得粤剧是我的终身事业，人生每天都是新的起点，对于我来说，我想我要继续学习，要更新自己的思想，要有新的作为，要有新的担当。"

回望自己的五十年粤剧人生，倪惠英动情地说："粤剧是我的生命依托，使命感和责任感催动我不断奔跑，不断求索。五十年时光，在人类历史长河中只是短暂瞬间，但在我的一生中却是最宝贵的年华。粤剧已经融入我的生命，让我的人生更加精彩、更有价值和意义。感恩所有爱我的和支持粤剧的人们！"

从初试啼声的天真少艾到享誉艺坛的名伶明星，倪惠英经历了粤剧赋予她的喜怒哀乐与高低起伏，当然也收获了沉甸甸的硕果。如今，她已是有着多重身份的社会名人。但她很清醒地认识到，只有粤剧演员才是最能凸显她人生价值的职业，只有粤剧表演才是她毕生追求的事业。正如她常常提及的："如果有人问我为什么选择粤剧，我会说，是粤剧艺术给我以生命的价值，是粤剧艺术使我平凡的生命变得丰富多彩。"戏剧艺术已经成为倪惠英生命中不可割舍的一部分。一个人，只有对艺术产生真正的热爱，才会有一种对文化尤其是传统文化的自觉承担与自我反思，会对其生存、发展与传承做出更深刻的思考，更大胆的尝试，从而拥有更广远的视野和更殷切的期待。让我们在此祝福倪惠英这位"歌者"与"行者"在艺术的天地里，百尺竿头，更进一步！

粤剧《花月影》,倪惠英饰演杜采薇

梁耀安

温文尔雅，俊俏小生

1998年获第15届中国戏剧梅花奖

梁耀安，广东省新会人，一级演员，广州粤剧院、广州粤艺发展中心、广东粤剧院粤剧文武生，主演过《三看御妹》《睿王与庄妃》《王子与蛇仙》《吕布与貂蝉》《龙马传奇》《小周后》《土缘》《蓝土地》《白蛇传》《柳毅传书》《范蠡献西施》《花枪奇缘》等剧目。曾获1994年广东省首届粤剧演艺大赛金奖；1995年在广东国际艺术节上获表演一等奖；1997年获第五届中国戏剧节优秀表演主角奖；1998年获第15届中国戏剧梅花奖；2001年获第七届中国戏剧节优秀表演奖。

提起梁耀安，大家都不会陌生，他外表俊朗，金声玉喉；他富有人缘，为人随和；他允文允武，戏路宽广；他博采众长，自成一格；他演出无数，硕果累累。一直以来，梁耀安有着很高的知名度，享有"众人师傅"之美誉，因他饰演了众多角色，并有很多"卡拉OK"音像制品，流传很广，在海内外均有一大群忠实粉丝，大家都亲切地叫梁耀安为"安哥"。说来也巧，流行歌的演唱会在临近尾声时，歌迷通常会疯狂地请求歌星继续唱歌，大声地喊"安可（echo）、安可（echo）……"，喊得越热烈，呼唤的声浪越高，表示歌迷们的期待值越高，现场的气氛越浓。梁耀安已经好长一段时间都没有在广大戏迷前公开露面了，大家肯定都在期待、呼唤他的出现，更希望知道他最新的消息。带着好奇与兴奋，带着戏迷朋友们的疑问与祝福，我们采访了"安哥"——梁耀安。

台上的梁耀安允文允武，扮相潇洒，唱曲有味，表演传神，生活中的他却是文静大方，寡言内敛。在采访过程中，他很少会对自己辉煌的过去做出夸饰、兴奋的描述，基本上都是轻描淡写地一笔带过，显得谦虚谨慎，但是当讲到艺术，他就会滔滔不绝地谈自己的心得与体会。我们的采访，照例从学艺开始了话题。

与其他从广东粤剧学校学习训练出来的大老倌不同的是，梁耀安出身于粤剧世家，自小就受到家庭氛围的熏陶。父亲梁三郎，是广州八和会馆粤剧养成所的第一期学生，与罗品超、邓丹平、张活游等人是师兄弟。在会馆里，由于集中了非常优秀的前辈名家，学员能够接触、学习到所有的粤剧行当。因此，一出戏的每个角色，学员都能够应付自如，称之为"全能老倌"。梁耀安的父亲梁三郎原来是花旦出身，艺名叫梁艳苏，后来才转攻文武生。老一辈的艺术家，非常注重基本功，入行者每天凌晨四五点就得起床，用盘龙棍顶住肚子来练习腹力和丹田气，跑到山边、池塘边去开声练气。梁耀安随父学艺，并得到师叔伯罗品超、邓丹平、白云生等前辈的指导，苦练基本功，逐渐熟悉演员的行当和剧目的曲词，不断积累，为将来成才打下了扎实的基础。

梁三郎后来自己组了一个戏班，带领一群兄弟在湛江下四府"闯江湖"，直到中华人民共和国成立后，创办新自力粤剧团（后改为廉江县粤剧团），留在廉江。梁耀安说，因为自己在当地的安铺出生，父亲就给自己改名为梁耀安。说起学艺，这里还有一个小插曲：当时在湛江有粤剧学校，是广东粤剧学校分校，梁耀安的姐姐去报考，父亲吩咐他陪同姐姐去考试。考完后老师顺便问了一句："小孩，你是否也来报考的呀？"梁耀安当时还小，便唱了陈笑风的一首名曲，但当时不知道什么原因并没有收到录取通知，于是唯有先去父亲的剧团。谁知道第一个月去演出，被广东粤剧学校的校长发现了，正纳闷为何梁耀安没有去学校报到，回去细查后才发现原来他的录取通知书没有寄出，还放在柜子里呢。这下真相大白了，校长马上让梁耀安来学校报到。但梁耀安却有不同想法了，因为在剧团演出有工资，考虑到一旦去到学校，人生路不熟，自己年龄小，不知道会不会被人欺负。所谓世事多变，或许这就是天意，也或许正因为这次与广东粤剧学校的"失之交臂"，使得梁耀安更专心于剧团的演出，从而在艺术上不断实践、学习和积累，反而走出了属于自己的康庄大道。就这样，他在粤剧这个大舞台上坚持了五十余年，创造出属于自己的辉煌。

那时候，刚学演戏的"新人"都习惯拜访并邀请前辈们去看戏，请他们帮忙提意见，以求不断进步。梁耀安回忆到，当时白云生老师很强调基本功，对自己也很关照，从小生的台步、水袖和身形等方面都耐心地加以教导，并说，有些时候演员所扮演的角色台词可能并不多，但是不能够因此而轻视表演，要仔细地揣摩人物的性格特点，力求将角色演绎得准确、生动，要达到"艺不惊人死不休"的境界。邓丹平老师与梁父是结拜兄弟，所以也很照顾梁耀安，把他当作自己的亲子侄，经济上、生活上都很关心这位后辈，有段时间还让梁耀安住在自己家里，亲自传授了自己的拿手好戏。作为粤剧演员，在成长的过程中，一定要博采众长，不断向前辈、大老倌学习唱腔和表演，才能逐渐寻觅到属于自己的特点，形成自己的艺术风格。

粤剧《花枪奇缘》,梁耀安饰演罗艺

粤剧《花枪奇缘》,梁耀安饰演罗艺

粤剧《睿王与庄妃》，梁耀安饰演睿王

除了这些老叔父，在倾谈中，梁耀安特别提及了自己的恩师——"虾哥"罗家宝先生。当年"虾哥"打算移民，但他放不下心头大石——他希望自己的"虾腔"艺术能够传承下去，为粤剧艺术做点贡献。于是，在粤剧名编剧陈晃宫的牵线下，梁耀安与"虾哥"喜结师徒缘。在师傅身上，梁耀安注意到"虾腔"的特点在于质朴流畅，清新自然，板腔稳实，易于流传，方便广为传唱，受众面广，对于粤剧演员的唱腔表演是非常有借鉴意义的。另外，由于"虾哥"声线沉厚，在扮演一些历经沧桑的人物时（如《梦断香销四十年》的陆游），更是别具味道，独树一帜。"虾哥"为人随和通达，懂得尊重艺术的规律，适时地转型，改换戏路，后来年纪大了，由小生转官生，很成功，尤其对于舞台人物的刻画到位、传神，这些都给予梁耀安很大的启发。

梁耀安的声线与师傅并不相似，但"虾哥"曾跟他说过"学我者生，似我者死"，关键是要掌握腔口的味道、节奏和神韵。梁耀安是位好学的演员，他时时处处都留心，尤其在唱腔上，他博采众家之长，除了师傅的"虾腔"，他还潜心研究过陈笑风的"风腔"，注意到他运腔细腻婉转的特点，并有意识地融入自己的唱腔中。其他诸如"凡腔"高低跌宕的特色，吕玉郎"玉喉"唱腔浑厚、简洁的特点，还有新马师曾等名伶，梁耀安都曾仿效取法。又如他在《山乡风云》中饰演何奉一角时，便借鉴了"七叔"白驹荣在《琵琶上路》中公脚行当的唱腔。梁耀安认为"技多不压人"，一个演员要表演不同的人物角色，就不能囿于一家的唱腔，而应针对舞台和角色的实际需要来设计自己的唱法。谈到兴浓时，"安哥"还当场向我们示范，唱起上述各家代表名曲的片段，令我们大享耳福，感受到字重腔轻、字出腔收的唱腔规律以及"抑扬顿挫明节奏，轻重缓急出感情"的唱腔韵味。

在表演上，梁耀安也广泛学习、吸收前辈的长处。比如在排演《范蠡献西施》一剧时，他请"B哥"陈小汉指点官生行当的身段、唱腔和表演寸度；在排演《花枪奇缘》时，因为有武生行当的表演，他请粤剧名小武陈小棠指点"靠把"上场的功架身段，同时借鉴兄弟剧种中的一些身段动作，融入自己的表演中去。又如大家都熟悉的《王子蛇仙未了情》一剧，为了更好地饰演王子一角，他专门细心观看晋剧《吕布与貂蝉·小宴》一场的表演录像，借鉴其中的翎子功表演技巧，通过抖翎、竖翎、摇翎等动作更好地表现人物的内心。翎子功，粤剧又叫"雉鸡尾"，耍翎子的主要动力在于颈部，头要随颈部而动，是很有难度的，但梁耀安不畏困难，边看录像边在家中反反复复地练习，直至颈脖酸痛、头晕眼花。功夫不负有心人，这个表演也获得了大家的一致认可，在广东省首届粤剧演艺大赛上，梁耀安以《吕布与貂蝉·吕奉先赴宴》一剧参赛，再一次表演了翎子功，勇夺金奖。

粤剧《王子与蛇仙》
梁耀安饰演宝镜王子

粤剧《睿王与庄妃》
梁耀安饰演睿王

在访谈中，安哥还兴致盎然地向我们谈及了当年的一些舞台表演的趣事。例如戏行有"吞生蛇"一说，即指某演员因临时有事不能演出，负责人就会派另一名演员临时顶上，代替其演出，行内称之为"吞生蛇"。由于是临时性、突发性的，往往很考验代替者的功力，如他的基本功（四功五法）是否扎实，平时有否留心观察别人演戏，对角色的曲词念白有无印象等等。梁耀安就曾遇到这种突发情况：1994年，广州市粤剧一团在春班下乡演出《钟无艳战齐宣王》一剧时，因饰演齐宣王的演员身体抱恙，登不了台。俗话说，救场如救火，在紧急之下，原本在该剧没有戏份的梁耀安承担起此重任，从自己熟悉的文武生角色，转而扮演属于丑生行当的齐宣王。虽然从没有演过这个角色，但是梁耀安平时就很注意观察，善于积累。他平日"睇戏记曲"的好习惯在这时候发挥了重要作用，不但在时间紧迫的情况下记熟曲词对白，而且把齐宣王演得活灵活现，受到了好评。

谈到饰演其他角色时，安哥还忆述当年在廉江时，在《苗岭风雷》中，因舞台演员出了特殊情况，自己曾试过身兼几职，共扮演了九个角色，包括文武生、小生、丑生等行当，从正面人物到反面人物……总之，但凡有谁因为有事请假而演不了戏、登不了台的，他作为一团之长就得随时顶上。当然，现在实行导演制，演员分A、B角后，"吞生蛇"的情况就很少出现了。尽管安哥轻描淡写地回忆这些事情，但我们可以推想，如果没有他平时的虚心好学、用心钻研的精神，是绝对不能应付临时的紧急情况的。

在说到学习的话题时，安哥还向我们描述了当年学习《苗岭风雷》一剧时的情形：那是20世纪70年代中期，他在廉江县粤剧团担任文武生，一身几职。剧团派他去学习这个剧，从舞美、音乐、唱腔，到整个戏的调度工作等等方面，包括里面的苗族舞蹈、梳头动作等细节，梁耀安都虚心学习，把这个戏带回剧团。有一次剧团去到广西桂平表演，受到当地观众的欢迎，自己还收到了镜屏、钢笔、《毛主席语录》等珍贵的礼物，说明这个戏的表演时很成功的，留给人们很深的印象。

作为演员，可以说声色艺缺一不可，因此，父母赋予的天赋很重要。梁耀安有着出色的先天条件，无论身材样貌和声线都是出众的。但是他并不满足于这些，他更注重自己的后天训练。他经常对自己说，戏曲演员应该永不停步，要像海绵那样汲取各种艺术养分来滋养自身。所以，当他感觉到自己发声方面还可以更科学地提高时，他专门虚心地请教星海音乐学院的声乐教授，结合自己的声音特点，摸索更好的发声位置和方法，使自己在舞台表演时更自如、更精湛。正是由于多年的磨炼和积累，梁耀安在拿捏人物总是恰如其分，达到炉火纯青的境界。小生是粤剧行当中的一种，可以说，演小生，说容易也容易，但要真演好，也是难度最大的。因为小生的程式化表演模式已经固定，很容易趋于类型化，即通常所说的"千人一面"。由于长期饰演小生，梁耀安已经很有心得，他认为小生都有一些共同的特质，诸如风流倜傥、英俊潇洒，但是如何在共性中显出个性，那就相当考究演员的功力了。

如《西厢记》的张生，是对感情专一真纯的人，书生气会更浓一点；而《柳毅传书》中的柳毅则不同，身上更多的是侠义耿直之气。所以演员一定要细心观察并比较人物由于身份、个性、气质等方面而存在的彼此差异，在表演时牢牢抓住最能体现其性格特点的台词和动作，掌握好节奏和火候，力求演得活灵活现、味道醇厚。说起梁耀安的细心，我们还可以从他所饰演的人物中见一斑。就拿大家都熟知的《柳毅传书》来说，梁耀安饰演柳毅一角，讲述的是书生柳毅舍弃功名、仗义相助落难龙女，最终两人共谐连理的故事。他注意到剧本中的台词，对于演员的表演非常重要，甚至已经标明或者赋予了角色的性格特点。如第一场《仗义传书》，当柳毅在赴考路上，听到女子哭泣，而别人劝他不要多管闲事时，他说了一句："闻哀声而掩耳，见弱危而不救，非丈夫所为。"可见柳毅是一位见义勇为、义字当头的书生，而当皇叔欲把龙女许配给他时，尽管内心欢喜，但出于道义，不愿意乘人之危，还是拒绝了皇叔好意。人物的个性特点，就这样一层一层地在唱词和对白中慢慢展现出来，显得丰富而生动。梁耀安正是注意到剧本的基础性，注意到文学的感人性，才能更好地在舞台上进行立体化的表演。

在表演的尺度上，梁耀安也很有自己的体会，他牢牢记住前辈们所讲的"要注意到寸度，要把握好火候"，努力控制好在表演时的激情，与程式相互碰撞时的力度。他认为演员要具备两种功力：外功与内功。外功当然是"四功五法"的基本功，基础越扎实，则演员在舞台上越能自如地发挥；而内功就是文化修养。演员要多点去学习古典文学、诗词曲赋，才能充分理解人物的内涵。理解程度不同，则演绎的程度也不同。演员个人体会越深，演绎得越细腻，观众会更喜欢、更认同。又如对音乐的理解，如果演员连锣鼓点都不熟悉，节奏都把握不好，则很难把人物演活。这也牵涉到我们经常提及的"戏担人"与"人担戏"。剧本毕竟只是文字的表述，而舞台表演却是多维角度的合成体。作为二度或者三度创作的演员，如何将静默的文字转化为立体的、活动的舞台表演，则要靠演员对于节奏的把握和对空间的处理，避免平铺直叙，务使起伏跌宕，将自己的表演更传神地呈现在观众面前。

粤剧《唐明皇与杨贵妃》
梁耀安饰演唐明皇

粤剧《梦断香销四十年》
梁耀安饰演陆游

几十年来，梁耀安在众多剧目中，塑造了数不清的性格各异的角色，如潇洒风趣的封家俊、笃厚憨直的许仙、仗义助人的柳毅、纯情谦和的张真等正面人物；还有奸诈阴险、忘恩负义的魏超仁等反面人物，均刻画得入木三分，有很强的感染力。在此过程中，梁耀安同时也收获了多个奖项，但他对自己一直都有严格的要求，内心渴望不断接受挑战，不断去创造新的高峰。在饰演了众多的小生后，他希望能有一个新的角色，实现自己的一些艺术设想。这时候，一个新戏仿佛在静静地等待着他，这就是大型历史剧《睿王与庄妃》。该剧主要描述了多尔衮与庄妃的爱情悲剧，也展现了在特定的历史环境和时代背景下，英雄对于情感、权位、皇朝的阐释，凸显了多尔衮这一历史人物忠于爱情、维护皇权而豪迈磊落、刚烈威武的高大形象。但与梁耀安驾轻就熟的小生行当不同的是，这个人物偏向于小武行当，既有粗犷的一面，但同时不乏柔情似水，有小生的味道，对待治国的勇毅果断、雷厉风行与对待爱情的柔肠百转、坚贞专一的两种情感就互相缠绕、互相交织在同一个人物身上。经过反复的揣摩与酝酿，梁耀安在传统粤剧基础上，融合京剧、川剧、河北梆子等兄弟剧种的长处，将豪气、刚烈、柔情、深沉等性格，在铁汉柔情的多尔衮身上展现得淋漓尽致。梁耀安凭借该剧角逐第15届中国戏剧梅花奖，勇夺桂冠。可以说，在这一历史剧中，梁耀安注意到了人物性格的多面性和复杂性，较好地将粤剧表演行当的文武生、小武、二花面等糅合到一起，生动地塑造了人物角色，并凸显其内涵和心理，无论从深度还是形象上都是一个巨大的成功，也再次印证了"剧本、演员与舞台的高度契合才是戏剧表演的最高境界"这一艺术真理。

梁耀安之所以备受关注，广受欢迎，除了艺术上的杰出成就，也与他的为人密不可分。他经常说："要成为一名对得起自己、对得起观众的粤剧演员，必须要有'三心'——事业心、恒心和虚心，还要有'三多'——多看、多想、多问。"无论是在舞台上，还是在生活中的他，都是谦虚礼让，坦诚待人，让人感觉到他的平易与朴实。梁耀安的人缘非常好。从艺五十载，他在多个剧团工作过，几乎与所有的广东粤剧名花旦合作过，如郭凤女、曹秀琴、倪惠英、曾慧、蒋文端、李淑勤、麦玉清等，而且，正是他的谦逊好学、平易近人，做他的搭档，无不感到愉快轻松，合作无间。也正由于此，当演员演起对手戏来，彼此默契配合，使得饰演的人物格外鲜明生动，使得舞台熠熠生辉，从某个角度来说，这也是演员的人格力量与艺术魅力的充分展现，也给我们再次印证了"德艺双馨""人品与戏品相连"的道理。梁耀安不但与同事、同行合作得很好，对待热情的戏迷同样平易友善，曾有不少慕名者前来要求合影，他都尽可能地一一答应他们的要求；有渴望跟他学艺欲归于其门下的，他也答应尽量在空余时间倾囊传授自己的心得经验，但免去拜师等仪式。总之，他一方面希望尽己之所能，通过各种渠道去为粤剧艺术做出贡献，另一方面，他更希望不要光注重形式，而是从实际出发，去做一些有意义的事情。

2004年3月6日晚，在广州市粤剧振兴基金会、广州粤艺发展中心的大力支持下，梁耀安在中山纪念堂举办了"蓦然回首四十秋——梁耀安粤剧艺术慈善晚会"，献演了《范蠡献西施》一剧，并将所得收入悉数捐给广州粤剧团离退休扶助会，向粤剧老艺人致敬，也在一定程度上为他们排忧解困。梁耀安曾说："我为自己能够成为一名粤剧演员感到自豪。"他多次感激自己的父亲、师傅等前辈、伯乐对自己的悉心栽培，所以总希望自己能做些事情以作回报。蓦然回首，自己在艺术的道路上已有五十余载，由于年龄原因，他办了退休手续，已经从数年来有规律的工作模式切换为如今张弛自如的休闲模式，虽然已经不用像以往那样经常要处于紧张的状态去表演，虽然现在过的是一种闲适的生活，但是在他的内心深处，其实他依然眷念这个曾经酿造和实现他人生梦想的舞台，依然怀念他所塑造过的千姿百态的角色，依然挂念给予他关爱和掌声的观众和戏迷。

梁耀安说，人的一生会有许多梦，寻觅、吮吸中国戏曲文化的丰采韵致，是他这辈子最美丽的梦。时光飞逝，在粤剧这个大舞台上，安哥追梦已超五十载，在这个过程中，他有过惊喜与彷徨，有过思考与探索，有过憧憬与展望，而正是他内心对传统文化艺术的坚定信仰，使他不断地为追梦而奔跑、欢呼！让我们衷心祝愿，安哥的梦想永远精彩！

粤剧《睿王与庄妃》
梁耀安饰演睿王

曹秀琴

秀菊琴韵，秋圃犹香

1998年获第15届中国戏剧梅花奖

从刚出道时被誉为"粤剧新一代的佼佼者"到如今广为行内外熟知的名伶老倌，曹秀琴在舞台上度过了三十余载的粤剧生涯，并先后主演《白蛇传》《平贵别窑》《百花公主》《刘金定斩四门》《猴王借扇》《锦伞夫人》《雾锁东宫》《一曲长相思》《红丝错》《梦断香销四十年》《玉剑泯恩仇》《宝镜奇缘》《梅开二度》《情暖汉宫花》《血溅美人图》《野火春风斗古城》《柳毅传书》《貂蝉》《杨继业招亲》《顺治与董鄂妃》等剧目，成功塑造了白娘子、百花公主、铁扇公主、刘金定、唐琬、冼英、章榴花、韦壁娘、黄小娥等舞台人物。曾荣获广东省青年会演，广东省粤曲大奖赛，广东省国际艺术节，第二届、第七届广东省艺术节演员的表演一等奖，广东戏剧"百花奖"，鲁迅文艺奖，"五个一工程"奖，中国戏剧节优秀表演（主角）奖，中国曹禺戏剧奖，中国戏剧梅花奖等殊荣，并荣获文化部授予的"优秀专家"光荣称号。

曹秀琴来自广东台山，父亲曹泽尧是当地剧团的教师。在父亲的影响和熏陶下，曹秀琴从小就爱唱曲演戏，在五岁时，诸如《平湖秋月》《步步高》等广东小曲，她已经耳熟能详，都能哼上几句。曹秀琴八岁时，恰好碰上一个机会可以参与《沙家浜》演出，饰演阿庆嫂一角。虽然排练非常辛苦，要记大段台词，且唱做均有，对小孩来说的确很有难度，但表演很成功。曹秀琴连演《智斗》《授计》《斥敌》三场戏，整个公社都为之轰动。大家都管这个小女孩叫"阿庆嫂"。此后，但凡有演出，如到部队慰问表演节目，都少不了曹秀琴的份儿。

谈及当年对粤剧的喜爱，曹秀琴说自己自小就是"一听钟情"，很喜欢粤剧的那些"仕女图"，利用零花钱买下来贴在自己的房间，一有空就欣赏，仿效图中人物摆造型。在自己的心目中，父亲是位全能高手，拉琴、掌板、指导别人唱戏，无所不能。他立志设法将女儿培养成粤剧明星，想尽办法让她成材。

曹秀琴九岁那年，在肇庆市粤剧团担任头架的叔叔得悉红线女要招生的事情，连忙通知侄女到广州参加选拔考试。但是，这位来自台山农村的小姑娘，当时长得瘦黑、个子小，在面试时屡屡碰壁。连续三次考试不通过后，曹秀琴甚至试过写信给老师，希望他们能录取自己，老师则回复说，她自身条件有限，不符合标准，鼓励她好好读书。但曹秀琴就是不甘心，为了实现理想，她不懈努力。到了第四次去考试，有位老师坚持认为她是块好材料，建议让曹秀琴上试读班。曹秀琴非常珍惜这个来之不易的机会，她还记得最后一次面试时碰到了红线女老师，老师特地问她："你爸爸妈妈高吗？"曹秀琴就回答说："我爸爸妈妈都长得高，我妈妈跟您长得一样高呢！"这句充满童真的话逗得红线女哈哈大笑，曹秀琴马上急切地问："老师，我可以留下来了吗？""皇天不负有心人"，曹秀琴终于通过了考试。

接下来的日子，曹秀琴把全部心思都用在学习粤剧上。她说当时的师资很好，学校还专门请了广东话剧院的名演员来，帮助指导学生纠正发音、发声，使自己在唱功方面很快有了大的进步。曹秀琴很清楚，因为来自农村，与班上那些从小就进入少年宫学习的本地学生相比，自己在语言、压腿等基本功上，存在着很大的差距。为了使自己尽快地缩小与其他人的差距，她练得很刻苦。针对语言上的障碍，她反复模仿录音带中的发声，训练自己讲纯正的广州话，纠正自己的方言口音。她自觉地延长自己的体能训练时间，晚睡早起，跑到练功场，咬牙苦练倒立、劈叉等基本功和各种表演技巧。在唱功方面，刚开始，曹秀琴只会猛使用嗓音来唱，结果导致喉咙嘶哑，后来红线女老师指导她，运用丹田之气，并以"闻花香"的比喻来启发她，使得她豁然开朗，大有进步。经过多年磨砺，曹秀琴对于唱腔有了自己独特的见解，她认为无论运用什么唱腔，务必要从人物出发，了解剧情发展和角色性格情绪，以此来选择唱法。至于唱腔中有关气息控制、声音位置等，都是为了塑造人物而设，切勿本末倒置。所谓"精雕细琢"正说明艺术之难在于用尽心思去不断创造。戏曲演员唱腔的妙处，亦在于熟练掌握技巧基础上的精彩频现。

粤剧《百花公主》
曹秀琴饰百花公主

南国舞台上的红豆豆　粤剧梅花奖演员访谈评论集

粤剧《平贵别窑》，曹秀琴饰演王宝钏、罗品超饰演薛平贵

曹秀琴、吴国华艺术照

俗话说"勤能补拙",经过自己的艰辛努力,曹秀琴各门功课成绩名列前茅,还被选为班长,越来越得到老师和同学的重视和肯定。在毕业汇报演出中,曹秀琴主演了折子戏《仕林祭塔》,大家都纷纷表示,没想到她会演得那么出色。事实证明,只要付出了,就肯定会有收获。每到班上的唱功课,红线女老师都会挑选曹秀琴做示范。红线女老师让曹秀琴到自己家中,亲自指导她学古装戏《思凡》和样板戏。尽管曹秀琴因为声音特质,没有选择唱"红腔",红线女老师仍旧用宽容的胸怀和独到的见解来因材施教。她曾对曹秀琴说:"你是我的学生,但不一定要唱'红腔',你要唱出自己的感觉,处理好'学'与'似'之间的关系。"曹秀琴也很清楚自己的声音条件和特点,在真假声结合的基础上,力求突出高低起伏的纯真、细腻的音质和唱腔,充分发挥出高、清、润、爽、甜的味道,曾有评论家认为她已达到"随物赋形,言情造声"之境界。曹秀琴认为,红线女老师对艺术执着追求的精神,是值得每位学生、后辈终生去学习并继承的,而红老师对于自己的关爱、指导和艺术上的引导、启发,是自己一辈子都享用不尽的宝贵财富。20世纪80年代,香港有报纸媒体评价曹秀琴唱腔兼有"红腔"的高亢亮丽和"芳腔"的委婉低徊,是可塑之才。

从广东粤剧学校毕业后,曹秀琴被分配到广东粤剧院。当时剧院里可谓众星云集,无形中给年纪轻轻的她创造了大量宝贵的学习机会。作为新人,她有幸得与罗品超、罗家宝、陈笑风搭档主演《平贵别窑》《梦断香销四十年》《梦回朝云》等经典剧目,从旁观察他们不同的艺术特色,并借此学习前辈们表演的心得、精髓。更重要的是,与前辈老倌同台排练表演,往往在他们的带动下,启发她加深对剧情的理解、熟悉对程式的驾驭、掌握表演的尺度。比如在《梦断香销四十年》中,她感受到罗家宝唱腔和做功的干净质朴以及对于人物陆游身上"书卷味"的生动呈现,还有眼神的控制功夫。这些均为她日后塑造人物积累了经验,也为她理解行当表演提供了鲜活的例子。

1980年,曹秀琴主演的《百花公主》一炮而红,她被广大观众认识并热捧。当年她才18岁,刚接到任务时,内心是忐忑不安的,因为这是一个古装戏,而且百花公主是个文武双全的角色,既有唱腔的要求,又有做和打的程式表演的动作,对于之前一直学习和排练样板戏的曹秀琴来说,的确很有难度,再加上当年广东粤剧院决定成立广东省青年粤剧团,《百花公主》作为挂牌戏,成败与否关系到将来的声誉与发展。在重重压力下,年轻的曹秀琴扛起了重担,并积极主动地虚心请教指导自己的郑绮文老师,熟悉其中的表演程式和舞台动作等。郑绮文还为她补上身段等功课,启发她表演要细腻,要根据人物和剧情来表现情绪,须懂得内敛之法。一举手一投足,一念白一唱曲,都深深地印在了曹秀琴的脑海,经过一个多月的刻苦排练,这出戏终于搬上舞台,与观众见面即获得好评。曹秀琴就此一举成名。

《百花公主》一剧主要讲述在元朝朝廷与藩镇展开的一场斗争中，御史江六云（后化名为海俊）利用藩镇安西王之女百花公主的天真无邪来骗取其芳心，借此博得安西王的信任。他通过各种阴谋诡计排除异己，并导致安西王朝覆灭。百花公主最后得悉真相，后悔不已，在杀死海俊后自刺双目，以悲剧收场。这出戏是郑绮文、李艳霜两位老师亲到湖南向湘剧取经并将之移植回来的，剧情发展起伏跌宕、人物情绪悲喜互错，很有观赏性。曹秀琴在饰演百花公主前曾深入研读剧本，向老师虚心请教之余，自己不断琢磨如何表现出人物的特点。她注意到百花公主的身份与别不同，生在帝王之家，有与生俱来的高贵气质；但同时又带有青春少艾对于爱情憧憬向往的纯真。曹秀琴牢牢抓住这种感觉，通过唱腔、念白、眼神与身形，从细节处凸显少女芳心等。毋庸讳言，作为艺坛新秀的曹秀琴，当时在唱腔上还略显稚嫩。但是她善于把握人物特点，也善于运用眼神与表情。在《赠剑》一场中，当百花公主问侍从江花右拿海俊文章一阅时，她配合慢板唱词"闺房里，青灯下，且把文章佳作，细细点评。论仪容，仪容英俊，观韬略，韬略精通。才志非凡，令人钦敬"，眼神也同时在"演戏"，目光含情，由文及人，满含对于海俊的爱慕。虽然以闺门旦应工，但曹秀琴在眼神上借鉴了小旦的灵动，使得人物秋波含情、顾盼生辉，这一技巧在接下来的"百花亭赠剑"中更加明显，也为营造一对璧人互生情愫的情境增强了氛围，收到较好的艺术效果。在调寄《平湖秋月》小曲中，曹秀琴利用眼神很好地把少女心事难以与人言说的情态拿捏得恰到好处，那种欲言又止、暗抛红豆的感觉，表演起来令人激赏。在第七场《惊变》中，当百花公主的下属陈将军告诉她父王战死时，她整个人惊呆了，稍一定神再问海参军，得知他变节投敌时，随即痛哭失声；曹秀琴的眼神先后呈现疑惑、悲伤与愤怒，充分展现了人物内心的情感。在第八场《刺目》中，百花公主与露出真面目的海俊见面，不由得怒火中烧。尤其在刺死海俊之时，百花公主凤目圆睁，咬牙切齿道："你这欺人贼寇，害人禽兽，杀人凶手！今日要将你处死，大恨方休！"曹秀琴在这里赋予了角色"恨"的力量，正是由于眼神的恰当运用，增添了人物的立体感。粤剧前辈曾三多常言："眼是演员的宝贝，是表演艺术的重要手段，能够用眼演戏，没戏演成有戏；不会用眼睛演戏，有眼等于无眼。"

翌年（1981年），曹秀琴随广东粤剧代表团参加在香港举行的第6届亚洲艺术节，受到香港媒体的热捧和香港粤剧界前辈的大力肯定，将之誉为红线女的接班人，称赞她"人靓歌甜""功架十足""潜力无限"，任剑辉、白雪仙等名伶更是对她赞不绝口，认为这么年轻即能演得如斯好，实在是不可多得的人才。李香琴赞道："秀琴眼神好，唱嘢有韵味，做戏有磁力，我越看越中意。"对于前辈和媒体的褒奖，曹秀琴感到这既是一种莫大的肯定和鼓励，同时更是一种鞭策，明白自己只是在漫漫艺途上迈出了第一步，接下来还有更大、更多的挑战在等着自己。

粤剧《百花公主》，曹秀琴饰百花公主

曹秀琴成名后，不但受到各方关注，还得到前辈的青睐。年近七十岁，时任广东粤剧院院长的名粤剧演员罗品超，主动提出要和曹秀琴一起演传统名剧《平贵别窑》。鉴于罗品超在粤剧界赫赫有名，是前辈叔父级的人物，曹秀琴受到的压力当然比山大。有些媒体甚至将两人的合作形容为"爷孙组合"。虽然在艺术和年龄上，都存在着很大的差距，但是罗品超却有自己的想法，一方面，广东粤剧院一直都存在"传、帮、带"的优良传统，另一方面，艺无止境，

粤剧《碧海狂僧》，曹秀琴饰演叶飘红

秀菊琴韵，秋圃犹香

自己在某种程度上也是一名学习者，应该适应新时代的发展。至于刚出道的曹秀琴，更是紧紧抓住这个难得的机会，向老前辈诚心请教。罗品超对曹秀琴这位新秀也很耐心，教导她表演时千万不要"太动、太晃、太急、太快"，言传身教，多方引导，无私讲授。结果，一老一少配合默契，得到观众的好评。

很多时候，一个人出名了，旁人会觉得他很幸运，但是名人背后，承载着多少沉痛的经历和血汗，内中的种种苦况，并不为人知晓。尤其是戏曲演员，除了在台下的长年基本功训练的艰难困苦外，踏上舞台后的表演生涯，其实都伴随着汗水与泪水。曹秀琴出名后，戏路渐渐宽广，而对她的挑战也越来越大了。在《刘金定斩四门》中，曹秀琴被安排演主角刀马旦刘金定，这个角色极富难度，因为唱念做打俱有。一大段一大段的唱词，以及不少的场口开打，要边唱边做，压力非常大。况且当时排练时，她病体初愈。为完成这个重任，曹秀琴坚持每天早练，穿着大靠练车身、练对打、练刀法，多次问询掌板师傅锣鼓点以配合武打场面的氛围和感情要求，同时更虚心地听取剧院里前辈们的意见，仔细对照之前所演百花公主和这次饰演的刘金定不同的人物性格，一改之前那种温柔内敛的表演风格，而代之以豪放直率的质朴角色定位，把刘金定身上的野性和豪爽表现得栩栩如生、活灵活现。

该剧对于曹秀琴在塑造人物的功力上也是一种提升。接到剧本后，她便开始琢磨人物的性格，与百花公主迥然不同的是，刘金定属于直率豪放的女子，而且偏于刀马旦行当，在塑造人物时既要注意唱腔念白，更要配合动作武功。曹秀琴更注意到剧情转折跌宕，人物均有不同的心理变化和行为特征，在表演时须处理好细节。甫一出场，曹秀琴即向观众呈现刘金定的山野女子之气。当赵匡胤的外甥高君保与家将文豹在赶赴寿州途中误闯双锁山时，看到招夫牌上写着"刘家有女艺无双，喜策骅骝弄棒枪。能战姑娘三百合，高高山上结鸳鸯"，不禁心中有气，随手击落此牌。与刘金定照面后，刘金定看到高君宝相貌堂堂已然有意，只是婚姻之事难以启齿。

157

不同的角色，让曹秀琴不断地去磨炼自己的表演艺术，使得她深刻地理解到，要演好一个人物，是非常不容易的，俗话说"人有千面"，如何能把人物演绎得恰到好处，是要讲究功力的。正是凭着多年的积累，曹秀琴敢于去面对每一次舞台人物的塑造，勇于去学习、去创造。1998年，她凭借饰演《锦伞夫人》中的冼英一举夺得第15届中国戏剧梅花奖。《锦伞夫人》是一出新编历史剧，主要凸显了冼英这一位巾帼英雄。表演难就难在冼英身上集合了几重身份，姑娘、妻子、母亲、首领，从心理和行为上，都有不同的跨度，而且这个人物文武双全，基本涵盖了花旦、刀马旦（武旦）、青衣几个行当。曹秀琴牢牢地把握住表现人物形象的关键，那就是通过眼神和身段，真正发挥出唱做俱佳的长处，充分利用唱腔的声情去打动、感染观众。

我们经常说戏如人生，现实和舞台有时候很遥远，但有时候又那么接近，生活就仿如一出剧本，只是由不同的人在演绎而已。历来舞台上不乏关于才子佳人的题材，按照中国人的传统思维，佳偶天成、有情人终成眷属都是喜闻乐见的大好事。曹秀琴与丈夫吴国华就是一对为人称道的好拍档、好伴侣。尽管彼此相爱已多年，如今连他们的爱情结晶——好儿子，也长大成才，但是当谈及自己的婚姻家庭，曹秀琴仍是一脸的幸福感。

广东粤剧文武生全才，一级演员吴国华，原来是学体操出身的，之前在剧院一直跑龙套、翻跟斗，但他律己甚严，通过不断地学习和积累，他在等待机会。说来也是缘分，在《百花公主》中他第一次担任主角，就是与曹秀琴搭档。两人在合作中，从相互了解、相互欣赏、相互切磋到渐渐地都产生了深厚的感情。《百花公主》一炮而红后，他俩随后合作演出了《刘金定斩四门》《猴王借扇》《雾锁东宫十八年》《情暖汉宫花》《梦断香销四十年》《锦伞夫人》《红丝错》等数十部脍炙人口的剧目，至今还为人津津乐道。

尤其是《猴王借扇》，吴国华饰演的美猴王，一改以往的小生形象，又唱、又打、又演，猴气十足。曹秀琴饰演的另一主角——铁扇公主，形神俱备，充分地表现了牛夫人泼辣野蛮的特点。而且，这里面还有个小插曲，饰演铁扇公主是一个新的挑战，因为过去粤剧正印花旦一般是不愿意表演踢枪的，担心万一失手会有损声誉。但曹秀琴明知山有虎，偏向虎山行，她认为自己经过几年的学校基本功训练，是时候检验一下自己的刀马旦功夫了。"戏无技不惊人"，所有的技巧都是为了更好地刻画和烘托人物，自己只有做好了这一环节，才能产生应有的舞台效果。

粤剧《锦伞夫人》,曹秀琴饰演冼英

粤剧《猴王借扇》
曹秀琴饰演铁扇公主

曹秀琴在表演中，注意把传统戏曲程式和现代舞台技巧结合起来，凸显艺术效果的同时，也使表演增色，从而令人物更加栩栩如生。比如在《猴王借扇》第四场《闹洞》中，美猴王钻进了铁扇公主的肚子"大展拳脚"，以此令铁扇公主交出宝扇。如果运用电影的表现手法，则并无太大难度。但是在戏曲表演中，则需一番心思。曹秀琴借助幅度较大的夸张动作，左右摇摆，由旁人扶持、托举身体，以此衬托出"顽猴在腹中闹腾"的痛苦惨状。同时配合唱腔："霎时间，酸一阵来痛一阵。他那里挥拳舞棍，我这里刺腹揪心。"通过连串的翻身旋转，推开旁人，更渲染了痛楚感觉。这种表演仍然是以程式为基础，适当加入了大幅度动作和技巧，更好地强化了美猴王为借宝扇大闹山洞的效果。

夫妻俩在排练过程中都用心琢磨，刻苦练习，完全进入了角色，好评如潮。这些年来，夫妻俩相濡以沫，共同经历几许风雨，互相体谅和扶持，收获了人生最宝贵的硕果，成了戏剧界少有的夫妻同时是获得中国戏剧梅花奖的演员。曹秀琴说，生活就如在舞台上演对手戏一样，时时都要心意相通，彼此的熟悉、理解是必不可少的，彼此的包容和求同，更是共同表演好人生这出戏的关键。她的话点出了生活中人与人之间如何相处之道，让我们回味无穷。

在谈到戏剧创作的传统与创新时，曹秀琴认为，应该先有继承，才能谈创新。传统的"四功五法"是基础，不可或缺。就拿"滚花"来说，尽管很简单，若要创新，可以考虑加入新元素，但前提是，不能改变粤剧应该有的味道。又如"哭腔"，曹秀琴借鉴了上海越剧和河南豫剧等剧种的精华，恰当地运用到自己的表演中，丰富了唱腔艺术和人物形象，并为人所称道。而令曹秀琴担心的是，现在有些年轻演员不关注基本功，往往连一些最基本的专业知识都不懂，甚至忽略了，以致到了舞台上闹笑话。如果连最起码的继承都没有，如何去更好地传承粤剧艺术、粤剧文化呢？一个人要懂得对艺术和传统的敬畏，才能虚心地去学习，从中获益。

粤剧自有独特的优势和魅力，作为后来者，更应该从已有的粤剧宝库和平时积累中，去汲取养分，而不是先否定和鄙视，乃至忽略精华。反观我国香港地区，对于传统，香港粤剧界在学习和继承上做得非常好，一些很古老的行当和剧目，诸如《六国大封相》《天姬送子》，直至今天仍然可以看到，民间甚至出现一些专唱古腔的继承者，水平很高。

《粤剧情系我心》的演出后,曹秀琴受到恩师红线女的深情拥抱

在访谈中，曹秀琴还举了自己在北京就读戏剧高级研修班的事例，说给他们上课的老师很强调多剧种的特色，希望能发挥出地方戏曲的各自特点和优势，而不要趋于统一化、歌舞化。自己曾看过山西晋剧，出场的锣鼓很有特点，这些都引发了自己的思考与共鸣。所以说，改革的前提是继承。曹秀琴还表达了自己对粤剧艺术继承与发展的忧虑。当前一些盲目的创新，比如生搬硬套流行曲，而无视传统的音乐；又或者加入太多话剧、电影元素，过多地在舞台设计、灯光音响上挖空心思，而罔顾剧本、舞台要表现的主题思想和艺术意蕴，这些创新都是要不得的，只会越来越偏离了粤剧的本质。

当被问及自己表演的成功秘诀时，曹秀琴认为，作为演员，关注面应该更广一些，除了兄弟剧种，平时还可以多留意不同类型的音乐元素，比如流行音乐、歌剧甚至交响乐，都有值得粤剧借鉴之处。只有博采众长，为己所用，才能形成自己的特色，才能更好地运用各种技巧来塑造人物。曹秀琴对于饰演人物，有着自己的心得，她每每在接到演出任务后，就马上揣摩人物的性格特点和言行，模拟最能体现人物特征的唱腔和动作，使自己完完全全投入到角色中去，把人物的外表、动作和心理活动展现得淋漓尽致。所以，她认为情感很重要，"四功五法"都是为了表达情感服务的。一个动作、一个眼神都能折射出角色要述说的心声。角色之所以能打动人，正是此时演员的情感，已经与动作、唱词、身段等程式融合在一起，引起了观众的共鸣，感同身受。

在说到编剧和剧本创作时，曹秀琴兴致勃勃地向我们提及，广东粤剧院里的"编剧高手"不少，诸如陈冠卿、杨子静、莫汝城、刘汉鼐、潘邦榛、何笃忠等，可谓人才济济。我们可以想象出，在那些年，广东粤剧院的创作之繁荣，如《雾锁东宫》《红丝错》等名剧都是广东粤剧院创作的。当时能根据院里的人才储备和实际情况去量体裁衣，为演员"度身定做"剧本，发挥每个人的所长。如《梅开二度》是个双生双旦戏，正是由于人才的"多"与剧本的"精"，对于群体戏的发展有很大的促进作用，也使得舞台上的人物多样化。对于古装戏和现代戏的看法，曹秀琴则表示，这并不是截然分开的，古装戏也可以有现代意识，毕竟古装戏也是现代人写的，也可以融入现代的气息和思想，关键在于演员是否真正理解了剧本的内涵，有所发挥。

如今的曹秀琴，由于年龄原因，已经从领导行政岗位上退下来，但是退休后，她还有很多不能"卸任"的工作，比如参加慈善公益事业，比如她对学生的热爱和指导，还有对粤剧事业未来的关怀和展望，等等。因此，当自己已经到了一定的年龄，拥有一定的阅历和积累了一定的经验的时候，曹秀琴也在思考自己的人生舞台上，下一个需要扮演的角色。她认为，除了自己在艺术上不断雕琢外，更重要的是像自己的老师辈那样，秉承"传、帮、带"的优良传统去培养新人。于是在新戏《彩屏公主》中，曹秀琴把重点放在了与自己搭档的几个新人身上。青年演员郭建华扮演彩屏公主的丈夫施俊卿，他扮相英俊、嗓音明亮，富有表现力。另外的两位二线主角——卢文斌和吴非凡，都是二十岁出头的年轻人，曹秀琴就手把手地教导他们，让年轻演员尽快地成长起来。她素有怜才爱才之心，希望这些年轻人打好基本功，多点磨炼，好接过前辈手中的棒。

这些年来，尽管曹秀琴收获了一大堆奖状、荣誉，硕果累累。但对于世人熙来攘往追逐的这些"身外之物"，曹秀琴显得非常的平静，她的生活宗旨是："老老实实地做人，认认真真地演戏，踏踏实实地生活，开开心心至乐！"对于淡抹铅华的恬静时光，她一直向往，如今终于可以享受这种"卸却重担"的休闲了。她说归说要清闲，但在我们的访谈中，深深地感觉到，她对于粤剧表演艺术，还是始终如一地保持着一份高度的热情与坚韧。她也说她知道，戏曲演员与影视明星不同，通常都是"高投入"未必"高回报"，"板凳常坐十年冷""台上一分钟，台下十年功"，没有厚实的基础，没有真功夫，是不敢站到这个舞台上的。但一旦站上了这个舞台，就要坚持下去，演好角色，演好人物。她一直以她的老师红线女为榜样要求自己，时刻想着粤剧艺术！

粤剧《百花公主》，曹秀琴饰演百花公主

姚志强

心存远志,艺尚刚强

1999年获第16届中国戏剧梅花奖

从家乡郁南县粤剧团到珠海市粤剧团,再到如今的广东粤剧院二团,姚志强活跃在粤剧舞台上已有三十多个年头。他主演的《黄飞虎反五关》《梁山伯与祝英台》《林冲》《一代情僧》《贼王子》《秦宫冷月》《伶仃洋》等剧目,深受好评,多次在省市的演艺大赛中获奖。几十载艺术生涯,使姚志强不断成长、蜕变,积累了丰富的表演经验,塑造了众多的人物角色,收获了无数的奖项殊荣。艺途漫漫,荆棘亦重重,对于演员而言,始终不变的,是那颗执着于戏剧艺术、痴恋于方寸舞台的赤子之心。为了解这位勤奋执着、踏实憨厚的粤剧老倌,梳理其演艺经历,总结其艺术心得,我们对他进行了详细的访谈。

从艺简介

姚志强出生于广东小城郁南县。虽然并非出身于粤剧世家,但他自小就喜欢唱歌,是学校的文艺骨干,凭借高亢嗓音和俊朗外形,很早就受到老师和同学称许。只不过,在真正接触粤剧艺术之前,他尚未知道粤剧艺术究竟为何物。一次偶然的机会使他走向舞台人生,当时还只是十四岁少年的姚志强被选入县文艺训练班培训。按照县文艺训练班的培训目标,经过一年的短暂培训,成员们就要登台演出了。回顾这一年的经历,姚志强依然难忘当中的辛酸。因为作为十四五岁的大孩子,筋骨已经稍硬,在练习身段时,困难重重,唯有咬紧牙关克服困难。姚志强很清楚自己的基础,心想只有将勤补拙方能有所成就。从学戏阶段开始,姚志强就形成了一个良好的习惯,每天早上六点钟左右起床,先跑步半个小时,然后依次练习基本功、练声。有时候排戏结束后,只要时间允许,他都视自己的身体状态或跑步或健步,为将来的艺术事业打下扎实基础。

在训练班学习了一年后，省实验粤剧团（广东粤剧院青年剧团）招收青年演员，姚志强被选上了。但是大半年后，他感觉这里人才济济，留在此地担当主角的机会于他而言或许并不多。经过深思熟虑后，他决定回到家乡的郁南县宣传队，直至高中毕业后，正式进入郁南县粤剧团。幸运之神眷顾了姚志强，他在剧团一直担任主角，并无跑龙套的经历，这让他有更多的机会学习、磨炼。在访谈时，他多次提及这段经历，强调除了老师教导指点外，演员的舞台实践非常重要。因此，尽管这次"逃离"省实验粤剧团，让他感到愧对红线女老师，但是从演员得到舞台锻炼机会的角度而言，他觉得收获是丰硕的。而且，机缘巧合的是，有一次红线女在荧屏上看到姚志强主演的《贼王子》，即追问此人是谁，当有人向她告知："这就是您当年的学生姚志强。"红老师迫不及待，希望姚志强这棵好苗子能来她的小红豆粤剧团。姚志强当然乐意允，在小红豆粤剧团的两年中，他得到红线女的亲炙，并与她合作排演了《搜书院》和《白燕迎春》等剧目，受益匪浅。

在访谈中，姚志强说到，虽然自己没有从很小的年纪即开始系统训练，但幸运的是，他在接触粤剧艺术后，屡遇明师。第一位是郁南县粤剧团的当家花旦梁怀香老师，在训练班时，就已经担任姚志强班上的导师，指导他们学习粤剧的有关基础知识。后来姚志强进入郁南县粤剧团，梁怀香不遗余力地予以扶持，细心关爱，手把手地教姚志强学做戏，并让他担任生角。这在当时很难得，因为旧戏行中，师傅甚少会与徒弟同台搭档。梁怀香老师则为了扶掖后辈、为了郁南县粤剧团的事业而无私奉献，把所学倾囊传授，希望这棵好苗子茁壮成长。

在郁南县粤剧团磨炼了几年，姚志强觉得自己有了一定的基础和历练，应该出来见识一下更广阔的世界，扩充视野。他不满足于已有成绩，也不图"小县城的名角"这一虚名。因为他很清楚，艺无止境，只有不断学习才有进步。通过与领导反复沟通，他终于在1982年前往珠海市粤剧团，开启人生新的一页。恰好此时珠海市粤剧团的文武生位置空缺，这对姚志强来说是一个良机。而且，珠海市粤剧团的正印花旦是赫赫有名的林锦屏，也是一名德艺双馨、对粤剧事业有追求的资深名演员。姚志强一到新单位，即与林锦屏排演《打金枝》一剧。作为前辈的林锦屏非常喜欢这位勤奋好学的年轻人，对他悉心教导。由于经常演对手戏，姚志强在排练、表演的同时，也在学习吸收与思考总结。中国戏曲师徒相授的特殊性，往往在彼此相处的时间和空间上体现得尤为充分。舞台是最好的学习和实践之所，演员的成长、成才离不开舞台。

粤剧《梦断香销四十年》
姚志强饰演陆游

粤剧《黄飞虎反五关》,姚志强饰黄飞虎

粤剧《梁山伯与祝英台》,姚志强饰梁山伯、蒋文端饰演祝英台

粤剧《凤仪亭》，姚志强饰吕布、梁淑卿饰貂蝉

粤剧《红绫考破无头案》，姚志强饰演左维明

表演捃谈

从艺多年，姚志强饰演了难以细数的角色，也积累了无比珍贵的心得。作为享有盛名的文武生，姚志强一直琢磨如何在人物角色上下苦功。他认为饰演人物不能千篇一律、千人一面，尤其在行当应工上，小生与武生是有着不同特点的，作为演员应务求在表演上突出人物性格、表现人物的内心。以下是他多年来塑造的各类角色所选取的代表。

粤剧在发展过程中发生了很多变化，比如行当变化就是其中之一。20世纪初，小生和小武两个行当逐渐合并为文武生，现在粤剧界不少大老倌均以"文武生"闻名，但实际上两者分属不同行当，表演特点亦各有不同。即便在小生行当中，也分为几种类型。白驹荣在《四十年来粤剧表演艺术的变化》中有关于粤剧行当的论述，兹引述如下："一是公子哥儿类小生，该类人物举止潇洒风流，扮相俊俏飘逸；一是诚实朴素、有学有德的书生，该类人物有孔孟之风，沉稳笃实；一是落魄不得志而满腹高论、自视甚高的寒酸秀才，这类人物有些书呆子气质，心理变化较为复杂。"

当然，白氏一文的概括只就行当大体而言，具体落实到不同的角色人物，则需要演员在实践中反复锤炼，探索最能表现人物特点的表演方式。姚志强从艺过程中，参与过不同剧目的表演，也积累了丰富的艺术经验。他善于总结同一行当不同人物的表演心得，力求"同类多面"，即同一行当类型中不同人物的特殊面貌。

在文戏中，姚志强很注重主人公立体的情感表现，凸显他们作为小生行当人物在不同戏剧冲突和故事中的特点，尤其注意处理在情感起伏幅度较大时的细节。比如在《南唐李后主》的《寿诞》一场中，姚志强所饰演的李重光，忍受着国家破败、归为臣虏以及所宠爱的小周后为宋主抢夺、侮辱的双重折磨，在这当中，既有作为一国之君对帝位更迭与权力丧失的无奈、悲怆，也有堂堂七尺男儿对爱情归属无力主宰的屈辱、羞惭。又如《怡红公子悼金钏》一剧中，姚志强饰演贾宝玉，以小生行当应工。该剧根据名著《红楼梦》改编，主要讲述怡红院内，贾宝玉怜爱奴婢金钏，为免她在贾府受王夫人颐指气使，欲讨她过来与自己朝夕相伴。孰料金钏却被王夫人责罚。所谓"金钏无过，白玉无尘"，牢固森严的等级思想使得宝玉一番好意，变成金钏承受妄加之罪的导火索。金钏被当成勾引主子的"淫女"，要被逐出贾府。后金钏投井自尽。金钏的妹妹玉钏因误会宝玉害死自己的姐姐，刚开始时满腔愤怒，后来得悉真相才原谅宝玉。因小说《红楼梦》人所熟知，因此演员更需在唱腔、念白、关目等细节上"做功夫"，力求在观众熟悉故事情节的前提下，关注演员对于人物的塑造。姚志强在此剧中通过宝玉对金钏、玉钏两姐妹的尊重、关心、爱护，尤其是对金钏投井一事的无比伤痛与深切哀悼，展现了宝玉的痴情真心，以及对腐朽落后、尊卑有别的旧制度予以控诉反抗的态度。在《祭井》一场中，姚志强唱出了宝玉对金钏的挂念与内疚："井何深，埋我良朋，井中人呀何罪咎？一朝含冤玉碎珠沉。姐对我情意深，宝玉呀，欲庇无能。最是伤心欲到你埋香处，一望都不能。今天才到水仙庵内，奠芳魂。"接着一段反线二黄与清歌，以直抒胸臆的方式表现了宝玉视金钏为良朋，且哀其不幸的沉痛心情，以唱和念的方式使这位怡红公子至情至性、不囿于清规戒律的形象饱满起来。而在与玉钏相处的一幕中，姚志强又根据宝玉的个性和剧情的需要去扮演角色。在该场中，怒气满腹的玉钏认为姐姐金钏的死与宝玉有关，冷面相对之余，还言语顶撞。宝玉知道个中缘由，耐心劝解，巧施策略，以莲叶羹为"花招"，哄得玉钏转怒为喜，冰释前嫌。

  姚志强在饰演书生类型的人物时也颇有自己的特色。在他所饰演的若干书生中既有共性，也不乏因剧情不同所导致的"同类千面"，即能够根据人物在戏剧中的角色分量、情节冲突和情绪起伏而呈现出丰富多变的面目。兹举几例以说明之。如在《梁山伯与祝英台》一剧中，姚志强饰演梁山伯，这是一位痴情笃厚的书生，在情感方面显得单纯而迟钝，经祝英台多次暗示还不知晓身旁这位朝夕相伴的"好贤弟"居然是位窈窕淑女。姚志强深刻理解该剧的创作主旨，作为演员，要按照剧情发展，把主人公梁山伯与祝英台的纯真爱情，和两人因为阴差阳错诸般原因而不能厮守、最终阴阳相隔的悲惨结局展现出来。一开始时，姚志强即牢牢抓住梁山伯憨厚老实的特点，塑造其鲜明形象。在《相送》一折中，祝英台多番提点，以雌雄两鹅作比，暗示梁山伯自己是个女儿身。梁山伯茫然不解："声声叫哥哥，无奈水中一对系白鹅，有雌有雄，又怎比你和我？"英台又以水中鸳鸯作比："英台我如果是女红妆，不知哥你愿否结鸾凰？"梁山伯又对曰："难以结鸾凰，说甚谐随唱，我们手足兄弟义重情长。说鸳鸯道鸳鸯，到底是男子汉。你身非闺女，如何生妄想？"英台无奈："话到鸳鸯原两样，哥呀谁能解我心肠？"孰料山伯又会错意："我知你心切还乡，路要快行话快讲。"在这些对答当中，姚志强均抓住梁山伯对祝英台身份"懵然不觉"的心理状态，使台下"心水清"的观众看到此处忍俊不禁。在接下来的一段南音中，两人的相互对答更是经典。姚志强又充分运用表情，表现出一位"戆书生"的神态："春风便怎不把帆悬，渔人呀，你真个不知天。咁好顺风都唔驶哩，落得旁人笑你，枉费天赐机缘。"痴人笑痴，令人莞尔。

  末折《山伯临终》是该剧的经典，尤其主题曲更是历来为人所传唱，也是陈笑风的"风腔"名曲。该曲出自名粤剧编剧家杨子静之手，以"反线二黄""正线二黄""乙

粤剧《南唐李后主》,姚志强饰演李煜

粤剧《南海一号》，姚志强饰演李大用

反中板""二流"等组成，曲牌畅顺、文辞典雅，但也很考究唱者功力。在该段表演中，姚志强一方面吸收"风腔"的长处，以哀怨婉转之唱腔，讲述梁祝悲剧内蕴；另一方面，他着意加入了愤怒和控诉，令人感觉在家长制干预下的盲婚哑嫁所应受指责的力度。在这一点上，姚志强也并非完全沿袭前辈表演，而是多了几分自己的理解与再塑造。他曾于1994年参加广东省首届中青年演艺大赛，凭借该曲获得金奖。

在官生行当中，姚志强也不乏上佳表现。如在《红菱巧破无头案》一剧中，他饰演公正严明而又富有机智的常州知府左维明。为挽救苏玉桂和柳子卿这一对相爱的年轻人，不惜以乌纱作保，重审冤案。但是作案的是狡猾善变的寡妇杨柳娇，她能言善辩、擅观形势，左维明亦巧施妙计，假意讨好对方，最终使之露出马脚，伏法认罪。该剧中也有一段名曲《绣花鞋》，体现了左维明的机智聪明：他利用言语引导杨柳娇与自己闲谈，故意透露自己自亡妻殁后，欲求续弦的心情，待杨柳娇相信自己后，又提出想一睹其针线功夫。杨柳娇不虞有他，遂递过一只绣花鞋，却不知道这正是左维明用以破案的关键，拿到这一只绣花鞋，等于有了证据，才有后来的真相大白，沉冤得雪。姚志强饰演的知府，不但拥有正直威严的一面，而且在审理案件时，表现出与嫌疑人斗智斗巧、虚与委蛇的特点。当与嫌疑人周旋之时，他一改公堂之上正襟危坐的严肃面孔，代之以嬉笑轻佻之态，令对方放松警惕；一拿到证物，为不打草惊蛇，他又马上编造谎言，稳住对方。这种变化多端的表情、神态，姚志强都着意刻画，使人物层次丰富、可亲可爱。

还有一类角色属于比较特殊的行当，难以在戏曲行当中予以准确分类，诸如一些近现代人物，既有古典味道，也不乏现代气息，演员在演绎这一类角色时，往往不能单纯依靠行当特点表现其内心世界。例如在《一代情僧》中，姚志强饰演苏曼殊一角。作为中国近代有名的诗人、小说家和翻译家、南社成员，苏曼殊一生极富传奇，蜚声遐迩，留下了不少名篇诗作和传世佳话。在他身上，既有与古代士人相似的中国传统文人风骨，又有因其特殊的教育经历和家庭背景所造成的时代痕迹。姚志强在演绎苏曼殊时，既利用了传统戏曲行当所赋予的功能和特征，同时又适当加入一些较生活化的身段、表情，突出苏曼殊作为诗人所具备的浪漫气质和忧国情怀。如《一代情僧》选段中，苏曼殊满腹心事难以排遣，酒后泛舟西湖。在被渔女问及为何要喝酒时，苏曼殊以自己所翻译的拜伦的诗答道："注满杯中酒，我且调别曲。故国不可求，我犹无面目。我为希人羞，我为希腊哭。"并向渔女解释道："我以此诗哀中国、哀百姓、哀自己。"继而念出自己的诗："但丁拜伦是我师，才如江海命如丝。朱弦休为佳人绝，孤愤酸情欲语谁。"这"三哀"，一句比一句沉重，诗句念白，以幽咽之声读出，姚志强以狂笑且哭的神态，突出苏曼殊歌哭无端、欢唱似冰的性格特征；同时又表现出诗人伤时忧国、哀怨缠绵的心境，使人物在舞台上活灵活现。在与编剧、导演的相互交流探讨中，姚志强通过这一角色的排演，更深刻地体会到戏曲演员在舞台上应如何更好地处理戏曲程式和人物情感的审美辩证关系，如何"发乎情，止乎礼"，如何拿捏寸度，如何在"限制"与"释放"中寻求平衡。

前辈伶人曾三多曾结合自己的表演，总结演员"关目"的重要性和技巧。他认为诸多细腻的情感，离不开演员一双眼睛的表现。关目的圆瞪与微睁、正视与醉眼，也富有节奏感和美感，往往在表演中有意想不到的奇效。

姚志强饰演的武生亦自有其艺术风格。他深谙武生"关目"之道，善于利用眼神来表演人物的情绪起伏。如在《吕布与貂蝉》一剧中，他屡屡用"关目"突出吕布年少气盛、武艺超群而又鲁莽冲动的特点。在《凤仪亭》一折中，当貂蝉哭诉自己受屈时，吕布还在怨恨貂蝉，连呼"可恼、可恼"；当貂蝉说有冤情相告，并说出"董卓他、他、他"，意指与吕布义父有关时，吕布马上圆瞪双目，气愤难平。貂蝉每诉一句苦，吕布即骂一句"老贼"，双目如喷火，双臂左右挥，充分表现了吕布一介武夫直爽冲动的性格，当听到心上人受辱后暴怒难遏的情绪。另有一段快慢板："无名火上，我难消一腔愤，不禁思前想后。枉我英雄盖世，悔将董贼错投。念到美貌娇妻，哪管父子成仇。一朝失却貂蝉，试问我怎能忍受？"姚志强在表演中，屡屡运用关目，配合锣鼓、动作与声音、唱腔，凸显了人物的内心世界，推动了剧情的起伏发展。正如曾三多在《粤剧的一些表演艺术》中所言："眼是演员的宝贝，是表演艺术的重要手段，能够用眼演戏，没戏演成有戏；不会用眼睛演戏，有眼等于无眼。因此，演员必须练好眼睛，以发挥眼睛在艺术表演中的重要作用。"

心

心存远志，艺尚刚强

在武生行当表演中，姚志强能刚柔结合，在表现武生人物刚强一面的同时，也不忘铁汉柔情。比如在《黄飞虎反五关》中，姚志强饰演的黄飞虎为商纣时期的镇国武威王，是忠良后代，孰料妖妃妲己故意诱骗纣王，害死黄飞虎的妻、妹。黄飞虎统率的众将都纷纷劝他为妻、妹报仇雪恨，反出五关。在这种情况下，黄飞虎内心如煎，产生了"哈姆雷特"式的烦恼，一边是妻和妹的血海深仇，一边是所受封"七代忠良"的美誉。在痛苦的选择中，黄飞虎百般无奈，最后得知纣王确要将自己斩草除根，遂立下决心，反上朝歌。此剧中的黄飞虎虽为武将，但在英雄勇武的形象下却埋藏着细腻情感。姚志强牢牢把握住这一特点，在情绪起伏和矛盾中充分展现出来。例如在家中久候爱妻时，黄飞虎禁不住忧虑重重，以一段反线中板唱道："却为何，清晨入宫去，至今初更响过，人未返家堂。一边是娇儿索食，一边是海错山珍，一边是兄抚弟郎，一边是夫将妻望。"随后得悉妻子因不堪纣王凌辱而坠楼身亡，自己的妹妹因与之理论，也被纣王扔下虿盆，尸首无存。黄飞虎乍闻噩耗，不由得悲愤交加，顿觉"魂飞魄荡，惊雷阵阵，胆裂心寒"。但即便如此，兄弟龙环说了句："昏君无道！"黄飞虎马上怒斥："住口！"当大家都劝他反上朝歌时，黄飞虎依然放不下"忠君保主"的愚昧思想，内心不停交战，希图能息事宁人，永葆忠良本色："忠良匾下，黄门府第，言反者斩。"见此情况，几个兄弟悲愤难平，故意刺激黄飞虎，在一旁饮酒作乐，欲以激将之法使之改变主意。黄飞虎终于忍不住满腔怒愤，手按长剑唱道："怒发冲冠气难安，穿心万箭刺胸膛。声声反来声声壮，声声杀上我阵阵寒。"尽管只是几句唱词，但姚志强在这个过程中，通过全身微微的颤抖，怒睁双目，紧咬双唇，配合强弱渐次交替的锣鼓点，以及身段的轻微变化，充分展露了人物愤怒到极点的心理状态。姚志强抓住了人物内心的矛盾，一位世代忠良、忠君爱国的武将军，对君王无条件服从、愚昧地效忠的观念，却在君王无道、祸及己身的残酷现实面前节节败退。该剧中的精彩之处，在于主人公经历了情感和观念的冲突交战后，正义之念压倒了愚忠之念，剧中有一幕为黄飞虎在"七代忠良"的牌匾下进行的思想交战："飞虎登时乱主张，无道昏君应反抗，朝门杀上责君王。无奈想起爹爹严教养，难容为一妇人叛殷商，又怕七代忠良受讥谤，界牌关怎见我年迈爹娘？真使我进退为难，身似孤舟逢巨浪。"武生行当的人物有着细腻丰富的情绪起伏和感情变化。姚志强刚柔并济、水火交融的表演，使《黄飞虎反五关》一剧"君不正臣心外向""替妻妹报仇雪枉"的主题尤显鲜明、突出。

在采访中，姚志强还提及自己曾在《受气姑爷》中饰演的角色。该角色性格诙谐，令人捧腹，可惜暂无光碟等资料可供观赏，但从姚志强的表述可知，他对此角色印象深刻，坦言从中获益颇多。姚志强认为演员对于饰演的人物角色并没有绝对的偏好，演员的职责是要服从角色，只要演好了就是好角色。表演的理念应为，演员在决定表演的质量，从而令人物饱满丰富，而不是角色在决定演员的表演。演员应当在不同的戏中挖掘自己的表演天分，提升自己的表演空间。当然，对于人物的感觉、理解乃至喜好，是演员在投入表演前或在表演时不可或缺的部分，此另当别论。

在宫廷戏方面，姚志强也曾主演多部作品，比如《帝女花》《打金枝》《金铜打皇妃》等。在这些表现历史重大事件或宫廷人物故事的剧目中，姚志强往往能根据剧情发展和人物个性，或庄或谐，呈现角色丰富的内心世界。比如由粤剧名编剧家唐涤生根据清代黄韵珊《帝女花》传奇改编而成的粤剧《帝女花》，经名伶任剑辉、白雪仙联袂演出，备受欢迎，已成经典。该剧主要讲述明皇崇祯的女儿长平公主与驸马周世显在国家沦陷、改朝换代的历史背景下，双双殉情殉国的故事。与黄韵珊的传奇版本及其他相同主题的戏曲版本不同的是，唐涤生的改编更侧重凸显儿女情长，故事情节动人，人物形象鲜明，曲词典雅而又富有深情，赚人热泪，是一部既适宜案头品读，更契合舞台表演的巨构佳作。姚志强深刻领会该剧主题是表现特定历史时期中不平凡男女的沧桑爱情，他抓住驸马周世显刚烈柔情并存的特点，借助武生的刚强与小生的痴情两种行当模式，呈现驸马敢爱敢恨、为爱情而历尽劫难、虽死无悔的人物个性。尤其在《庵遇》与《香夭》两折中，他都表现出驸马的多情痴心与刚烈忠心，也能较好地处理峰回路转、跌宕起伏的剧情对人物表演的要求。

又如在《打金枝》中，姚志强则借行当表演和唱腔道白突出醉酒后驸马的男儿刚烈本性，把这位被"刁蛮公主"步步紧逼的"一介武夫"演绎得生动有趣、活灵活现。尤其与公主斗气斗嘴的一幕，考验演员对于戏曲节奏的掌握以及情绪的适度把握能力，只有控制好寸度，才能充分凸显该剧关于"纲常伦理"与"君臣等级"的思考，也才能使人物更"生活化""形象化"，引起观众共鸣。不同特色的宫廷戏，姚志强都能演出特点、演出味道。

粤剧《帝女花》，姚志强饰演周世显

粤剧《伶仃洋》，姚志强饰演容挺光

获奖剧目

作为在舞台上摸爬滚打的演员，在漫长的艺术生涯中，饰演的角色可谓不计其数。往往在被问及"哪一个角色最喜爱"时，或曰"都是无分彼此"，或曰"情有独钟某某"。这涉及演员对于自身饰演角色职责和理念的问题，即"每一个"与"这一个"的关系。两者既有交集，亦有分属不同范畴的畛域。一方面，演员对于每一个"分派"到的角色，按照任务全身心投入，属于演员的"分内之事"；另一方面，对于不同角色，演员有不同的创造，当中感悟之深浅、呈现之显隐，则属于演员内心的"艺术选择"。

姚志强对于自己所演剧目的角色，亦自有属于他个人的体悟。就目前而言，他笑言获得第16届中国戏剧梅花奖的剧目《伶仃洋》中的容挺光是他最喜爱的角色。这份喜爱并非仅仅因为获奖所带来的各种名誉荣光，更重要的是，这个角色对于他的艺术理念与水平，都是一个前所未有的磨炼与挑战。他在排演此剧目过程中所经历的点点滴滴，均成为他艺术积累与沉淀的见证。

《伶仃洋》一剧由陈谊、陈大卫编剧，讲述的是鸦片战争时期，林则徐因虎门销烟被革职充军，伶仃洋淇门守备容天揾悲愤之下弃官出家为僧，其儿子容挺光从英国返回京城，被任命为淇门守备。容挺光秉承其父正直不阿的个性，严守炮台，抵抗英军。与容挺光相识并曾相恋的英国同窗丝凯利，欲以此关系用重金收买容挺光却被拒。容挺光在遵照父命与英姑完婚后，继续坚守淇门。正在此时鸦片战争爆发，容挺光对入侵的英军以大炮还击，却被清廷革职。目睹朝廷无能、国民受辱，激起容挺光爱国之心，他誓挽狂澜。他知道己方大炮射程不远，唯有巧施计谋，假装投降，诱敌靠近己军船舰，然后发射大炮击沉英军鸦片商船。孰料此举被不明就里的英姑刚好看在眼里，产生了误会，以为丈夫投敌卖国，为阻止其行为，不得已在容挺光背后刺了一剑。容挺光受了重伤，在临终前向妻子说明缘由，并嘱托妻子把儿子养大成人，继续寻求救国之道。最后，容挺光终因伤势过重而壮烈牺牲。其子容英在十年后，遵循父亲遗愿，远赴东洋求学，寻找救国之方。

采访中，姚志强向我们分享了表演心得。《伶仃洋》中的容挺光属于晚清历史时期的人物，但他同时也是接受西方先进思想的留学生，身上有现代气息，故而在人物设计上，需要考虑身份的特殊性和

粤剧《伶仃洋》,姚志强饰演容挺光、琼霞饰演英姑

角色特征。生硬地套用传统行当的"生角"是不妥的，难以表现出人物的特色。当然，戏曲绝不能脱离程式表演，在该剧第一幕，饰演容挺光的姚志强眼戴墨镜、手摇折扇的他，气宇轩昂、气定神闲，在举手投足间依然采用文武生的行当模式进行表演。而在全剧高潮部分，当英姑刺伤丈夫时，此时饰演容挺光则需要尽量夸张，渲染悲剧气氛。特别是容挺光负伤在地，匍匐着爬向妻子的一段，采用的是贴近生活的情感体验方式，与外国戏剧理论体系中的"体验派"相类似。姚志强边缓缓爬行边唱道："英姑妻恰似夜里珍珠灿，她冰心一片令我深深叹。喜见她面对罪恶绝容颜，我遵从的鸳盟今恨晚。妻杀夫郎乃斩亲情纾国难。心起爱涛涌千万，妻似漆黑中光环，教我看真你却已生难。"唱罢半跪抚胸，嘱托妻子养好孩儿，同时露出万般不舍而又无奈的表情。在送妻上马一段中，姚志强运用了传统程式，配合锣鼓点，把一个本已身负重伤、随时会倒下，但为了家国民族与妻儿安危，不得不勉力支撑的大丈夫形象表现得生动而富有情感，其身上的"负重感"，在锣鼓节奏中轻重合宜，顿挫有节，可以想见姚志强扎实的基本功以及投入该剧演出的心血。

姚志强还强调，刚开始排演此剧时，自己担心的不是唱腔念白，而是身段，因为该剧个别地方需要"文戏武做"，比如搏杀的场面，以及与英姑纠缠、解释的一幕，动作幅度较大，需要妥善处理。有些细节导演也专门提出要求，比如在"辫子"的使用上，由于道具较长，演员在技巧上要多加注意，既要"物尽其用"，又要尽量使之"勿太过显露"，能在不经意间达到效果为最佳。为此姚志强还专门请教一些老师重新学习如何使用长辫子。这也说明此剧对演员表演与创造的要求更高了。新编的粤剧，有着新式的元素，同时也要求演员要适应新的变化，做出新的调整。对于在戏曲、话剧和歌剧等诸领域有着丰富经验的陈薪伊导演而言，希望该剧呈现出与众不同的面貌。作为演员，则不仅需要使出浑身解数投入表演，还要从行当程式中尝试跳出来，结合话剧、歌剧的艺术特征来演绎角色。姚志强对此剧此角深有感触，他笑言这次表演集中体现了自己从艺三十多年的积累程度和水平功力。凭借该剧，姚志强获得了中国戏剧梅花奖殊荣。即便多年后，他还期望能有类似的剧目可以磨炼提升自己的艺术水平。

余　语

从当年县城小镇的年轻新秀，到如今闻名遐迩的名伶老倌，姚志强无论在生活还是舞台上都有非同寻常的经历，而他对粤剧艺术的思考从未停息。这源于一份情，或许还源于一种难以名状的责任。姚志强深深知道传统戏曲的传承殊为不易，每一个时代都有属于这个时代的艺术特色，也应该有薪火相传的后继者。作为从事粤剧文化事业的工作者，他不断磨砺，勇于挑战，善于总结，一步一步攀登属于自己的高峰，也一点一滴积累自己的心得，希望能为广府梨园贡献微力。通过访谈，我们也从他身上看到艺术家对于所热爱事业执着追求的态度，以及在舞台上摸爬滚打的艰辛困苦，也看到粤剧事业的坚守者、继承者数十年如一日的"不忘初心"！

粤剧《吕布与貂蝉》
姚志强饰演吕布

吴国华

文武全才，别具一格

2000年获第17届中国戏剧梅花奖

吴国华，一级演员，粤剧文武生，曾任广东粤剧院二团团长。他自幼喜欢运动，九岁时被选入江门市业余体校，受过严格系统的体格训练，为从事舞台工作打下扎实基础。由于拥有敏捷身手、健康体魄，更为他饰演各种不同类型的角色增色不少。吴国华并非粤剧科班出身，在广东省体育运动学校（广东体育职业技术学院的前身）接受培训时，恰逢广东省艺术学校来物色人才，看中其身手功夫，就把他招了进去，当一名武打演员。从此，吴国华一步一步走上粤剧舞台，与粤剧结下不解之缘。

从初踏氍毹到如今息影，吴国华已经度过四十余载的舞台生涯，曾主演过《百花公主》《猴王借扇》《锦伞夫人》《再进沈园》《一曲长相思》《红丝错》《梦断香销四十年》《玉剑泯恩仇》《刘金定斩四门》《宝镜奇缘》《妒火焚琴》《惊世缘》《梅开二度》《情暖汉宫花》《血溅美人图》《野火春风斗古城》《白蛇传》《柳毅传书》《貂蝉》《杨继业招亲》《顺治与董鄂妃》《燕飞分》《碧海狂僧》《花田八喜》《雾锁东宫》等剧目，成功塑造了海俊、美猴王、高君保、张秋人、冯宝、天野、文曦等为人熟知的舞台人物，并曾获第五届中国戏剧节表演一等奖；广东省青年会演表演一等奖；第二、七、八届广东省艺术节表演一等奖；广东省首届"康乐杯"粤曲大奖赛演唱一等奖；首届广东国际艺术节表演一等奖；第五届中国戏剧节优秀表演（主角）奖、中国曹禺戏剧奖；广东第六届鲁迅文艺奖；广东省"五个一工程"入选作品奖；中国文联授予的"德艺双馨戏剧家"称号，可谓硕果累累。在第17届中国戏剧梅花奖颁奖活动上，吴国华凭着粤剧《雾锁东宫》蟾宫折桂，载誉归来。

吴国华的舞台生涯并非一帆风顺，每一步都凝聚了难以计数的心血和汗水。他虽是体育专业的，身手固然不凡，但初踏舞台，则需要重新适应，以致曾有一段时间，他在与对手或其他同台演员合作时要通过不断学习、补课来调整、配合。所谓"世上无难事，只怕有心人"，吴国华虽然并非科班出身，但他并不气馁，而是通过自己的努力去弥补不足。为了提升自己的表演水平，他花了大量时间精力去钻研人物，排练表演之余，便埋头在自己的宿舍内，认真阅读中外名著，如《西游记》《红楼梦》《红与黑》《基督山伯爵》（《基督山恩仇记》）以及人物传记，以此来加深对人物的理解。这正印证了一句话："汝果欲学诗，功夫在诗外。"作为演员，光有技巧、基本功肯定是远远不够的，这只是表演的前提和基础，如果要在舞台上闪光，必须提升文化修养和综合素质。吴国华是位有心人，他深谙"天道酬勤"的道理，除了严于律己，吴国华还沉浸在自己揣摩甚至与人讨论交流角色定位和演绎的乐趣中。在与最佳搭档——妻子曹秀琴的日常工作交流中，他往往会为了演绎人物时不同的见解而较真乃至争吵，其艺术认真之态度可见一斑。

　　已故粤剧表演艺术家郑培英曾如是评价："吴国华是一位冶文武于一炉，集刚柔于一体的艺术人才。他表演豪迈大方，既重形似，更重神似，贯穿在每一场戏的美与力的舞蹈语汇，以及凝聚着思想感情的人物亮相，是那样英俊、精神、挺拔，实有雕塑般的立体美感。"（见郑培英著《梨园未了情》，羊城晚报出版社2013年版，第173页）

　　吴国华的表演既继承了传统，同时也由于其素质而呈现出独特的风格。这就是郑培英所概括的"立体美感"之含义：真正的"文武生"应允文允武，且在文、武行当上有相当造诣，甚至别具一格，方能享此美誉。

　　在武生行当上，吴国华有着扎实基础，且经过多年积累，形成了自己的风格，能根据不同的人物角色，把武生行当演绎得出神入化、自出机杼。比如在传统剧目《貂蝉·凤仪亭》一幕中，吴国华塑造了一个年少气盛、鲁莽直率的吕布。《貂蝉》一剧改编自名著《三国演义》第八回"王司徒巧使连环计，董太师大闹凤仪亭"。原著关于吕布、貂蝉凤仪亭相会一幕，寥寥两段，所述不详。在粤剧《貂蝉》中，则对这一段做深入铺排，突出人物的心理状态，不断推动矛盾发展。吴国华在表演中，意识到人物心理的复杂性，他在充分展现一介武夫的直爽性子之外，还不忘向观众透露内心的纠结与思想的交战。

　　在曹秀琴饰演的貂蝉的自言介绍中，该剧所要表现的吕布的性格与他所处形势已经让观众了然："（南音）秋云春雨变幻无端，董卓凶残、李儒狡诈，温侯草莽，干父无权。故此貂蝉须用连环计，务使凤仪亭里奏凯旋。"剧本主旨要求演员表现出来的正是

粤剧《雾锁东宫》，吴国华饰演文曦、曹秀琴饰演璧娘

粤剧《锦伞夫人》，吴国华饰冯宝

"陷入圈套而懵然不觉"的少年英雄吕布。吴国华在表演中刻画了这一生动形象，他首先在出场时即通过唱腔呈现了吕布的复杂心情："快马加鞭将约践。心中早有万千言，为了佳人无心上殿。飞骑赶至相府花园，面见貂蝉一倾恨怨。方天画戟插在亭前，恼恨交加上亭相见。"吴国华还通过动作与眼神把人物的愤怒展现出来，比如上亭拉住貂蝉，双目圆睁，大声责问；随后搬过圆凳，推倒貂蝉，令其就座。吕布怒气冲天的情绪，纤毫毕现。除了怒气外，吴国华还把握住人物其他的情绪，为后来推向情节和动作的高潮埋下伏笔。他善于处理舞台人物"情绪的转换"，把表演立体化、层次化，如吕布向貂蝉的"倾诉"，与此前的怨天尤人状相比，则显得蜿蜒百折："你有心中苦，我苦更难言。"面对貂蝉的哭诉，温侯一筹莫展；而面对貂蝉的激将，吕布则怒发冲冠，予以反击："迫于名分恩亲，哪个甘心情愿。"最后更是直斥董卓"干爹做事，五伦倒颠"，遂起恶念："什么老父干爹，干爹老父，一刀就算。"冷静片刻又道："去不得呀。"因为怒气而起欲杀干爹董卓之念，却能在稍加思量后，慑于"父子干戈，遭人非议"的后果而犹豫不决。吴国华根据人物心理和剧本需要，生动地演绎了这一角色。

又如在《刘金定斩四门》中，吴国华饰演高君保，充分体现了他扎实的武打功架基础与刻画人物的细腻性。在出场时，吴国华即给观众以英气勃发、气宇轩昂的感觉：他左手持枪，右手执鞭，先是唱士工首板："汴京飞出英雄将"。配合锣鼓点节奏，做出舞台定型后，以快中板唱道："南唐跋扈困吾皇，父帅搬兵河北往。解围路远愁煞高郎，私出汴京立功阵上。"与曹秀琴所饰演的刘金定相见时，吴国华则侧重表现出高君保的年少傲气，对刘金定指责道："招夫牌，所立字，无不荒唐。乖行止，辱闺门，纲常尽丧。""傲视世间无好汉，自夸有女艺无双。喜策骅骝弄棒枪，岂是深闺儿女样？可恶是能战姑娘三百合，高高山上结鸳鸯。招蜂引蝶卖风流，女儿群中你最狂妄。"在与刘金定对打的几个回合，充分展示了吴国华擅长武打的特长，对于耍枪的收放与锣鼓节奏的掌握颇为到位。与刘金定比武的几个场面，从刀枪到拳脚再到箭术，精彩迭出，是该剧的亮点。然而吴国华的表演不止于此。除了突出高君保的武艺超群，他还把人物内心世界的细腻之处呈现出来。比如与刘金定较量后证实自己技不如人时，他强调人物心悦诚服的表情；在因军务紧急不得不与刘金定互换信物以订终身时，则强调人物的决断；在担心妻子安危时，则强调人物的深情。总之，吴国华注意人物形象特点与心理状态的结合，避免单维度去塑造人物。同是少年英雄、赳赳武将，吴国华赋予了舞台上吕布和高君保不同的特质。

除了在武生行当上有所积累外，吴国华也在文戏上大胆探索，不断总结表演经验。

早在青年剧团时,他就和同是新秀的曹秀琴搭档,演出了不少剧目,经历了不少磨炼。如在《一曲长相思》中,他饰演不畏强权、追求爱情的书生唐璧。唐璧为人耿直纯朴,与师妹黄小娥相恋,却因为要到会稽赴任不得不与小娥暂且相分。两人依依不舍,小娥唱《长相思》一曲以表深情。洛阳县令冯盈,善于逢迎钻营,得知相爷裴度为人清廉、别无他好,唯钟情于琴音。冯盈遂生恶念,骗取小娥入相府,逼迫她做裴相之妾,并施毒计令唐、黄二人产生误会。灰心落魄的唐璧生无可恋,却在暂住的福光寺中遇上微服私访的裴相,裴相听唐璧之倾诉,遂追问原委,誓要查明真相……后冯盈事情败露,被裴相严惩,唐、黄劫后重逢,再续前缘。该剧是一出以生、旦为主的戏,吴国华牢牢抓住唐璧作为书生刚正耿直、不谙世故的特点,充分展现出他不屈于强势,也不善于洞察奸邪的个性,以小生行当演绎之。与其他类似的剧目一样,该剧可视为吴国华在体验粤剧行当、提升表演技艺过程中的一个磨砺之作。

在《一曲长相思》中,吴国华较为谨守行当程式,故而表演略显稚嫩,亦是年轻演员常有之态。在《宝镜奇缘》中,他饰演青年猎手天野,基本遵循"才子佳人"模式进行演绎。虽然此剧要求角色文唱武打,间歇较少,有一定难度。但对于允文允武的吴国华来说,这并不是最大的困难。在他心目中,如何使角色表演避免"类型化""模式化",才是要攻克的难关。吴国华并不满足于一般性的表演,他没有把艺术当作"照板煮碗"式的搬演,没有把戏曲当作仅为"谋生"的工具。在长期实践中,他开始慢慢摸索如何熟练驾驭行当,在程式基础上更好地刻画人物等问题。比如在大型历史粤剧《锦伞夫人》中,他饰演一名文官——汉朝高凉太守冯宝。故事主要讲述俚族人首领冼英(锦伞夫人)在当时政局不稳、民族不和的形势下(剧中开场即道:"风雨南朝频更替,万民罹祸怨声凄。枭雄反叛中原乱,硝烟四起岭南危。"),为了俚汉两族的和平共处,破例与汉官冯宝结婚。但遭到怀有称霸岭南野心的高州刺史李阳纥忌恨。李阳纥施展阴谋手段挑拨离间,利用俚族峒主芒宣挑起民族矛盾,企图通过拉拢冼英来反叛朝廷,进而割据岭南。冼英不从,李阳纥更命令芒宣抢夺冼英与冯宝的爱子作为人质来要挟。冯宝从大局出发,在紧急关头,劝服冼英舍子平叛,稳

文武全才，别具一格

粤剧《刘金定斩四门》，吴国华、曹秀琴造型

定大局。后来芒宣感到内疚，舍命救出冯宝和冼英的爱子以赎己过。由于故事取材于本地历史题材，且剧情跌宕起伏，矛盾冲突不断，非常吸引观众，加之演员表演精彩，更是好评如潮。该剧参加第五届中国戏剧节演出获优秀剧目奖；在第七届广东省艺术节获优秀剧目、编剧、导演、表演、音乐设计等奖项，后在文化部少数民族题材剧本评奖中又获银奖。

《锦伞夫人》是一出以生、旦为主的戏,更侧重凸显锦伞夫人冼英的形象,但这当中却少不了男主角的"推波助澜",吴国华饰演的冯宝正是这样一个角色。在舞台上,吴国华注意在表演中赋予人物两个主要特征:

第一,以小生行当为主、适当加入武生元素来塑造人物形象。例如在第二场《入闱打亲》中,吴国华出场时先是手摇折扇唱长句二流:"趁月色,踏山行。朵朵鲜花将路引。香风扑面,迎接入闺人。夜游布隆闱,俚俗奇异甚。打亲何用意?教我费思寻。怕只怕误联姻,我还须小心谨慎。"以潇洒的做手、华丽的唱腔呈现在观众面前。而在该剧结尾处,与李阳纥等人的激战场景中,吴国华又展示了他娴熟的武打技艺,令观众印象深刻。

第二,侧重以温文尔雅为表,以阳刚正气为里凸显人物性格。吴国华仔细研读剧本后,认为冯宝是位有文化、顾大局的汉官,既有诗书满腹,也有傲骨藏身,处事时惯于审时度势、先礼后兵,因此吴国华在表演时注意人物的身份和修养。比如"打亲"一幕中,在与曹秀琴饰演的冼英搭档时,剧情讲述按照俚家俗例,冼英须打三鞭,方承认冯宝夫婿身份。前面两鞭,冯宝均坦然受之;但冼英准备打第三鞭时,当听到打完后须得伴睡时,儒生冯宝马上吓得退避一旁,羞于接受,一副宁死不屈的模样。这种刚柔互济、表里相合的尺度,吴国华拿捏得较为到位。而听闻他与冼英的爱情结晶——刚降临人世不久的孩儿冯仆被李阳纥要挟,声称如不言听计从,则将之扔下山崖时,吴国华又把冯宝大节当前处变不惊的性格表现出来,很好地凸显了与冼英惊慌失措的对比效果。

吴国华还勇于尝试不同的角色,以此磨炼提升自己的演技。比如《百花公主》一剧中,他饰演一位奸角小生,演得栩栩如生,令人激赏。该剧主要讲述在元朝朝廷与藩镇展开的一场斗争中,御史江六云耍弄手段,化名为海俊并利用藩镇安西王之女百花公主的天真无邪,骗取其芳心,借此博得安西王的信任。他通过各种阴谋诡计排除异己,并导致安西王朝覆灭。百花公主最后得悉真相,后悔不已,在杀死海俊后自刺双目,以悲剧收场。吴国华所饰演的海俊,外表俊朗,能言善道,但其实是一名城府极深而又善施诡计的阴谋家。这一角色,既有文戏小生的潇洒俊逸,又有奸角的阴险伪善。人物每随情节变化而呈现不同的心理层面和行为表征,富有难度。吴国华仔细揣摩,深刻领会人物的性格特点,通过自己的唱腔、动作和表情在舞台上展现出来。

粤剧《锦伞夫人》，吴国华饰演冯宝

该剧当年由广东粤剧院青年剧团演出，是考验年轻演员表演功力的一个作品。吴国华与曹秀琴在当时均属于该团的骨干，接到任务后加紧排练。加之所饰演的剧中人物与他们彼时年龄相仿，在外形上、气质上都是比较吻合的，关键是如何在舞台上恰如其分地表现出人物内心的冲突和思想。吴国华首先抓住"眼神"的表演。与曹秀琴饰演的青春少艾秋波婉转、顾盼流连神态不同的是，吴国华饰演的乃是一名富有心计、善于见风使舵的两面派，在眼神上他非常注意配合锣鼓点和情节变化，以不同的反应来显露人物的情状。比如在第三场《邀宴》中，巴拉总管邀请海俊到府上，明是飨宴，实为试探。面对巴拉不断的言语试探，海俊则心存狐疑，步步为营，在眼神上或斜视以察、或瞪目以思、或转目以待、或眨眼以答，多种形态，折射出人物内心的不安。在第四场《赠剑》中，吴国华更把海俊能言善辩，以舌灿莲花来骗取公主信任的情状表现得入木三分。当中有一段调寄《平湖秋月》的小曲，两人的配合与演唱为人所称道。兹把曲词照录如下："浮云吹散步上花阶看月圆，心里本欲与他多叙言，奈何禁规已定了先，不许再流连。你爬墙过，快回营转。公主俊秀芙蓉面，天生丽质谁个不见怜。我实难离梅亭去远，且到花荫藏躲免她窥见。参军，举止堪赞羡，若能效那双飞燕。两家虎帐共把兵书研，助我勤王挥戈剑。誓把那朝廷闹个翻天。我难分难舍难断，公主我愿永效那鸳鸯，相亲相爱结良缘。"这段小曲表现出海俊为俘获美人芳心，不惜躲藏花荫，希望能让公主体察并共订鸳盟的情景，是描画青年男女互相倾慕的甜蜜片段。在眼神的表现上，吴国华则或凝望、或对视、或含情，莫不纤细巧妙，营造出温馨情爱氛围，也为后面剧情的转折埋下伏笔。

除了眼神上的细节处理，吴国华还注意到戏曲程式规范和自然表演的有机结合，尽量避免人物的平面化。他善于把人物暗藏鬼胎的"痕迹"不时在表演中似不经意地显露出来，甚至利用对比手法使之更鲜明，令人印象深刻。如在第六场《覆兵》中，在与安西王对答并受质疑之时，海俊迥异于平时的谨慎儒雅，以一副"小人得志"之状嘲讽道"可笑你这个岳丈太混沌"，继而露出狰狞面目，在激战对打中对自己的岳丈毫不留情，以此衬托出该人物深藏不露的"伪善"。在第七场《惊变》中，吴国华再次把海俊大功告成后的扬扬得意状尽情展露。与百花公主相见并受对方指责时，海俊毫不在意，还夸下海口，劝百花公主随他面圣投降，保住性命，并厚颜无耻地说："我当求圣主饶你，不负海誓山盟。""我是顾念前情来相助，休负我一片好心。"在与妹妹江花右见面时，海俊还从容对答，振振有词，并无些许愧疚之心，甚至还让妹妹劝公主听随己意，劝说不成后狠心刺死江花右。在与公主的对答中，面对公主正义凛然的质问，吴国华把海俊反复无常、为了个人利益可以置道德于不顾的特点通过眼神、念白和动作一一呈现出来。可以说，《百花公主》中的海俊，是一个糅合了行当程式与人物性格的角色，这两方面结合得好，则使舞台人物生动立体，富有艺术感染力；如果只是按照行当勉强分类或者按照程式机械搬演，则可能使人物停留在概念化中。吴国华对人物理解到位，他觉察到海俊的两面性及其背后的驱动原因。但他并没有把人物简单化处理，其高明处在于把人物定位为奸角的同时，也把他为一己之私的过程始末交代出来，更在其间展现了这一反派人物外表柔情俊朗、内里机智善变的多面并存的特征。吴国华总结到，"海俊"一角，他牢牢把握住十六字"真诀"：正面表现人物的"风度翩翩、文武双全"，但突出其背面的"阴险毒辣、凶狠残暴"。因此，吴国华在上半场时按小生戏路以正演邪，让人物相当真实可信；下半场则以"反派小武"的表演模式刻画出一个阴谋家的丑恶嘴脸。此戏公演后，由于海俊一角的出色表演，"招惹"来观众的"痛恨"，但吴国华却从观众的反应中感受到了演员的成就：让观众记住人物的个性面目、喜怒哀乐，引起他们情感和审美的共鸣，这才是演员"表演"的本色呈现和评价标准。

对于行当的"跨越"，吴国华也一直在思考探索中。这种"跨越"，并非指无视传统戏曲的规则，而恰恰是在继承的基础上开拓出新的表演路子，使行当、程式成为演员表演的中介、工具，而非镣铐、绳索。他所关注与着力的，也恰恰是作为演员如何将剧本文字、案头文学更好地搬演到舞台上，继而使人物活灵活现，让演员呈现"独一无二"的"自我风格"的课题。当然，这都要求演员具备扎实的基本功与丰富的舞台经验，还需具备不畏挑战的决心和仔细雕琢的耐心。

在《猴王借扇》一剧中，吴国华再次让观众和行家眼前一亮。他饰演的美猴王也可视为其在粤剧舞台上勇于挑战探索、再跃新台阶的标志。该剧取材于古典名著《西游记》第五十九回至第六十一回，讲述唐僧师徒四人经过火焰山，迫于火势，不得已向铁扇公主借扇一事。因为该故事为人熟知，改编为粤剧后，观众更集中于看演员的表演。吴国华在接到任务时，也曾考虑过如何塑造角色。因为美猴王既有武生特点，饰演该角须讲究功架，翻滚腾挪，又得以花脸元素呈现形象。对于向来擅演靓丽俊秀文武生的吴国华来说，难度不小。

吴国华在挑战面前并不退缩，他很清楚自己的特长，当年打下的体操基础如今并未抛荒，长期的舞台实践，对于动作、唱腔的驾驭也较纯熟，如今美猴王一角，就是把自己所有特点有机融合起来去塑造角色。在排练时，由于该剧导演组要求适当加入一些舞蹈、魔术元素，所以演员也得适应这些"新技巧"，并尽量使表演不露痕迹，若合符节。

粤剧《百花公主》，曹秀琴饰演百花公主、吴国华饰演海俊

吴国华在表演时，首先注意把美猴王的特征展现出来。与电影、电视剧中的美猴王不同的是，戏曲演员须借助程式，运用夸张手法突出人物特征。在第一场《求助》中，吴国华便把美猴王的形态表现得栩栩如生，他的举手投足，莫不肖似猴形：时而搔手挠首、时而伸缩进退、时而眨眼运目、时而指天笃地，俨然一副野性未驯的猴子形象。在禀明来意却遭到铁扇公主呵

粤剧《玉剑泯恩仇》，吴国华饰演玉生

文武全才，别具一格

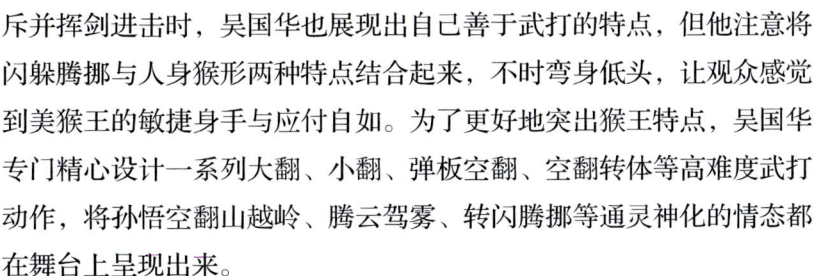

斥并挥剑进击时，吴国华也展现出自己善于武打的特点，但他注意将闪躲腾挪与人身猴形两种特点结合起来，不时弯身低头，让观众感觉到美猴王的敏捷身手与应付自如。为了更好地突出猴王特点，吴国华专门精心设计一系列大翻、小翻、弹板空翻、空翻转体等高难度武打动作，将孙悟空翻山越岭、腾云驾雾、转闪腾挪等通灵神化的情态都在舞台上呈现出来。

由于花脸难以看到面部表情，吴国华便着重突出声音的高低与顿挫以及眼神的变化。比如与铁扇公主的对答，他面对诘问，侃侃道来，配以身体的走动、视线的转换、手势的变化，令表演增色生辉。

在动作运用上，吴国华利用自己的矫健身手，配合魔术技巧和道具设计，务使美猴王变化多端、法力高强的特点在舞台上展现出来。比如在《求助》一场中，美猴王要向铁扇公主借扇，但因红孩儿一事令对方不忘旧恨而恶言谴责，唯有提出让对方砍自己头颅三剑以泄怨愤。与魔术表演不同的是，舞台上不能布置过多的场景和遮挡板，所以吴国华在表演头颅被砍一幕时，先是迎着剑锋低头弯身，随即把准备好的道具扔到地上，以示首级落地，并马上直起身子，以示猴王有法术，并无丝毫受损。这种表演非常讲究时间先后和速度快慢的契合，稍有不合则影响表演效果。

除了武打功夫与技巧，吴国华还对人物心理把握得较为充分。他力图在表演中凸显猴王在遭遇挫折时所表现出来的细节，以此深化该剧的主题。如在第五场《受挫》中，当发现借来的宝扇不能奏效建功而又被唐三藏询问时，猴王唱道："今日进退两难，无计运。求嫂借扇，枉费精神。莫非土地撒谎，唤他出来一问。"吴国华把平素战无不胜的齐天大圣在"大意失荆州"境况下束手无策、抓耳挠腮的动作表现出来，并把那种委屈无奈的心情通过唱腔和表情展现在观众面前。待土地出来后，猴王一把抓住他，大声质问："听你言宝扇能排灾解困，俺为它求嫂嫂历尽艰辛，扇烧焦火更熊教人着紧。分明你胡

粤剧《猴王借扇》，吴国华饰演美猴王

说八道捉弄人。"他一手持扇，一手揪住土地衣领喝问，随即推开土地，作势要打，以泄怒气。待听得土地解释，得知自己手中所持乃是假扇；耳畔又听一旁的猪八戒添油加醋、火上泼油道："我以为老猪才没用，原来你这个齐天大圣也无本事斗得过这小小妇人。"猴王勃然大怒，唱道："老猪乐祸幸灾，欺人太甚。"等唐三藏劝解道："悟空，罗刹捉弄于你，你何苦拿八戒出气？"美猴王唱道："恨罗刹屡施奸计，竟然将俺来蒙混。我本以诚相待，她却以假乱真。八戒险些火海葬身。想俺老孙，闹过地府天宫。"一番寻思后，决定再设法去拿宝扇。这一段虽然只是人物简单的对答，但蕴含着情绪的转换，美猴王从原来的暴怒到平静下来去寻思，须配合好念白、唱腔与动作，还有脸部表情。吴国华的成功之处在于他较好地处理了表演中角色外表上"人似猴形"与性格上"猴有人性"的关系：一方面他要通过肢体动作和声音语言使角色凸显出灵猴的元素，与常人的不同；另一方面他又赋予角色"人的特点"，比如毛躁猴急、嬉笑怒骂，使美猴王在舞台上展现出活泼生动的形象。人猴特点的合一，让吴国华在该剧中表演出色，获得好评。当时香港地区的媒体都纷纷对《猴王借扇》一剧以及主角吴国华予以赞扬，比如《香港商报》载文标题为《随时代发展的开路先锋 猴王闯粤剧天地——体操运动员转演文武生》；《华侨日报》载文题为《特技设计精彩 演员演得出色——〈猴王借扇〉神话味浓》；《曲艺通讯》誉该剧为"新的广东粤剧"……电视连续剧《西游记》中孙悟空的扮演者六小龄童，看了吴国华的演出，写信表示由衷祝贺："你的猴戏基本功很棒，很有特色。"《猴王借扇》当时被誉为"粤剧改革的开拓先锋和里程碑"，可见其成功之处。

在成功背后，有许多不为人知的细节：为了饰演好猴王一角，吴国华不仅付出大量心血，还要克服疼痛等困难。因为化妆时要戴上金箍，经常与头部摩擦，吴国华的皮肤已经起了水泡，为了不影响上妆造型，他都忍痛用针刺穿水泡再戴箍。剧中有不少摸爬滚打动作，也免不了肌肉劳损；至于因为排练表演导致的疲累更是难以尽数。但是为了开拓戏路，挑战自我，吴国华迎难而上，他辛勤的付出和出色的表演，得到了广泛肯定。

不同的剧目与迥异的人物，在不断磨砺吴国华的演技。他对于戏曲表演的理解也随经验积累和岁月淘洗而不断丰富，并在探索道路上自觉总结。在《雾锁东宫》中，吴国华再一次展现了自己对于戏曲舞台艺术的深刻理解。该剧主要讲述某朝皇帝病危，为选继位人，立诏曰：福寿二子，谁先有麟儿，即可继位。寿王一心想继皇位，无奈夫人诞下女婴，便命刚诞下龙凤胎的韦侍郎抱新生麟儿到府拜谒。寿王心生毒计,强行调换男婴作为己出,得以继位。十八年后,男婴长大,即为太子文曦。某日文曦于韦府邂逅壁娘(韦侍郎之女,文曦之妹),一见钟情,并赠玉珠作为定情信物。后壁娘惊悉真相,伤心不已。寿帝、寿后则将亲生女儿佩娘迎返宫中与文曦完婚。文曦不明就里,前往指责壁娘。后者不敢吐露真相,唯有苦泪自吞、甘受委屈。寿帝为除后患,密召韦阁老以御赐玉露琼浆置壁娘于死地。文曦闻讯赶来,却为时已晚,壁娘终含恨而死。后寿王驾崩,遗诏令文曦继位登基。文曦满腔怨恨,誓要向众官公布真相。

该剧极为考验演员的情感体验和表现能力。如何把内心复杂而细腻的情感通过戏曲程式表达出来,吴国华也下了一番苦功。他发现人物是一位身负深仇大恨却又被隐瞒身世多年的"假太子",从一开始就有悲剧的意蕴,虽为文生行当,但身上却有阳刚之气。在唱腔和眼神上,吴国华都侧重突出人物因为正直善良伴随而来的悲悯之情,抛开传统小生惯有的阴柔味道,代之以深层次的抑郁愤怒。在掌握表演尺度上,他非常注意情感的"内蕴"与"外发",控制自裕,处理得当。如在第二场与弟弟郊游一幕中,他把太子稳重斯文而又情感淳朴的个性展现出来,其唱腔与动作均符合人物心情欢畅的状态,不会过火;与壁娘初次见面的两情相悦,他也表现得较为成熟。而在情感的转折上,他也驾驭得合理合情,比如在迎接壁娘入宫一场,文曦一见佩娘,即告知父皇此女并非意中人,不同意迎亲:"儿不倾慕荣华富贵,只求父皇撮合意中缘。"吴国华在这里略为注重声音表情的渲染,把文曦重情义、轻权贵的个性特征凸显出来。当寿帝与太后怒气冲冲而退时,文曦则对前来劝慰的佩娘冷面相向:"哼,谁叫你进宫而来?"佩娘回以一句:"万岁宣召,我敢不来吗?"文曦听闻,微微转头倾听缘由。佩娘继续唱道:"估道太子识礼知书,却原来是非莫辨,意气用事。万岁召我进宫,将我姐妹戏。难怪刚才姐姐哭声悲。"文曦听罢,马上接话:"一言惊醒梦中人,壁娘此时定然伤心

文武全才，别具一格

粤剧《红丝错》，吴国华、曹秀琴造型

无比。表明心迹事不宜迟，谢过佩娘，赶到韦府去。"随即拜谢佩娘，径往韦府。从原来的怒气满腔到冷静下来，这种瞬间情绪的转换，最考验演员功力。在韦府中与壁娘相见并倾诉心声，吴国华演绎的一段南音，也是富含感情，在念白中略带哭腔，含怨恨之意，始终控制在适当的"度"内，不会因"腔"害"情"。在第七场中，闻讯赶来意欲阻止壁娘喝下御赐玉液琼浆的文曦，终于得悉事情原委：壁娘是自己的亲妹妹，两人不可能共效鸳鸯结鸾俦。面对事实，文曦几近崩溃，惊、怒、悲、恨诸种情感交杂。吴国华充分运用唱腔和表情，时而低徊、时而悲苦，以戏曲程式细腻地还原剧中人物的情感迸发过程，更凸显该剧的悲剧性主题，使观者得到一种崇高情感审美的洗礼，堪可回味。总之，通过该剧的表演，可以看到吴国华对于剧情与人物的深刻理解与深情演绎，对于程式行当的熟练驾驭与超越，对于"四功五法"与人物个性的主动融合与创造。这是成熟演员成功塑造人物形象的标志。

回顾自己多年的表演，吴国华也不无反思总结，他认为演员必须要投入到角色当中，充分而鲜明地呈现人物内心世界和情感特征，所以在表演中他结合自己的特长，强调"以形动人、以情感人"的艺术效果。他一直牢记前辈罗品超所说的"艰苦的学习和不断实践是造就人才的摇篮"，并以"万能泰斗"薛觉先作为奋斗目标，以此勉励自己不断开拓戏路、塑造人物。另外，他也关注粤剧文化的传承。身为曾经的广东八和会馆主席，他曾于2002年亲率团体赴海外义演筹款，通过组织大量的粤剧演出，在海内外筹集资金数十万元，使八和祖居终于有了重建的第一笔启动资金，得以开展修葺旧址、联络行内同道、弘扬传统文化等工作。如今他还与同获中国戏剧梅花奖的妻子曹秀琴一起，互相扶持、授徒传艺。吴国华为粤剧事业奉献的赤诚之心亦可见一斑。

并非科班出身的吴国华，出于对粤剧艺术和舞台的热爱而将勤补拙、勤学苦练，在自己长达四十余载的舞台生涯中，冶文武于一炉，集唱打于一身，勇于挑战不同的角色。他不囿于程式、行当，不止于荣誉、奖项，而是孜孜矻矻，不断磨砺，攀向一个又一个高峰，从而形成别具一格的特色，为粤剧舞台带来一道别致的风景！

粤剧《梦断香销四十年》,吴国华饰演陆游

梁淑卿

一人千面，一曲千腔

2001年获第18届中国戏剧梅花奖

梁淑卿，广东顺德人，一级演员，广州红豆粤剧团正印花旦、中国戏剧家协会会员、广州市第八届政协委员，主演过粤剧《宋江杀惜》《唐明皇与杨贵妃》《紫钗记》《白毛女》《李后主与小周后》《金陵残梦》《多情孟丽君》《刁蛮公主戆驸马》《山乡风云》《野金菊》等。曾获第五届广东省艺术节表演一等奖、第二届广东省戏剧演艺大赛表演金奖、新加坡狮城地方戏曲节粤剧表演奖、广州市第七届十佳青年、"跨世纪艺术之星"、第18届中国戏剧梅花奖等殊荣。多次赴中国香港、澳门地区、以及新加坡、美国、日本和澳大利亚演出，深受好评。梁淑卿扮相俏丽，嗓音甜美，唱腔圆润流畅，演技细腻传神，尤以肢体语言丰富、舞台造型百变而著称，在当今粤剧艺术舞台上风格鲜明，广受喜爱。

梁淑卿早出道，早成名，已广为众多戏迷所熟知。但关于她的人生经历、艺术心得和表演经验，或许由于她的低调内敛，鲜有以访谈或文字的形式见之于众。有着多年粤剧表演经历的她，对舞台艺术有着独特的见解和感悟。为更好地采撷精华，以飨广大戏迷和同道中人，我们采访了这位享誉粤剧界的中国戏剧梅花奖获奖演员。

生活中的梁淑卿和台上的她俨然两人：每当投入到角色行当的表演时，她化身万千，是名副其实的"演员"；而生活中的她，却是爽朗大方，坦率真诚，毫不掩饰性情。当得悉我们的来意是专门采访梅花奖获奖演员，特来聆听她对于戏剧的理解和表演心得，梁淑卿顿时仿似来到了舞台，精神抖擞地开启了一如既往的"投入"模式，向我们打开了话匣子。

角色杂谈

　　常言道"人生如戏，戏如人生"，生活中总有一些突如其来的安排，能不能顺利地完成临时赋予的任务，要看一个人平素的积累和准备。机遇并不常有，而一旦到来，能否把握住还要看实力。1978年，梁淑卿刚从学员转为演员，上级就给了她一项重大任务。因为剧团要到香港地区演出，已商定好演出剧目为《红楼二尤》，但是没有演员敢接剧中王熙凤这一棘手的角色。眼看上演的时日渐近，领导找到了艺术上还略显青涩的梁淑卿，问她敢不敢出演王熙凤。梁淑卿当时也没有什么把握，但是她决定要牢牢抓住这次难得的锻炼机会，于是一口答应下来。为了踏好舞台人生的第一步，演好王熙凤这个角色，梁淑卿马上到图书馆借了《红楼梦》的原著和相关资料，细心揣摩王熙凤，务求把握剧中人物的性格特点，从而设计、琢磨自己的动作、唱腔。

　　在《审侄》一场中，她把王熙凤精明能干、心思多变而又八面玲珑的特点表现得淋漓尽致。一上场她唱道："自恨生来是女人，朱门两扇隔青云，任你心比天高，终要妻凭夫荫。人人赞我王熙凤，个个都话我有才能。又要我把持家政，又话我刻薄寡恩。身在大观园，对人嘻嘻呵呵，背人却沉沉暗暗。都只为丈夫贪图风月，情义薄似烟云。"交代了自己在贾府的地位和众人对自己的评价后，接着话锋一转，点明自己的心头大事和矛盾心情："两个月来，暗自疑雨又疑云，病中添妒忿，情知夫婿同床却异心，怎奈难于管禁，只有暂时哑忍。"唱罢冷笑几声，继续道出心中计策："我断不将他放任，休想长住温柔乡。纵是藏娇凌霄殿，哪怕你二爷狡猾，跳不出我熙凤掌心。"然后自叹道："自怜玉碎花憔，不禁愁侵病困。枉自争强好胜，徒劳竭力伤神。不若呼出平儿，为我梳妆理鬓。"这段唱词属于典型的梆黄体系，开头是士工慢板，接着由小曲转至二黄，再到梆子滚花和合尺滚花，非常考验演员的唱功。同时，唱词暗喻了王熙凤的心理活动轨迹：她很清楚自己的地位和处境，虽然外表给人硬朗能干、爽朗大方的感觉，又是贾府的大管家，但实际上自己只是一个女子，管不住丈夫在外拈花惹草，唯有暂时忍气吞声，再想方设法使丈夫有所收敛。只是自知此事令人伤神，远比处理贾府中柴米油盐等小事复杂多了，想起这些，又不免长嗟短叹。这种一波三折的情感起伏，更是对演员掌握情绪变化功力的考验。梁淑卿牢牢把握住王熙凤的这些细微之处，向观众充分展现出人物的内心独白和独具个性的一面。

　　在审问宝玉那一幕，梁淑卿表演得非常精彩，她利用唱腔与肢体语言的搭配，塑造了一个世故老到、软硬兼施的王熙凤形象。与宝玉的对答，剧中通过一段唱词来体现。王熙凤责问宝玉："你这大胆人，依花随柳最精神，弄假藏真惯逞能，须知滴水总留痕，事情做了当我不知道，还想来瞒隐。最近你向二叔献什么殷勤，暗里曾经有什么鬼混？"把宝玉吓得浑身哆嗦，唯有老实招供。在这段唱词中，梁淑卿很好地掌握了戏剧的节奏，唱腔、念白与锣鼓浑然一体，表情与动作亦配合得丝丝入扣，取得了很好的戏剧效果。自此，观众开始认识了这位小女孩，记者们将她誉为"芝麻新星""剧坛新秀"。

粤剧《牡丹亭》,梁淑卿饰演杜丽娘

粤剧《王熙凤审侄》,梁淑卿饰演王熙凤

粤剧《香罗奇案》,梁淑卿饰演林茹香

谢彬筹先生曾就戏剧人物的个性说道："类型化和单一化地塑造人物，最多只能反映人物所属阶级、阶层的共性。它欠缺个性，更不能具备独特的个性，往往千人一面，彼此相似，苍白无力，一览无遗，缺乏丰富的内涵和深刻的意蕴。这样的人物，通常都是朝着模式化的定向发展，并且有着固定的封闭的结局，而很难引发观众进行积极主动的联想和想象。这样的人物，无法引起观众品尝和领悟的兴致。"梁淑卿很清楚戏曲演员在塑造人物时所具备的"个性"是多么重要，只有对人物有自己独到而深入的理解，再以自己的方式表现出来，才是真正的表演；否则，尾随前人、一成不变或者徒效其形、囫囵吞枣式的照搬，那只是"拙劣的模仿"。

　　在《金莲戏叔》中饰演潘金莲一角时，梁淑卿也在突破自己，她希望能够找到与众不同的演绎方式。同属精明、泼辣、大胆的女子，王熙凤与潘金莲可谓同中有异，异中有同。比如两人都有很大的贪欲，善于算计，巧于掩饰，但王熙凤迷恋权欲，潘金莲则是陷于情欲；王熙凤圆滑善变，潘金莲则放荡大胆。戏中有一段搓饼的表演，大家都说，那饼搓得好则已，搓不好会影响效果的。梁淑卿留意到该动作的关键之处在于手腕和肩膀，上下抖动且运用巧劲，既要表明潘金莲是"力匀循，手势又佳"的做饼能手，更要反映出她对于命运安排不公和丈夫武大郎的怨恨之情。这样才能生动地凸显人物真实的内心想法。写意性是中国戏曲非常重要的特点，演员在台上就是要运用程式表达各种情境和心情，营造特有的戏剧场景和氛围。搓饼虽是剧中的一个简单动作，但却是潘金莲"羡他人郎佳""怨夫君样丑人蠢"的由饼及人的心理写照。

表演心得

　　作为有多年舞台实践的名角，梁淑卿积累了丰富的艺术表演心得，对于剧目和角色，都有自己独到的理解。她从不畏惧挑战，在困难面前不退缩。当年出演《红楼二尤》中的王熙凤一角时，领导问她能否担起重任，她回答道："您信任我，给我机会，我就敢演。"结果她不负众望，很好地完成了任务。而且，她也甚少挑角色，她认为真正的演员，应该能塑造各类不同的角色："演员者，擅演之人也。"演绎性格各异、面目多样的人物，是对演员最大的挑战和最好的磨炼。抱着这样的宗旨，每每接到剧本，梁淑卿总会对所饰演的角色仔细琢磨，深入人物的内心，想象他们在粤剧程式中的言行举止，再到舞台上还原出来。有时候为了演好某个角色，她晚上躺到了床上，还在思忖人物的一举手、一投足该如何设计，即便想好了，她还要专门用笔记下来才放心地安睡，否则会整晚辗转难眠。说到这里，她忍不住笑称自己是"戏痴"，一投入戏中，便什么都忘却了。

梁淑卿不惮于挑战有难度的角色。在《铁面青天》一剧中，她一改平素习惯的花旦行当，而是饰演包公的嫂娘——一个老旦行当。虽然对于她而言，此前演青衣、闺门旦已属平常，但演老旦还是第一次。因此，她没有掉以轻心，通过上网搜集资料、回想以前演对手戏的演员如何饰演老旦行当，她对人物角色做了一番设想，比如老旦的脚步和身段要稍沉，嗓音要靠近平喉风格，等等。在家里她还拿晾衣服用的叉子当作拐杖，来找表演"嫂娘"的感觉。由于这次是跨行当的表演，唱腔与念白都很考验演员平日的功力，尤其对于习惯了花旦行当的演员，要从高亢的子喉转为低沉的平喉，绝不是件容易的事情。如果方法不当，甚至有损坏嗓子之虞。梁淑卿此前有演小生的经历，因而这种转变对她来说并没有造成很大的困难。

除了要克服跨行当的障碍外，梁淑卿还要考虑如何把握好人物的感情和情绪尺度，以及由此带来的肢体语言等问题。她所饰演的包公的嫂娘，是一位深明大义、通情达理的贤妻良母。但是由于爱子包勉犯下弥天大罪，有杀身之祸，为包家保留传根香火与遵法守纪之间构成了一个巨大的矛盾冲突。充分展现人物内心挣扎、凸显戏剧冲突张力与尊重戏曲表演程式、营造和谐整体美学效果是最难的事情。嫂娘在剧中是非常特殊的人物，乍看起来，她不是剧中主角，但她的存在，对于推动情节发展，对于造成戏剧的有效冲突，却是至关重要的。因此，拿捏功夫是饰演该人物的关键所在。演员平素的积累，都会在其中得到检验。在与李秋元所饰演的包青天情理交战的一幕中，梁淑卿很好地展现了"收放自如"的演员素养。她以哭腔唱道："包勉是我独生儿，念为嫂晚景凄凉，望你能从轻发放。"唱罢便双膝跪下，继续恳求道："你俩毕竟是亲叔侄，难道你忍心将他判死送去法场？"念白的声音如泣似咽，更配合唱腔："想当初，你俩同食一锅饭，晚来共睡一张床……到如今，你把国法执掌，佢却是囚犯铁索银铛。念叔侄之亲，念为嫂当初养育情，求你免他一死。"经过包公的苦心劝慰，嫂娘意识到自己教子无方，铸成大错。在国法与事实面前，她不得不接受现实，但心如刀剜，泪往肚吞，悲痛不已。

在该剧中，梁淑卿很好地表现了人物性格的复杂性，嫂娘平素的善良耿直、爽朗乐观和突遇爱子落网问斩时煎熬难安、失魂落魄的巨大反差，经过梁淑卿的理解和酝酿，在舞台上呈现出来。采访中，梁淑卿还特别强调，她逐渐地喜欢上嫂娘这个角色，是因为人物的心理始终在发展，她的一言一行都有戏，都有隐藏在言行中的情绪密码，自己是靠平日的积累和观察，才有这种强烈的感受。当演员一旦适应并能驾驭某个自己原本不熟悉的角色时，内心的欣喜是无法言喻的。这次特别的挑战，既是新的尝试，也是新的启发。

古语云："看似寻常最奇崛，成如容易却艰辛。"人不畏惧挑战固然是好事，但如果只有勇气，还不足以成事。只有不怕事，做成事，方显英雄本色。梁淑卿深深明白，人胆大往往要以艺高为前提。只有打下扎实的基本功，并且不断在生活中学习、沉淀，更好地理解人性和社会，才能在舞台上施展自如。

粤剧《牡丹亭》,梁淑卿饰演杜丽娘

在访谈中，梁淑卿不断地强调"用心"一词。她说自己对于表演非常用心，这"用心"说到底就是一种投入的态度和精神。她会把整副心思投入到角色中，一心一意忖度人物的性格和言行。戏剧中有一些角色具有多面性，或者更准确地说，其个性特点是深藏在人物内心深处的，演员要把隐性的东西通过艺术的形式巧妙地显现出来。因此，阅读角色是排练和表演前非常关键的准备工作。所有的程式、唱腔、念白和动作、表情都是为人物角色服务的，只有深入理解了角色，将以上因素和谐地融汇在一起，才能把人物表现得丰富而具有特性，达到共鸣的效果。比如在粤剧《南唐李后主》中，梁淑卿认为自己所饰演的小周后并非如外表般柔弱，相反，她是一名奇女子，外柔中刚，可以为了保存李煜的诗稿而委曲求全，牺牲自我，这需要一种极大的勇气，并不是软弱性格所能承载的。《醉舞》一场，当奸王威逼小周后时，梁淑卿唱道："眼前纵是，抗衡不易。我岂甘受所欺。拼死殿前存节义。报夫君情谊，免千秋万世人笑耻。笑一国之夫，保不了妻子。屈膝辱志，哀痛此时，中道仳离。夫啊，为妻先行入地。待上九天并翅飞。"小周后本想轻生，以死示节。奸王以焚烧李煜诗稿相要挟，要小周后歌舞献媚。无奈之下，小周后唯有忍受侮辱，以保全诗稿。梁淑卿在表演中，除了发挥自己唱腔上的特点外，还注意充分利用眼神、肢体动作配合曲词和念白，把小周后刚中有柔、柔中寓刚，有节气而又能顾全大局的个性特征展露出来。在台上，她完全忘却自己是现代女性，全身心投入到表演中，俨然一名穿越了历史时空的奇女子，为一种纯朴的爱恋和信念而坚强面对世俗邪恶，获得了观众和行家的好评。

梁淑卿对表演的自我挑战，不止是传统的旦角行当，还有一些较新的人物角色，不能以传统程式去生搬硬套，需要重新去揣摩、设计。比如在《南海一号》中，她饰演波斯姑娘古丽。这是一位活泼坦率、开朗大方的女孩，迥异于传统戏曲的大家闺秀形象。为了突出这个与别不同的人物的个性，梁淑卿干脆以不太纯正的广州话腔调，夸张的动作（如耸肩、瞪眼等）以及独特的唱腔，演绎这位外国女孩，令人耳目一新。

在现代粤剧《野金菊》中，梁淑卿饰演的主角金菊，则有着明显的现代意识和时代朝气。该剧本改编自曹禺先生的话剧《原野》，主要讲述粤北山区女子金菊，自小便与仇虎、焦大星相识，仇、焦两人还义结金兰。金菊本与仇虎两情相悦，孰料仇虎被焦家陷害，其父与妹均被害死，自己还锒铛入狱，弄得家破人亡。后来金菊嫁入焦家，受尽婆婆冷嘲热讽，丈夫焦大星懦弱怕事，一味维护亲娘，更使婆媳二人关系紧张。仇虎出狱后，怀着满腔愤恨誓要报仇。结果，焦大星被杀，焦母误杀了亲孙，仇虎在与金菊逃跑中饮弹身亡。这是一个以悲剧收场的故事，且属于现代题材，梁淑卿在表演上侧重唱腔与关目的运用，展现人物感情的跌宕起伏。她把声音的高亢华丽与低沉婉转结合起来，在唱词上设计独特唱腔，力图凸显细腻的情感、思绪，同时利用眼神，透露出哀怨、绝望、愤怒、忧愁、欣喜相互交织、递变的复杂情感，使得金菊这位现代人物在舞台上活灵活现、形象丰满。红线女老师看完演出后，大赞梁淑卿是"一人千面，一曲千腔"。梁淑卿凭饰演金菊一角的精彩演出，获得第18届中国戏剧梅花奖。

粤剧《户部黎公》,梁淑卿饰演春娘、梁耀安饰演黎正

粤剧《刁蛮公主戆驸马》,梁淑卿饰演公主

对于很多观众和行家认为她的表演"全身都有戏"的说法，梁淑卿强调，每位演员都应重视舞台上的表演节奏。节奏在中国戏曲中是一个关键词，不仅表现在音乐体制和表演程式上，更重要的是体现在其背后的韵律感和美感。节奏是与人物的情感变化、戏剧的情节冲突密切相连的。只有拿捏好其中的尺度，才能恰如其分地表现出人物性格。戏曲程式如果把握不好，容易趋向僵化、面谱化，不能深入人物内在。时隔多年后，梁淑卿重新演绎王熙凤时感受就更深了。相比之前的表演，她更重视眼神、肢体语言以及说话语气的运用，一举手、一投足都有轻重缓急的节奏感蕴藏其中，使得表演连贯，程式与情感浑然一体，人物形象更加丰富了。

戏外谈戏

梁淑卿多次随团赴中国香港、澳门地区以及新加坡、美国、日本和澳大利亚等国演出，有着丰富的海外演出经历，并屡获殊荣，如1994年获美国三藩市（旧金山市）和洛杉矶市政府颁授"古希腊艺术之神"和"优秀艺术使者"荣誉奖、1996年获新加坡狮城地方戏曲节粤剧表演奖、2000年获美国麻省（马萨诸塞州）、波士顿、三藩市（旧金山市）、洛杉矶市政府颁发最高荣誉奖，我们也围绕此话题展开访谈。梁淑卿谈到了观众的层面。因为在海外，既有乐闻本地乡音的华侨同胞，也有不懂中文的外国友人，所以在表演上，梁淑卿更注意戏剧共性与个性的结合，既要发挥粤剧本身的特点，展现广府文化精华和地方特色，也要利用好戏剧通过故事表现人物情感的戏剧共性。梁淑卿曾受到欧洲国际粤剧节的邀请前往法国演出，深受欧洲戏迷欢迎，后来荷兰举办欧洲国际粤剧节，他们再次邀请梁淑卿演出，可见其影响力与人缘。关于海外演出，梁淑卿思考的是，如何更好地向华人同胞展现中国传统文化，增强文化认同感；如何创作新题材，更好地吸引外国友人，引起情感共鸣。文化传播与输出的话题，还有待粤剧工作者共同探讨和努力！梁淑卿还提及当年在新加坡演出时，观众很希望与演员近距离接触。但她饰演《南唐李后主》中的小周后，由于过于投入，梁淑卿无法一下子从角色中抽离，所以在与观众合影时，她还带着泪痕。但观众依然很狂热，为她出色的表演而折服。

谈到获得中国戏剧梅花奖前后的花絮，梁淑卿谈到了当时的一些细节。她很感谢当年的上级领导和剧团同事。由于当时领导很重视广州市粤剧团的发展，希望能够出精品，打造经典品牌，拓宽市场渠道，于是便组织了编剧家陈自强先生等一众专家撰作新剧。对于当年精心组织、大力投入的上级领导和单位，为了提升艺术水平而精益求精，不惜调动全团力量的态度和氛围，梁淑卿很有感慨。她认为，戏剧是综合的艺术，"众人拾柴火焰高"，一出戏就是要靠群策群力，既需要上级的重视和组织，也需要编剧、导演以及演员们的通力协作，还需要关心、支持戏剧事业和戏剧舞台的观众朋友和专业、业余的戏剧评论家，这样才能集思广益、兼容并包，不断雕琢剧目，使之趋向完善。以往的经典剧目，都是慢慢打磨出来的。

郭秉箴先生早在20世纪80年代，即在他的著作《粤剧艺术论》收录的一篇文章《粤剧如何迎接新时代的挑战》中，谈到了粤剧的改革问题。郭先生一方面认为"观众的审美要求随着时代的前进是会发展变化的"；但另一方面，他认为如果用话剧的形式演戏曲，则会使锣鼓、音乐唱腔和表情动作变得支离破碎，会丢掉原来的传统。在对待传统与继承的关系上，梁淑卿也有自己的独到见解，在坚持传统的基础上，她认为应该兼容并包，不断扩展传统的外延，丰富传统的内涵。而且随着时代的发展，传统的东西也需要辩证地对待，毕竟，戏剧有其时代性，是某个年代的产物，应该不断发展、与时俱进。比如服饰、灯光、舞台美术设计等，都应该根据世界戏剧的新潮流和观众的审美眼光来予以调整适应，甚至创新。

对于戏曲的改革，梁淑卿是赞同的，但是她也强调，戏曲改革步伐要适当放慢，不要急进，不要盲目，不要过于主观与刚愎自用。在坚持梆黄体系与粤剧行当等前提下，适当借鉴其他兄弟剧种或者其他诸如电影、话剧等艺术形式，吸收其中的有益养分，对于粤剧的发展和提升，不无裨益。为了更好地表述这种想法，她以粤剧锣鼓为例，指出锣鼓的重要性，因为这是节奏的象征，是情绪的表达。对于舞台人物来说，要凸显内心的情绪变化和思想情感，光有念白或唱词还不足以达到戏剧张力的最大化。但是如果配合锣鼓，则各种轻重缓急、起承转合、若隐若现的细腻情绪都能一一呈现出来。因此，梁淑卿认为，粤剧改革也要注意锐意创新与恪守规则的平衡，粤剧剧本的创作要遵循"万变不离其宗"的宗旨，万不能离开梆黄体系，更要避免话剧化与写实性。

在艺术上，梁淑卿感慨道："到处留心皆学问。"作为演员只有不断深入生活，贴近人群，才能更好地体会再现与表现形式与思维的不同，才能更深刻地领悟中国戏曲写意的审美本质，理解戏曲对于"人"和"情"的刻画描摹旨趣。除了粤剧舞台，梁淑卿还曾参与粤剧电视剧、粤语电视连续剧的拍摄，比如她在众所熟知的《七十二家房客》中饰演八姑一角。谈及此，梁淑卿深有体会地说，电视剧中演员的表演，更侧重本色，在某种程度上，对于戏曲演员程式化的固有模式也是一种"放松"，可以使得舞台演员表演更自然，避免表演僵化。她还喜爱绘画和设计，不少服饰的图案她都乐于自己执笔细心描绘。甚至多年前曾到歌厅唱歌的经历，除了带给她回忆外，更为她带来唱腔演唱上的思考……生活的点滴，无时无刻不给予她启发，并在舞台上转化为表演的养分。

尽管早出道，早成名，获得中国戏剧梅花奖也已有十几年，如今的梁淑卿对于名利都感觉淡泊，她更在乎自己在专业、事业上的坚守和提升，更注重个人艺术素养的完善和沉淀，更深味来自艺术殿堂的精神享受。为使自己的艺境再进一步，她到中国戏曲学院继续深造，接受艺术理论的学习和研修，她坚信，只有不断地学习，人才能充满活力，生活也会更加精彩！她喜欢挑战各类角色，也是源于能够品味不同的人生境况、丰富自己的精神世界以及开拓广阔的艺术视野。让我们衷心祝愿这位百变名伶在舞台上继续演绎她的"千面玲珑"，在生活中继续享受她的"真率自在"！

粤剧《南海一号》,梁淑卿饰演古丽

曾 慧

蕙心兰质，秀外慧中

2002年获第19届中国戏剧梅花奖

曾慧，粤剧花旦，一级演员，第19届中国戏剧梅花奖得主。师承表演艺术家郑培英、谭佩仪、梁荫棠、萧月楼等，1984年更得到粤剧伶王新马师曾赏识并被收为入室弟子。曾慧集名师兼收并蓄的表演于一身，吸取"芳腔"的精髓，形成自己的唱腔表演风格。曾慧扮相俏丽，嗓音甜美，戏路宽广，表演真切、流畅自然，文唱武打均衡发展。曾获第七届中国戏剧节优秀表演奖、广东省青年粤剧团会演优秀演员一等奖、首届广东省中青年演员演艺大奖赛金奖等多个国家级、省级艺术奖项。主演过《穆桂英大战洪州》《胡不归》《凌波仙子》《龙母传奇》《光绪皇夜祭珍妃》《洛神》《汉武帝梦会卫夫人》等优秀剧目，并在广东粤剧艺术中心举办"蕙质兰心总是情"曾慧粤曲演唱会专场。多次赴英国、美国、法国、加拿大、荷兰、澳大利亚、新西兰、新加坡等国家演出，录制了大量音像作品，赢得颇高赞誉，深受海内外粤剧戏迷的爱戴。

提起粤剧花旦曾慧，很多人都会将她与香港粤剧名伶新马师曾联系起来，因为她是新马师曾所收的为数不多的入室弟子之一。舞台上的曾慧，光彩照人，唱演俱佳，屡获殊荣，驰名艺坛，深受众多粉丝拥趸的欣赏爱戴。究竟她的从艺经历如何？对于艺术有些什么心得体会？在亮丽的舞台形象背后又有什么酸甜苦辣？带着诸般好奇与想象，我们采访了一级演员、第19届中国戏剧梅花奖得主曾慧。

从 艺

生活中的曾慧与舞台形象大相径庭，不施粉黛、褪尽铅华，更显平易近人、质朴率真。寒暄之后，曾慧将她的从艺经历向我们娓娓道来。出身于书香之家的曾慧，母亲是一名被誉为灵魂工程师的人民教师,父亲曾任佛山市文化局局长,大伯是广东省作家协会的秘书长,一家人都从事文化教育工作。由于有良好的家庭文化氛围,曾慧自幼就钟情艺术、热爱艺术,是少年宫的尖子、学校的文艺骨干。在进入佛山青年粤剧团之前,曾慧先在佛山粤艺训练班进行了系统的学习和训练。那是一段艰辛的经历,光是练"一字马"这样高难度的动作,就不知道要流多少汗与泪,对于那些意志薄弱者、娇生惯养者,简直是难以想象的。但曾慧天生一股倔强劲儿,从小做事就很认真,哪怕只是考试,不拿第一不罢休。正因为有这样的高标准,她为此在背后所付出的汗水和辛劳也是无法细数的。

  曾慧笑称,自己一直都很要强,对自己要求很严格。虽然出身于文化氛围浓厚的家庭,她却没有养尊处优,而是奋发自强,时时处处严于律己,思想上也比其他同龄人早熟。每天早上五六点,曾慧就起来跑步和练功。晚上十一二点,等别人睡着了,她还额外加练。大有练艺时"人一我五,争分夺秒"之势。当时萧月楼、袁小田、梁荫堂等名师要求都很严格。如萧月楼老师,他规定女学员翻跟斗,要与男学员一样,一次翻21个。当别人都在质疑、怯怕这一高要求时,曾慧却迎难而上,超额完成这一训练任务。正由于她持之以恒地投入到学习和训练中,因而打下了非常扎实的基本功,为日后在舞台上成功表演提供了必要的因素和条件。练功时的艰辛苦累,真是不堪回首,但苦涩过后往往是甜蜜,每一位学艺者在通往成功的顶峰前都必经这一阶段。时至今日,曾慧还很感激当年严格要求她的师长们,更加体会到他们的良苦用心。

  曾慧学艺,可以说是博采众长、转益多师。"文化大革命"之前,大家都演样板戏,形成了固定套路。但是粉碎"四人帮"之后,文艺界展现新气象,提倡恢复传统文化,不少剧团纷纷转演古装戏。这时曾慧开始意识到,自己的唱功还没过关,必须要再找名师指导。经过一番考虑后,曾慧父亲推荐郑培英老师教导女儿唱功。但因郑老师在剧团的工作繁忙,很难抽出时间来指导曾慧。后来曾父打探到谭佩仪老师就住在大沙头附近,与曾慧的大伯为邻,又设法联系谭老师指导女儿。在诸位名师教导下,曾慧努力去练习唱腔。她认为广东戏向来"文长武短",而唱腔是一大特色,必须先扎根于"唱"。但同时她也意识到,作为新一代的粤剧传承人,不能满足于固守前辈既有的宝贵资源,还应该在继承中发现自己的特点,大胆走出自己的路子,向着不断超越自我的目标进发。所以曾慧暗下决心,"文武都要抓",两者都不能放弃。

  因为戏剧艺术非常讲究"瞬间表演",作为演员,挑战无时不在,每一天的情况都有不同,要保持良好状态,甚至发挥出色、有所创造,只能依靠平时扎实的基本功和专业储备。曾慧还是个"有心人",不但对于专业训练丝毫不放松,还非常重视文化学习。她很清楚,戏曲行当的演员,从小就专心练功,接触到文化知识的机会不多,但是演员本身的综合素质离不开文化积累,而且演员的文化修养往往决定了演员将来的艺

粤剧《汉武帝梦会卫夫人》
曾慧饰演卫紫卿

粤剧《汉武帝初会卫夫人》
曾慧饰演卫紫卿、彭煜权饰演汉武帝

粤剧《白龙关》
曾慧饰演呼延金定、欧凯明饰演白龙太子

粤剧《花枪奇缘》，曾慧饰演姜宝枝、欧凯明饰演罗艺

粤剧《龙母传奇》，曾慧饰演温飞琼、欧凯明饰演颖布衣

粤剧《穆桂英巡营》,曾慧饰演穆桂英

道路能走多远，艺术水平能达到什么境界。曾慧开始在练功之余，有意识地阅读包括文学、哲学、美学、历史等在内的各类书籍。在阅读书籍后，曾慧最深的感触就是"质量"二字。她认为，事物是由量变到质变的，任何东西都不可能一蹴而就，走艺术的道路就要坚持吸收传统艺术的精髓，而不要被外表的包装所迷惑。她很清楚地记得红线女老师的话："作为演员，绝不能够在内心毫无体验的情况下任由导演安排，必须要有自己的特质和本色。"

她还举了一个生动的例子做比喻，广东人喜欢饮茶，如果没有排骨、凤爪、大包、甜点，就不能称为地道的饮茶文化。广府文化素来以兼容并包著称，但其前提是必须要有具有本土特色、富有代表性的美食。粤剧艺术表演，不排除华丽的外表包装，不排斥借鉴兄弟剧种精华，不拒绝现代化新潮流的舞台表演设备，但首先要以坚持内在特质为前提。粤剧艺术要有它的"根"，坚持粤剧自身特色和味道是粤剧表演的前提。

1981年，曾慧接到上级任务，赴香港演出。除了艺术的交流外，更重要的是联络乡情。这意味着她开始迈出人生重要的一步，开始在内地与香港文化交流的桥梁上发挥自己的力量，绽放自己的光彩。1984年，适逢新马师曾去看表演，一下子就相中了这位声线颇似自己老搭档芳艳芬的后辈，认为她是可造之才，希望能与曾慧演对手戏。当时，曾慧才22岁，没有知名度，艺术上也还显稚嫩，但新马师曾慧眼识才，坚持要与曾慧合作，并破例收她为徒。对于曾慧而言，这是一个非常难得的机会。作为粤剧界鼎鼎有名的前辈，伶王新马师曾身上所积淀的舞台经验和艺术造诣，绝对是一座宝库。当年曾慧正值青春年华，对于人生的体验还不够，艺术道路还很漫长。得蒙名师青眼有加，曾慧的心里当然乐开了花，下决心要好好学习师傅的精髓。她就如入山寻宝者，一下子眼界大开，粤方言所谓"执到宝也"。

新马师曾对爱徒也悉心指点，常常提醒曾慧要抓住花旦行当表演的特色，比如注意形体须含胸弯腰，而不要挺胸昂扬。由于首次赴港合作演出，曾慧没有任何经验，当时也不知道要演什么戏，更不知道向谁请教，只是在表演前七天接到四个长剧本《胡不归》《万恶淫为首》《光绪皇夜祭珍妃》《白蛇传》后，就进入紧张的准备中了。曾慧别无良计，唯有闭门苦练，吃透剧本。结果她的表演获得行家一致赞赏，认为曾慧是国内不多见的不用排戏而可以在舞台上有高质量艺术表演的演员。经过这番经历，曾慧感触良多，原来传统戏曲还有很多精髓，舞台表演还有很多程式，自己此前只是接触到冰山一角，在日后的艺术路途上，还得再深入探讨，慢慢琢磨。

表　演

　　《穆桂英大战洪州》是曾慧的首本戏。该剧根据同名京剧改编而成，经过编剧的加工润色后，增加了主角穆桂英的唱段，并突出武打场面效果，使得舞台上的穆桂英形象更生动、更鲜明。当然，对表演者的要求也更高。曾慧饰演该角色，面临较大的难度，比如飞腿翻身、反身扎架等动作，如果基本功不够扎实，那是应付不过来的。除了在武打上有要求外，更重要的是表演人物内心世界的片段，更考验演员的表演功力。

　　在剧中有一段是利用二黄唱腔讲穆桂英如何与夫婿杨宗保倾心交谈，细语开解的。曾慧饰演的穆桂英唱道："听你言来刺我心，倍感伤神，在府中辱骂我犹易忍，可你不该，在军帐中横行，故无奈执刑正军心，才杖你鞭棍。"杨宗保依然心生怨愤，续唱："你又何须假作怜悯。"穆桂英展现出女中豪杰豪放的一面，细心耐心地做思想工作："你平心静气，容我将道理陈。我是女流掌帅印，若徇情不问，更显我懦弱无能。"宗保不服，反驳道："若是别人掌三军，我能顺从受斥训。妻拿帅印我当先行，我难服于心。"听到丈夫如此看法，穆桂英又晓之以义："夫妻和好才能杀敌人。"但大男人主义的心理作祟，杨宗保依然不肯相让："大丈夫顶天立地，岂能屈膝于妇人……你虽向我求和，怕我个拳头都未肯。"穆桂英见丈夫道理不明，又施巧计，假装为拳风所伤，"哎呀"一声，佯作身体不适。宗保夫妻情深，忙问端详，穆桂英见状，知道效果达到了，便趁机与夫和好，以减字芙蓉腔唱出："有夫如此体贴，令我稍慰于心。还觉痛苦全无，感君热情怜悯。"宗保还嘴硬："我不是将妻来体贴，勿将小草当香芹。不过体贴你腹中，我地杨家嘅香炉趸。"桂英聪慧，又道："无母安有子？母子根连根。"为消解丈夫的大男人主义，她干脆来个狠招："母死子亦亡，夫前来看我自刎。"这下把宗保吓坏了，连忙拉住爱妻劝道："你莫因一时意气，竟作无谓牺牲。有事慢慢商量，因为你肩负国家重任。"见丈夫不再冲动，穆桂英又再晓以大义："为公忘私，才是好品行。劝夫消怨恨，助妻统三军。"宗保也并非木头，慢慢地也接受了妻子的说法："她声声论理深，我沉吟来细分。她言切心真，我知罪甚，将元戎力抗致遭敌困。"夫妻争吵，粤语称之为"耍花枪"，又道"夫妻床头打交（架）床尾和"，意谓夫妻之间一时的矛盾并非什么大事，甚至有时会成为生活乐趣，增进彼此间的感情。

　　在《穆桂英大战洪州》一剧中，曾慧所表演的"背旗踢枪"令观众拍手称绝。在英国表演时，当地的《每日邮报》还专门进行了报道，称赞这位"小姐"脚法可与英国足球运动员媲美。但更重要的是，曾慧能把握住剧情的主旨，突出穆桂英及杨家军为保家卫国而抛却"小我"与"儿女私情"的宽广胸怀与卓越见识。否则，穆桂英与一般女武将无甚区别。因此，在表演时，曾慧除了发挥自己在武打方面的特长，也非常注重将主

粤剧《穆桂英巡营》
曾慧饰演穆桂英

粤剧《一把存忠剑》,曾慧饰演王兰英

粤剧《花枪奇缘》，曾慧饰演姜宝枝、欧凯明饰演罗艺

角穆桂英柔情似水、心细如发的另一面，在不经意间向观众展露出来，使得整个剧冲突不断，温情也不断，从而使人物和戏剧都获得了立体感。该剧及舞台表演受到好评也是意料之中。

合 作

  曾慧的成长，离不开领导、师长与亲朋的关心帮助。从舞台艺术角度而言，也离不开演对手戏的搭档。在曾慧的艺术生涯中，与她合作表演过的演员难以计数。合作成为曾慧开阔人生视野、提升艺术水平甚至结交社会人脉的重要途径。在担任肇庆市粤剧团团长时，为了剧团的发展，曾慧可谓用心良苦。由于肩挑重担，杂务繁多，她只能见缝插针地利用时间，经常于夜深人静时，再去钻研粤剧艺术。除了做好粤剧团团长的本职工作外，还不时抽时间去香港开展艺术交流等活动。从1996年开始，她先后邀请文千岁、阮兆辉、李龙、龙贯天、梁汉威等香港大老倌来内地合作演出，借此学习他们的表演艺术。同时，曾慧也力邀本地优秀的粤剧男演员如姚志强、梁耀安、黄伟坤等人参与表演，为肇庆市粤剧团的发展提供多方途径。曾慧坦言，经历了人生的风风雨雨，她始终保持一种"纯真"个性，她认为做人要"真"，艺术亦然。

  在访谈中，曾慧不时强调"配搭"二字。演对手戏就如夫妇二人的互相迁就、磨合，演员自身的身材、声线、外表、气质等，在表演过程中都很讲究，所以在舞台表演时就要注意配合对方，通过各种表现手段使得相互之间显得"合衬""合拍"。比如对方中等身材，在舞台上走动较多，或者对方身材高大，在舞台上静态居多时，所保持的距离都应随时调整。又如偏向感性类型的演员，入戏很快，则自己就要迅速反应，进入状态。

  年轻时的曾慧，人生体验没那么深，理解不了伤春悲秋、感时伤怀的情绪，但随着人生阅历的增多，表演艺术的精进，她越来越能体会到演员感情的重要性。"汝果欲学诗，功夫在诗外"，她开始在专业表演之外，从文学书籍与现实百态中去酝酿、体味人性深处的复杂情感。从师傅新马师曾身上，曾慧深深认识到演员气质、个性的重要性，这是"压台"的关键因素。一位演员，能否有表演的立体感与逼真感，往往是由自身的气场所决定的。新马师曾虽然并非身材高大之人，但他表演艺术精湛、表演经验丰富、表演个性突出，在台上有气宇轩昂之势，就能镇得住舞台，产生强大的气场，使得观众完全被他的表演所吸引，投入美的欣赏中。

  香港的名伶文千岁给予曾慧很大的艺术感触和启示：作为一名戏曲演员，如何更好地表演感情戏？眼神交流是其中的关键。由于香港的经济基础、生活环境以及文艺氛围使然，香港戏曲呈现出特殊的松弛度，舞台上很少看到演员概念化的痕迹，更多的是与生活息息相关的细节与情绪。因此，香港的粤剧非常强调演员在舞台上的情感投入与交流，尤其当演员在演对手戏时，两人相互的配合是否默契、合衬，往往会被台下的观众捕捉到，从而判断演员是否"入戏"。

1994年，在与文千岁合演的《苏东坡梦回朝云》一剧中，曾慧深深感受到饰演该剧主角的文千岁，在细微处拿捏情感"功力"的非同凡响。苏东坡屡被贬谪，任职惠州时，生活穷困潦倒，伴侣朝云病体奄奄，东坡依然笑对人生，为朋友所赠予的水酒，像个天真小孩般兴奋不已；当得悉朝云已危在旦夕、行将就木时，这位大文豪压抑不住内心的悲痛，从小声饮泣到大声呼号，不能自已。文千岁很好地把握了这位历史人物的身世浮沉和内心情感的交织，从内而外地表演人物的情绪变化，以自然的本色表演消解了程式化的舞台概念，不只感动了观众，连在台上与之合作的曾慧，也受到深深的感染和启发。自此，曾慧就力邀文千岁来内地表演，让剧团演员对香港粤剧表演模式有了解和学习的机会。多次的联络交流，多年的来往问候，曾慧也因此与文千岁结下深厚情谊，并得到这位享誉粤港澳多年的"靓声王"的赏识。在2011年文千岁告别剧坛演出的最后一场中，专门邀请曾慧表演。当别人提出疑问，说为何不邀请比曾慧资历更老的名伶时，文千岁坚定地说："她（指曾慧）对艺术表演有很高的责任心，对每一次表演都认真对待，我相信她会有出色的表现。"事实证明，曾慧对于艺术与舞台的虔诚、执着、认真，是鲜有人及的，受到前辈、同行与观众的肯定。

　　香港名伶阮兆辉，曾慧誉之为"粤剧知识活字典"。无论是演员、音乐还是程式，他都有非常深刻的理解，并运用到表演艺术中。阮兆辉身材不是很高大，因此，他很懂得利用观众的视觉特点和舞台效果，借助身段的变化和脚步的移动，尽量边唱边舞动，尤其注意利用手部动作，从而创造出属于他自己的肢体语言。受此启发，曾慧开始留意生活中的聋哑人士，仔细观察他们的"手语"表达，体悟到舞台表演是一种"远距离"艺术，只有在程式化的原则下，多发掘表现的元素，才能丰富演员的表演技巧，凸显人物的情感倾向。

　　已故粤剧名伶梁汉威先生，曾慧也曾与他有较多合作。提及这位大老倌，曾慧最欣赏其唱功。在坚决捍卫传统艺术的前提下，梁汉威也注重创新。他认为要吸收新元素，尤其要重视观众的审美需求和时代气息，发现新的艺术表现手法，创作新的粤剧作品。忆述往事时，曾慧讲了一个小细节：梁汉威某天突然对她说："阿慧，与你合作演戏很愉快。听你的唱腔，感觉像品陈年红酒，越品越有味，感觉很醇厚。"本来只是闲谈的一句话，没想到曾慧当时就受到触动了，演员要认清自己的艺术特点并将之发挥出来，才能形成独特的艺术风格。古希腊圣城德尔斐的太阳神圣殿外刻着一句传世名言："人啊，认识你自己。"认清自己，完善自己，是非常不容易的一件事。在艺术领域，雕琢出属于自己的艺术特色，往往要经历若干阶段的磨炼方有所成。从艺者芸芸，但能攀登艺术高峰的并不多；而一旦有成，也定然有其艺术个性。由于受到梁汉威的启发，曾慧更坚定自己的信心，充分发挥自己中低音强的声音特点，慢慢摸索、完善属于自己的艺术风格。

在采访中，曾慧还提及了几位合作较多的内地演员，讲述了他们在表演艺术上的碰撞。刚出道时，很长一段时间，曾慧都与大老倌彭炽权合作。彭炽权演出时很投入，强调感情的表达与交流，这让曾慧感悟到，演员只有全身心投入到角色中，才能在舞台上即兴发挥。演对手戏的两人，假如在舞台上没有情感交流，没有默契配合，则表演所呈现出来的只有生硬与晦涩，毫无艺术美感。因为情感表达之于戏剧表演的重要，所以在揣摩角色特征时，一定要有很高的辨析度，牢牢抓住人物的性格、行为特质。曾慧以《宋江怒杀阎婆惜》一剧的表演细节作为例子。彭炽权非常投入认真，哪怕一个唱段，都要求对方有眼神交流，强调唱腔、动作、关目的衔接、配合，从而更好地激发情绪的表达。

在与文武生姚志强搭档时，曾慧注意到他的"稳"，在舞台上较少移动，就注意多从唱腔和表情上予以配合。与另一文武生欧凯明合作时，曾慧又抓住他"霸气"的特色，既然"男刚"，自己不妨表现"女柔"。在《一把存忠剑》一剧中，曾慧饰演王兰英，把传统女性柔弱、深情以及对丈夫的理解、爱慕之情表现得淋漓尽致，入木三分。这种刚柔搭配的模式与风格在《刑场上的婚礼》等戏中都有呈现，收到了很好的艺术效果。在《南越宫词》中，曾慧将宫廷斗争的政治现象，用艺术语言很好地表现出来，达到政治题材与艺术美化的完美统一。对于此剧，曾慧深有感触：对于人物、剧情的理解，在艺术表演中是多么的重要，哪怕简单的一句台词口白，没有经过演员自身的消化、理解和转换、阐释，就不能产生预期的艺术美感，更遑论使观众产生艺术共鸣。一出戏剧的成功，往往在于隐藏在矛盾冲突下的细节片段，而演员就是要抓住这些细节与片段，充分运用艺术程式和舞台效果，呈现人物的内心世界与戏剧主题。

在访谈中，曾慧多次流露出对传统文化，尤其是粤剧的关切与期望，强调只有很好地珍惜传统、继承传统，才能在舞台上充分、自如地展现自己的艺术特色，才能不断地积累，达到"厚积而薄发"。戏曲是需要文化内涵和沉淀的，不是单纯靠外力可以包装出来的；艺术是要讲基本功的，演员只有修炼好内功，其艺术水平、风格才能发展与成熟。

获 奖

　　从艺多年，要说所获奖项，曾慧已硕果盈筐。每个阶段都有她心仪钟情的戏曲作品和人物角色。当然，在她心目中，中国戏剧界表演最高奖项——中国戏剧梅花奖的获得，是令她毕生难忘的。由于当时担任肇庆市粤剧团团长，曾慧很快融入了肇庆的本土文化，开始留意当地的文化历史题材。隶属于肇庆市的德庆县，盛行有关龙母的种种传奇，成为当地的一个文化话题和标志。创作人员注意到了这个文化现象，在龙母故事基础上，创作出大型粤剧《龙母传奇》。

　　该剧主要讲述德庆悦城奇女子温飞琼，于西江边拾到蛋卵，变出五条小龙。温飞琼排除重重压力，独立抚养五条小龙。小龙顽劣，惹怒了南海龙王，誓要斩除五龙。温飞琼一面教导小龙要"以德立世""造福庶民"，一面为保护小龙不惜牺牲自己生命，掬血点睛，战胜了南海龙王。《龙母传奇》歌颂了龙母舍己为儿为民的高尚品德和博爱情怀，生动呈现了历史传奇和地方文化，富有感染力。该剧其中一幕《五龙飞天》感人至深："娘为儿半生苦度，又何堪虚负劬劳。掬心血点龙睛。"但掬血会身亡，面临生死抉择，温飞琼认为"五龙永在，护佑一方"。不顾老父、先生和龙儿的劝阻，为龙儿功成正道而掬心血，表现出真挚博大的感人母爱。曾慧在饰演龙母温飞琼时，刚好也是初当母亲的那段时间，从而对为人父母的良苦用心体会更深，表现起来也更投入、更动情，不仅赢得观众的喜爱，也赢得评委的肯定与好评。

　　《龙母传奇》承载着地方文化和民间信仰信息，以创新的手法再现民俗传说，体现了优秀的传统伦理道德观念和积极向上的时代特色，从才子佳人的戏剧旧框架中突围而出，更富新鲜意味。在进行梅花奖角逐时，曾慧坦言，因为参与角逐的都是各剧种的精英，由于粤剧的方言局限以及剧种的影响力等原因，曾慧并没有很大的信心，但是各级单位、领导以及师友、同行都鼓励、支持她，令她备受感动，并深深认识到荣誉不只是自己的，应该努力去争取。而当蟾宫折桂之时，她反而显得很平静，内心深处她很清楚，荣誉是集体努力的结晶，而自己的艺术道路还很漫长！

　　在谈及家庭与艺术时，曾慧深有感悟地说："艺人也是人，也离不开亲情与家庭。"而这些真挚淳朴的伦常之情，往往也成为她体味人物角色和剧本主旨的情感来源，从而使得她在饰演戏剧人物时更有体会，也更深情。此前她忙于工作，对于家庭的确没有投入过多精力予以照顾，现在，她要当一位好妻子、好母亲，陪伴孩子们成长。曾慧认为，照顾家庭与钻研艺术可以并行不悖，这恰恰使得她更科学合理安排自己的时间，达到"家庭、艺术两不误"的境界。

　　如今的曾慧曾历沧海，铅华渐褪，反能别具慧眼洞察人生舞台的种种世相，深味戏剧表演的精髓。人生如戏，戏亦如人生。每朵花都有它的花期，人生每个阶段都自有其绽放的节奏与芬芳。南朝宋·鲍照《芜城赋》中有佳句"东都妙姬，南国丽人，蕙心纨质，玉貌绛唇"，让我们衷心祝愿曾慧这位南国丽人"蕙心兰质，金声玉韵"，在粤剧的艺途上更多发现、更多收获、更多欢乐！

粤剧《霓裳情怨》
曾慧饰演杨玉环

琼霞

红派情缘，红梅琼姿

2003年获第20届中国戏剧梅花奖

琼霞，原名赖琼霞，1990年毕业于广东粤剧学校，专攻闺门旦、青衣，后拜粤剧艺术大师红线女为师，在其悉心指导下，继承红派艺术，弘扬粤剧文化。1998年，琼霞凭折子戏《思凡》获得第二届广东省粤剧演艺大赛金奖第一名，翌年获广东省委宣传部、广东省文学艺术界联合会颁发的"跨世纪之星"。2002年，琼霞以粤剧《伶仃洋》《驼哥的旗》和《思凡》三剧目片断，赴京举办"红船·红豆·红梅——琼霞艺术专场"。2003年，琼霞荣获第20届中国戏剧梅花奖。2013年，在首届中国国际马戏节期间，她以"琼姿霞彩——琼霞交响粤剧音乐会"专场演出，取得圆满成功。从踏上粤剧艺术舞台开始，琼霞担纲主演了《打金枝》《帝女花》《新再世红梅记》《再世红梅记》《搜书院》等传统粤剧及现代剧《山乡风云》《伶仃洋》《驼哥的旗》等，成功塑造了一系列性格迥异的艺术形象。通过对琼霞的专访，了解她的学艺经历和心得，尤其对于红腔艺术的传承，将为当代粤剧研究提供个案参考与借鉴。

红派情缘

琼霞从小就有"艺术情缘"，特别对粤剧、粤曲情有独钟。还在五六岁时，琼霞第一次从电影银幕上看到红线女老师，即被她主演的《关汉卿》吸引住了。念兹在兹，回到家中，她要过一把"演戏瘾"，除了自己扮公主，她还叫上妹妹演丫鬟，模仿兰花指，在家中吆喝使唤。舞台的感觉如此美好，小琼霞已经开始体会其中滋味了。

或许被红线女老师所饰演的角色及散发出来的艺术魅力深深打动，小琼霞在心目中已视红线女老师为偶像。为了能近距离看到红老师，她决定走进粤剧艺术的园地。1984年，广东粤剧学校向社会招生。得悉这一消息，当时还在信宜的小琼霞说服父母让自己参加考试，结果通过了第一关。但复试时，父母却为女儿的这一选择而担忧。在传统观念中，他们认为儿女应该正经读书，而戏曲演员的工作并不安定，且要挨苦受累、四处奔波，实非普通人的生活。这是一个普遍的现象，长期以来，部分人对于戏曲艺术，包括戏曲创作和戏曲表演持有偏见。从世俗眼光而言，从事这一行的人，即便身为名伶，也比不上港台明星的知名度；工资收入也不高，背后的付出与辛酸更不足为外人道。特别是处于体制改革下的戏曲事业单位，难以预测的前景也令人担忧。琼霞父母的这一想法代表了大众的普遍心理，也从某种程度上折射出从事该行业的困难程度。

琼霞当时年纪虽小，志向却远大。她百般游说，反复表明态度。父母拗不过她，便想反正女儿无甚基础，姑且让她一试，等遇到挫折，她便会知难而退。孰料琼霞人小胆大且勤奋，在考试中表现出色，居然获得参加复试的机会。为顺利通过复试，她晚上加练，偷偷跑到学校操场压腿练功。父母及众亲友皆反对，并央求学校的音乐老师、校长帮忙做思想工作。琼霞不肯放弃，并提出自己的想法：如果进了广东粤剧学校，适应不来的话，还可以在一年后肄业返回家中。父母遂顺从于她。就这样，琼霞过关斩将，顺利进入梦寐以求的广东粤剧学校。

因为一切都来之不易，考进广东粤剧学校后，琼霞更加珍惜这一难得良机，督促自己勤奋练功，平时咬紧牙关加练，务求熟练掌握老师传授的技艺，反复揣摩，精益求精。为了练好身段，她经历过"脱臼"以及拉伸过程中的痛苦。但她"痛并快乐着"，认为痛苦伴随着成就感，痛苦中每每有收获，而她也是在痛苦与体悟中慢慢成长、成熟的。毯子功、劈叉、踢枪等，都是戏曲演员必不可少的日常功夫。在这当中，琼霞不知道洒下了多少汗水与泪水。六载磨砺，琼霞打下扎实的基本功，为自己将来的戏曲舞台生涯奠定了非常重要的基础。

在广东粤剧学校二年级时，琼霞即模仿学习红腔作品，如《搜书院·拾筝》等，并在李燕清老师指导下学习《打神》。毕业之际，红线女老师来学校招人，当时相中了琼霞，叮嘱说让她毕业后过来小红豆粤剧团。然而阴差阳错，因红线女那段时间出差在外，没有细问此事。从广东粤剧学校毕业后的琼霞，去了佛山青年粤剧团。直到琼霞在珠海市粤剧团与姚志强排演《伶仃洋》一剧时，红线女老师作为评论专家组其中一员观看排演，才重新发现琼霞这棵好苗子。在与红线女老师近距离接触过程中，琼霞抓住这个良机，虚心向她请教红腔艺术。

1998年，广东省举办第二届粤剧演艺大赛。琼霞致电红线女老师，希望能得到其指点。红老师推荐了《思凡》一曲，并提出要求，让琼霞学好此曲。在传授此曲时，红线女语重心长地对琼霞说："能演唱好这出戏，才称得上是名副其实的正印花旦。"行内有言："男怕演《夜奔》，女怕唱《思凡》。"粤剧《思凡》改编自昆曲，不是纯粹的粤剧传统腔口，与梆黄体系不同，规律性并不强，模仿起来有一定的难度。而且，30分

粤剧《焚香记》，琼霞饰演焦桂英

粤剧《帝女花》,琼霞饰演长平公主、张健饰演周世显

粤剧折子戏《思凡》，琼霞饰演尼姑

钟的戏，唱做念舞均有，是对戏曲演员全面的考验，没有扎实功底还真不敢随便尝试。尽管面临不小的挑战，但因为已经答允下来，并且有红线女老师亲自指点，琼霞下定决心，要把此曲学好。无论吃饭睡觉还是坐车行走，琼霞都想着这首曲，硬是把每一个腔都记得滚瓜烂熟。但模仿只是学习的第一步，当面对面唱给红老师听并受到批评时，琼霞才发现模仿不能徒习其貌。红老师指出的要修改的细微之处，正是自己所未能体会到的境界。比如念白，看似简单，实际上最考验表演者的功力。无音乐伴奏情况下要把"字"读得清楚，读出感情，读出节奏，其中的抑扬顿挫，明暗轻重，无一不是功夫，无一莫非水平。红老师的苦心在于通过此曲，磨炼琼霞对于戏曲艺术吐字行腔、关目身段的掌控，使她深深领会到，模仿名家的"外在美"不难，关键是要把握"内在美"。在《思凡》中，尤其尾段的合尺花和二黄，琼霞牢牢把握红腔高亢亮丽的特点，配合身段与眼神，把小尼姑"念几声弥陀，恨一声媒婆"那种含羞而又大胆的神态表演得活灵活现。凭借《思凡》的表演，琼霞在这次演艺大赛中勇摘桂冠，扬名业界。

多年以后，随着人事渐长、阅历日丰，琼霞对《思凡》也有了更深的体会与理解。她不再满足于表演的程式化，也不仅仅停留在对红老师单纯的模仿上，而是深入到曲词中，细味曲中人小尼姑的情感变化，同时结合自己的人生阅历，对程式化表演做出适当的调整。比如，把开场时自报家门的"传统式亮相"改为在舞台侧翼露出半边身体的小心翼翼试探状的"新造型"。在末尾，琼霞更突出小尼姑"抛却清规戒律下山"的欢快愉悦。这样一改，既有琼霞自己的表演特点，又能把人物的心理披露出来。在舞台上，她更是充分利用眼神和身段，甚至夸张造型，把一个怀春的"少年尼姑"形象拿捏得不温不火，恰到好处。

琼霞谦虚好学，除了经常向红老师请教，努力钻研红腔艺术外，她还不断学习兄弟剧种的长处和精髓。为学习靠把戏，她拜京剧演员周公瑾、解克娟为师；为学习身段，她向昆曲名伶梁谷音请教……为了提高自己的艺术水平，琼霞不耻下问、博采众长，化为己用。

粤剧《伶仃洋》，琼霞饰演英姑，董理饰演容挺光

剧作掇拾

从出道至今，琼霞饰演了不同类型的人物。凭借自幼打下的基础，唱做念打、文辞武功，她都能应付自如，在行当上也选择专攻闺门旦与青衣，发挥自己所长。如在传统剧目《白蛇传》中，她先是饰演青蛇，获得好评。后来在赴台演出中，主办方提出要求，请琼霞饰演主角白蛇。这是一个很好的锻炼机会，琼霞当然非常珍惜，她除了迅速熟记曲词与走位，使唱腔与身段均烂熟于心之外，还细细琢磨与对手丁凡交流的一些细节，力求在原有的规范表演上，能将内心对人物的深层理解通过戏曲程式展现给观众，让大家记住由自己演绎的白素贞。为了加大表演难度，准确反映人物的情绪，在《惊变》一场中，她把原来只有一米长的水袖加至三米长，在圆场、绞纱等动作中表现得淋漓尽致，备受好评。

在《怡红公子悼金钏》一剧中，琼霞同时饰演金钏、玉钏两角，均以闺门旦行当应工。她把金钏对贾宝玉的纯真痴情、备受指责后不堪凌辱的刚烈，以及玉钏的满腔怨恨、对宝玉从开始误解到慢慢理解的情绪都分别地呈现出来。例如，在饰演金钏时，琼霞着意表现其"含冤受屈"的苦况，从坐地而泣、默默忍受王夫人指责的表情到在井前自诉，抓住了金钏情绪的微妙起伏，以唱腔呈现人物内心世界。在投井一段，琼霞唱道："倚柴门，泪如泉，悲捧着辣辣辛辛红粉面，恨咽着尖尖刻刻恶婆言，我金钏自问白圭全无玷，又何故下流娼妇恶名存。宝二爷呀，我知你心原善。求广厦，庇钗钿，又谁知，巍峨锦绣楼，只能居贵显。笙歌夜夜奏，奴心阵阵酸。腊月火炉红，衣暖心难暖。暑天勤打扇，凉不到心田。公子啊，我感你垂青，召我过怡红院，非福金钏是祸金钏。奴不是花氏贤人，比那群芳艳。虽有金字为名，却无金锁挂胸前。果也香丹入口招天谴，略近怡红受逼煎，一声叱咤风云变，人如哑子吃黄连。"该段唱腔有南音慢板和快板（流水板），考验演员唱腔技巧以及情感处理能力，尤其是速度快慢转换和情绪起落之间的衔接，须自然得当方显效果。琼霞在这里善用以气息托住声腔的办法，泣诉幽怨，颇见功力，更为后面投井的悲惨一瞬，做好了情感积累，使人物富有感染力。

而在同一剧中饰演玉钏时，琼霞则抓住人物从误解到接受的心理过程去演绎角色。刚开始时，玉钏对宝玉印象并不好，把姐姐投井枉死怪罪在宝二爷身上，带着一丝怨恨，并以言语顶撞宝玉，对他的解释充耳不闻。继而宝玉巧施妙计，令玉钏由嗔转笑，才原谅宝玉。这一折中，关键之处在于玉钏情感的变化，对宝玉前后态度的转换，是演

红派情缘，红梅琼姿

员着力之处。

《吕布与貂蝉》是琼霞表演的代表剧目之一。该剧主要讲述东汉末年，奸贼太师董卓独揽大权，倒行逆施，挟天子以令诸侯，汉室倾颓，民生困苦。董卓更把勇冠天下、武艺超群的吕布收为义子，使自己如虎添翼，势力强大，莫能与抗。司徒王允，忠心耿耿，关心民瘼，为力挽狂澜，巧出连环计，把府中歌姬貂蝉收为义女，利用其花容月貌与千娇百媚挑拨离间董卓与吕布之间的关系，使二人势同水火。最后导致董、吕二人为夺爱而成仇，董卓后为吕布所除。吕布得与貂蝉团圆。

关于主角貂蝉，琼霞认为她是一位古典美人，在角色塑造上离不开"美"字，从眼神、身段到声音，都应着眼于美的创造，让观众感受到人物的"美艳动人""不可方物"。但是仅凭外在的"美"则不足以呈现人物在该剧中所蕴含的复杂性与丰富性。因此，还应该理解故事背景、紧扣剧情脉络、深挖人物性格。近年来，琼霞更是深切体会到，与早年表演不一样的地方是自己如今在塑造貂蝉时，更侧重表演出诗韵味道。戏曲本就与传统诗词有着密不可分的关系，节奏、韵味都是它们共同的美学特征。例如在《诉情》一折中，琼霞饰演的貂蝉先以小曲唱："口若桃红眉如山黛，新衣着意裁。媚光收眼内，髻插珠鬓鬟花开。镜里蛾眉貌已改，恍似瑶仙下蓬莱。"接着以士工慢板唱："人未改时身已改，从今不立旧歌台。谁晓王侯金屋，藏着卫国女英才。义父叮咛言犹在，诛奸灭贼消祸灾。让他父子争妻，虎豹自戕自宰。"然后又接小曲唱："我纵有豪情慨，未卜何时朗日来。失贞操，性情未改，浓脂笑迎本不该。弱女斗豺狼，要靠抛色相。他朝花落流水倩谁爱。"这一唱段集中反映了貂蝉的内心情感起伏，作为连环计中的重要棋子，貂蝉充当红颜祸水的角色，意味着要牺牲色相。但实际上她委曲求全无非都是为了"大业"。当然，作为一名女子，内心肯定有对自己大好年华的珍爱，有对美好爱情的向往，在主意笃定之际，她也不禁问一句，将来还有谁能托付终身？唱词还有一句滚花，帮助观众理解貂蝉的"释怀"："为国为民难顾名节，自问良心无愧，何愁眼下将来。"

在这一折的表演中，琼霞牢牢抓住人物内心细微情感的变化，自问自答，既思且叹，在唱词中把抑扬顿挫的节点表现得恰到好处，表情更是体现出曲词所蕴含的种种复杂情绪，很自然地演绎出戏剧的节奏感，使整出戏起伏跌宕、松紧得宜。

粤剧《昭君公主》，琼霞饰演昭君公主

在《昭君公主》一剧中，琼霞饰演昭君，这也是红腔名剧中的代表人物。该剧由秦中英和红线女根据曹禺话剧《王昭君》改编而成，自上演以来，备受欢迎。在演出《昭君公主》时，琼霞谈及该剧对自己的影响并表示怀念恩师的心情："老师一直希望我重排此剧，但未能及时做到，遗憾了！红老师的《昭君公主》唱、念、表演，喜、怒、哀、乐，一举手一投足都有着无法复制的魅力，跌宕婉转、清脆甜美、声情并茂的红韵声腔，优雅的打引诗白亮相，风沙中手抱琵琶又觉马蹄声碎的圆场俏步，与单于交流含羞而真诚的眼神……都是那么地让人回味无穷。通过学习红老师的《昭君公主》全剧，我对红腔、红派表演有了进一步的理解并在自身表演上有了新的表现，更坚定了对传承要脚踏实地忘我地努力刻苦的决心。"

该剧的一首主题曲《昭君出塞》是红腔名曲，描述王昭君在离开汉邦远赴匈奴前的心境。该曲的唱腔颇能体现红腔的特色。无论是小曲《子规啼》《塞外吟》，还是二黄慢板、中板，都被红线女演绎得别有风格。琼霞继承了红腔的特点，在演唱该曲时，一方面她抓住曲牌丰富的特点，在上下接驳处自然过渡；另一方面她深刻理解文辞内容，较好地处理节奏的转换，凸显人物的情绪，也充分发挥红腔"略带西方和现代感、柔中带刚和外扬的独特美"。

关于红线女对"四大美人"的演绎，戏剧评论家谢彬筹先生曾撰写《四大美人：演绎生命和理想的女性形象》一文详细论述，为后来研究红腔者提供思考与启迪。文中写道："红线女把她对历史人物王昭君这些虽然朴素，但却深刻的认识，赋予舞台上王昭君的艺术形象一种厚重的思想内涵。她在谈到《昭君公主》的重场戏《昭君塞上曲》时说：'这段曲我觉得很好听，也符合人物，能调动我们的感情，曲调铺排也表现了发展的特定感情，它道出了昭君当时复杂的心态……昭君把自己看作是一个使者，在汉、胡之间是一条纽带，是一座桥梁。'在解释《昭君公主》获得观众肯定的原因时，还引用了某位戏评人的分析：'主要原因就在于用大众化的艺术形式来表现理想主义。在红线女表演的作品中，理想主义并不呈现为严肃的教条式语言，或是上升到意识形态高度的政治话语，她采取的是最为观众所乐意倾听的故事情节，来向观众们叙述带有理想主义色彩的生活故事……《昭君公主》表面上看是对王昭君这个人物的重新演绎，实际上所要透露的却是红线女对于人应该具有什么样的精神品质的思考。'

笔者在这里引述大段文字，主要目的是结合琼霞在传承红派艺术、饰演红派名角方面，阐述其意义。《昭君公主》是红派的经典剧目，早在20世纪80年代即受邀赴京演出，当时杨尚昆、万里、习仲勋、乌兰夫、廖承志等国家领导人和文艺界知名人士观看了表演。红线女生前非常希望能重排此剧，搬上舞台。虽然恩师故去，但琼霞谨记其教导，并在各方努力下，在广东省艺术研究所的支持下，于2016年6月14日在广东演艺中心大剧院（现广东艺术剧院）向观众展演该剧，获得成功。

谈及艺术风格时，琼霞认为，个人风格不是刻意做出来的，而是在自己的理解和实践中逐渐形成的。刚开始模仿红腔时，年纪轻轻的她，以为用力大声唱、能飙高音就可以了。但是这样的效果并不好，一旦找不到适合的发声位置就会影响唱腔。琼霞开始慢慢摸索，从"外在的模仿"转向"内在的钻研"，她一遍又一遍不厌其烦地听红老师的唱腔，揣摩她的发声位置和发声技巧，再结合自己的声音条件来演唱。在唱腔上，琼霞强调演员要尊重自身声音条件，挖掘自身声音特质，并注意气息和吐字的重要性，而在熟悉规则的基础上，则应凸显情感，要把"规范化的原则"转化为"活生生的灵魂"。

　　在表演中不只"唱"有一定的技巧，念白的难度也不小，俗语说"四两唱，千斤白"，可见其重要性。在念白中，节奏强弱是最重要的，而且要融入表演中去，以情感驾驭技巧。琼霞举《思凡》中"削发为尼实可怜"一句念白为例，阐释技巧与情绪的紧密关系。念的人所用的节奏、强弱不同，表现出的情绪就不同。虽然看起来简单的一句诗，由于没有音乐，要靠自己找出"节点"，使字句富有感染力，念白往往考验演员的基本功，也往往成为判断演员"是否具有自己风格"与"是否表达出情绪"的标准。

获奖谈紧

　　琼霞心仪红腔红派，自觉地传承恩师红线女的艺术精髓，在一系列传统剧目上下了大功夫，历经多年磨炼，积累了相当丰富的经验。但是演员永远面对挑战，尤其在塑造人物方面，当碰上行当类型没那么明显、现代气息比较重的角色时，则考验演员的表演功力和投入程度。在饰演众多经典角色后，琼霞遭遇了新的挑战，在新编大型现代剧目《伶仃洋》中饰演女主角蔡英姑。该剧讲述淇门之战的烈士遗孤蔡英姑，嫁给伶仃洋淇门关守备容天韫的儿子容挺光。蔡英姑身负国仇家恨，内心非常痛恨给中国带来灾难的帝国列强。由于丈夫容挺光继承父志，担任淇门关守备，两人新婚后便要分离。英姑思念丈夫，带上幼儿前往前线探望容挺光。孰料容挺光佯装投降诱敌前来的一幕刚好让英姑目睹。不明就里的英姑误以为丈夫贪生怕死、卖国求荣，愤怒之下举剑就刺，得悉真相时，丈夫已奄奄一息，唯有忍痛答允挺光把儿子抚养成人，长大为国效力。

　　刚开始接触剧本时，琼霞首先了解人物，设想该如何把角色的个性及在剧中的情绪起伏在舞台上表现出来。由于该剧是现代戏，怎样把传统程式与现代气息结合起来，实现彼此的转换、融合，是表演的一大关键。琼霞谈到了自己的思考，她认为先要靠积累，多观察生活，多阅读书籍，通过多年的舞台实践，把原

粤剧《昭君公主》，琼霞饰演昭君公主、张健饰演单于

粤剧《昭君公主》,琼霞饰演昭君公主

来已经娴熟的技巧投射到人物中去，构思一个此前未有、如今只能根据剧本字里行间的信息以及演员自身的艺术修养去塑造出来的"新形象"；再通过配搭与做手身段"合适的元素"，即把程式按照人物需要或增、或删，逐步完善并清晰化；此外，更要挖掘人物内心，力图通过随着情节起伏而产生的情绪变化凸显其个性。

在该剧中，琼霞较好地处理了传统程式和贴近生活化身段的关系，赋予人物更多的"即场感"，让观众感觉到舞台上的角色距离自己并不远，从而更容易受到感染，与演员一起投入到剧中。比如在《洞房》一折中，英姑对未来生活充满希望，面对心事重重的丈夫容挺光，采取了主动劝慰的方式。琼霞很好地把握住舞台上的节奏，展现人物内心的情感。在表演时，琼霞尽量让人物表现得更富有生活气息，运用程式技巧时，也适当淡化传统味道，但同时牢牢抓住锣鼓节点，配合音乐和曲词，以舒缓的节奏凸显人物在本属人生乐事的"洞房花烛夜"中，笼罩了一层淡淡的、朦胧的哀愁，为后面因误会错手杀夫一幕埋下伏线，制造戏剧冲突。

在后面《杀夫》一折中，琼霞充分展现了英姑大起大落的情绪变化，把人物的愤怒、悲伤以及愧疚，都浓缩在短短的十几分钟，这非常考验演员的表演功力。当英姑背着幼儿前来探望丈夫容挺光时，恰好是容挺光为了诱敌深入而举白旗佯装投降的瞬间。不明就里的英姑与无暇解释的挺光，这一对人物的态度、表情和行为构成了推动情节走向高潮的关键。演员在这里要非常注意"寸度"，情绪的张力也非常依靠于时间的掌控，快与慢都很讲究。当容挺光为敌船中计而高呼"英船嚟紧喇"时，英姑大惊失色，误会丈夫投敌，随即唱道："不敢望，不敢望，也许我眼花精神爽。唉呀呀，他举白旗投降。"气愤之下一把抢过丈夫手中白旗。容挺光此时"只争分秒"，哪有工夫辩解，只有大叫："英妻，你快带孩儿离开。"已起误会的英姑哪里听得进去，牢牢抓住白旗另一端，誓不肯放手，不让丈夫当卖国求荣的"叛徒"。琼霞以难度颇高的俯冲低卧，呈现人物愤怒莫名的心情，并配合唱词："他何以这样？他何以这样？把丝巾挂在缨枪。忆家人，伶洋丧。我遍身血顿寒，此间心火直上云汉。"随即仰天长呼，以转身后身体的微微摇晃，表达出内心各种复杂的情感，即不相信丈夫的变节，但无奈眼见为实，真相在前，人物怒极生变的情绪爆发在即："眼中现血光，我要把你殃。"琼霞把握人物情绪变化的"节点"很准确，她非常清楚每一种情绪的转变都需要一个"契机"，这往往也是锣鼓点或强或弱时所体现出来的戏剧节奏。在愤、疑交战中，琼霞清晰地呈现人物酝酿"仇恨"的瞬间，并将之转换成"迸发"的动作，以长剑刺杀"变节"的容挺光。然后一步一步慢慢倒退，以手指着趴倒在地的丈夫，以示气愤犹未平。而当容挺光道出原委后，英姑顿时瞪大了双眼，屏住呼吸，难以接受真相。此时的表演因为需要情绪的转换，难度极大。琼霞在表演时，先是伸出双手，奋力向前，似是想拉起倒地的容挺光，又似是想努力挽回刚才的"鲁莽和冲动"，但突然间想起所有一切已成事实，自己是杀害丈夫的"凶手"，随即跪倒在地，以凄厉的叫声喊出"天啊",几个转身,晕倒在地。琼霞以接近话剧式较夸张的表情和身段,再结合锣鼓,表达了人物心情起伏的过程,从"一个高处"滑到"另一个高处",从愤怒到愧疚,再到悲痛,人物经历了较大的内心挣扎,经演员的演绎后,展现出很强的戏剧张力,有助于突出该剧的主题。琼霞所运用的借鉴话剧手法而又紧扣戏剧锣鼓节奏的方式,以人物情感变化进行表演,应该说是很成功的,使人物在传统程式的节奏中又显得富有情感,栩栩如生,与观众产生了共鸣。这也是为何这部"现代剧"突破了传统戏剧,富有"现代感""生活化"的原因之一。

在另一部现代戏《驼哥的旗》中,琼霞也有上佳表现。该作品为深圳市粤剧团创作的新剧,讲述的是抗日战争时期一位底层人物——驼背人"驼哥"在努力保全身家性命过程中认识到该如何选择正确方向,意识到只有共产党和人民军队才能解救人民,从而为帮助东江纵队歼灭日寇而不惜牺牲自己的故事。这本来是严肃的题材,但是剧中却有不少幽默元素,使该剧呈现庄谐并存、笑与泪交杂的特色。中国戏剧家协会原秘书长王蕴明看完该剧后,评价道:"这是近20年来难得一见的好戏,新颖深刻,以现代意识观,做历史题材剧,揭示了只有像驼哥这样的小人物的觉醒,才是全民族的最终觉醒。在风格上,它还使现代喜剧达到了一个新的高度。" 戏剧评论家曲六乙也对该剧给予高度评价:"这个戏是审美理想的一次解放,必将对今后同类题材创作产生影响,开了一个先河。它是幽默喜剧,品位高,不是庸俗的搞笑。幽默是喜剧的最高境界。同时这个戏具有可贵的人文意识和平民意识。"该剧博得众多观众和专家的好评,荣获第七届中国戏剧节中国曹禺戏剧奖,并包揽优秀编剧、优秀导演、优秀演员、优秀作曲、优秀舞美、优秀灯光、优秀服装等所有奖项。两位主演冯刚毅、琼霞更是凭此剧分别先后获得中国戏剧梅花奖的"二度梅"和"一度梅"。

作为演员,在舞台上表演人间百态,在生活中他(她)们也演绎着不同的剧本,所谓"戏如人生,人生如戏",往往许多突如其来的"情节",构成他(她)们多彩斑斓的人生。琼霞与《驼哥的旗》的结缘还有一段小插曲。2001年夏天,深圳市粤剧团正排演新戏《驼哥的旗》,恰逢女主角病倒了,专家观演在即,需要另外找人顶上,唯有求助于毗邻的兄弟剧团——珠海市粤剧团。珠海市文化局非常支持,举荐琼霞前往。但她必须在仅有的几天时间内,熟悉剧本并进行彩排。虽然是"救场"之举,但机缘巧合,该剧让琼霞在艺术上继续打造自己,也令她喜欢上了剧中金兰这个角色。剧中讲述金兰原与表哥赵大鹏相恋,却在战火中走散。以为表哥已身亡的金兰痛不欲生,要寻短见,却被驼哥救起,两人在相处中渐生情愫,结为夫妇并育有一子。孰料赵大鹏尚存人间,并参加了东江纵队,为与国民党连长共谋抗日大举,而聚集在驼哥的饭店,结果与金兰重逢……驼哥得悉事情原委,宁愿牺牲自己,让赵大鹏与金兰重新结合。为了金兰,驼哥不惜以生命维护爱妻。结果,他的一片真情打动了金兰,两人经历悲欢离合,最后得以大团圆。

粤剧《驼哥的旗》，琼霞饰演金兰、陈世才饰演驼哥

粤剧《驼哥的旗》，琼霞饰演金兰、陈世才饰演驼哥

《驼哥的旗》让很多人关注男主角，对他幽默诙谐的个性印象深刻，但这部戏所折射出来的"现代喜剧"味道，离不开剧中女主角的演绎，正是因为金兰与驼哥在生活中、思想上碰撞出来的火花，使得该剧情节屡有让人击节赞赏之处，围绕这一对"美女"与"驼子"所展开的故事才饶有趣味，笑中有思。可以说，驼哥的直爽质朴，吸引了这位流落乡间的美姑娘。而金兰身上所展现的爱恨分明、富有追求的特点，也激发了驼哥的内在潜能，从原来的自卑忍让，转变为敢作敢为。琼霞经过细研剧本，反复揣摩排练，尝试以生活化的方式演绎金兰。她牢牢把握表演的几个"关键点"：一是在人物身段做手、对白上尽量摆脱"程式化"痕迹，代之以夸张的、贴近生活气息的表现手法；二是在此基础上凸显"对手戏"的舞台效果，与驼哥扮演

者的相互配合、动静有节，很好地表现出人物的个性与情节的推进；三是以红腔演唱，赋予金兰一种刚烈直率的个性，也为这部现代喜剧增添时代气息。除此以外，琼霞还注意细节的处理，力图使人物性格更丰富饱满。比如，金兰询问驼哥是否有成家立室的想法时，表现出羞答答的少女情怀；在回答驼哥问膏药旗去哪里的时候，则理直气壮地指责驼哥缩头龟、墙头草的行为；在看到驼哥奄奄一息的样子的时候，又表现出万般的关切。在若干场景中，琼霞均能深刻理解剧本意旨，从不同角度表现人物的外在情绪和内心世界，使金兰的形象跃然舞台上，引起观众共鸣。可以说，经过英姑、金兰等现代人物角色的磨炼，琼霞在艺术上又上了一个台阶。从接触现代戏开始，她就面临着新的挑战，如何实现从传统戏更好地过渡到现代戏，在传统程式基础上展现现代生活和气息，对于演员来说，是锤炼技艺的重要之途。中国戏剧梅花奖殊荣的获得，成为琼霞艺术道路的里程碑，见证了她学艺、从演多年的汗水与心得，也是一次机遇与困难并存的磨砺，更是她传承红腔艺术的检验与提升。

饰演过众多舞台角色，琼霞对于艺术与生活的关系颇有感慨，她认为，舞台艺术离不开生活，艺术源于生活，也高于生活。如何根据剧情和人物需要来掌握彼此之间的关系，就如牵风筝的线一样，或松或紧，而寸度是最重要的。在演《山乡风云》时，她深深感受到这一点。当时她一接到剧本，便有些犯难，应该如何演绎一名富有现代气息的女军人？怎样从传统古装戏中借鉴资源？红线女老师启发她要通过军训体验生活，内心才有感觉。"体验"是演员在从事艺术活动中不可或缺的一环，而对于以表演古典剧目为主的演员来说，在饰演现代人物时，更需要从生活中汲取灵感，以辅助自己理解角色、演绎角色。琼霞仔细琢磨剧本《山乡风云》中的刘琴一角，力图凸显人物思想的变化，使其形象更饱满、生动。除了在唱腔上沿用红腔之外，琼霞特别注意到人物的念白，紧紧抓住其抑扬顿挫的特点，通过节奏的松紧缓急，让观众了解人物性格和剧情发展。

同是现代戏，与《伶仃洋》相比，《山乡风云》的传统味道更少，是更接近现代生活的现代戏；而与《驼哥的旗》相比，《山乡风云》则有更浓厚的革命斗争气息，是再现革命生活和历史事件的鸿篇巨制。作为剧中的主角刘琴，她从女连长转变为女教师，巧妙化解各种矛盾，争取群众信任与支持，战胜反动派，闪烁着"英雄""革命者"的光辉。从行当而言，刘琴身兼花旦、刀马旦之特征，在个别武打、号召的场面中还有小武特征，难度不小。琼霞非常明白恩师塑造这一人物时所用的苦心以及二度创作的态度，在表演中，她也尝试巧妙地运用传统程式，将之融合到剧情中。经过《山乡风云》一剧的表演体验，琼霞更明白了艺术工作与生活哲学的关系，也更启发了她拓宽戏路的思维。

南国舞台上的红豆豆　粤剧梅花奖演员访谈评论集

粤剧《山乡风云》，琼霞饰演刘琴

红派情缘，红梅琼姿

粤剧《山乡风云》,琼霞饰演刘琴

红线女与琼霞

承传 传承

红线女生前一直致力于粤剧艺术的探讨，这种探讨的精神与行动，不仅体现在对传统艺术的传承和发扬，还包括对新时代、新形势下粤剧如何发展的长远思虑。作为红线女老师的入室弟子和红腔传承人，琼霞自知任重道远，一直孜孜以求，以传承和发扬红腔艺术为己任。在她看来，作为粤剧演员，"宣传"和"传授"是弘扬艺术的两个主要途径。

受到红老师勇于创新的艺术探索精神的感染，琼霞一直设想把粤剧和交响音乐结合起来。在得到恩师鼓励和有关部门的支持下，经过一段时间的准备，2013年11月23日晚，一台以"琼姿霞彩——琼霞交响粤剧音乐会"为主题的阵容庞大、精心组织的交响粤剧音乐会，呈现在珠海大会堂的观众面前。为保证演出质量，这台音乐会经红线女多次现场指导、提出宝贵意见，邀请了中国芭蕾舞剧《红色娘子军》作曲者杜鸣心专场谱曲，中国爱乐乐团专职指挥夏小汤、一级编剧梁郁南、中国人民解放军原总政治部歌舞团灯光师里冬川、音响师王继臣等助阵，参与现场演出，曲目有《荔枝颂》《昭君出塞》《思凡》《乱世姻缘》《淇关泪》等，既有浓郁的粤剧风味，又有强烈的交响乐魅力，使粤剧这个古老的艺术散发出独特的艺术趣味和现代气息。这是琼霞想把粤剧做成交响化音乐会的大胆尝试，也是首次粤剧加交响乐的综合表演，保留了粤剧表演的唱、做、念、打的精髓，以及粤剧演奏中的传统中乐和敲打，在此基础上继而融入西方交响乐，诚如她希望的那样："把粤剧当歌剧来演，这种新的尝试，希望可以扩大粤剧受众群体，在保留传统粤剧受众的同时，吸引更多年轻观众和一些喜爱歌剧和交响乐的观众进场观看。希望能给观众呈现不一样的艺术，不一样的粤剧。"琼霞还认为："传承红派仅靠红腔是不够的，我和红老师都希望在粤剧中探索更多艺术风格。红老师曾经告诉我，清唱不足以满足对粤剧人物形象的表现。红线女老师生前已有将交响乐和粤剧相互混搭的想法，交响粤剧音乐会是我纪念恩师的一份礼物。"

为了更好地适应城市观众的审美口味，琼霞决定另组"琼霞粤剧音乐艺术中心"，重新包装传统粤剧，大力推出现代题材粤剧，对传统题材粤剧在服装、音乐、表现方式等方面大力革新，吸引更多观众了解、欣赏粤剧、粤曲，从而扩大粤剧艺术的受众面，在保留旧有观众的同时也培养新观众。

与恩师红线女老师一样，粤剧已在琼霞的心中生根，她视粤剧艺术为自己的第二生命，在传承红腔、红派艺术的同时，也不忘恩师当年的谆谆教导、悉心传授，希望用自己多年的经验心得，培养更多的红派传承人。

2016年4月16日，在红线女之子马鼎盛、各大传媒以及现场观众见证下，琼霞正式收珠海市粤剧团青年演员吴东梦为徒。当徒弟奉上拜师香茶，琼霞则回赠《红线女唱腔曲谱选》和《永远的红线女》两本书，希望与爱徒及众多红腔传承者、爱好者一道认真学习并弘扬红线女老师的艺术精神和精髓。

在有关部门的策划牵头下，琼霞还积极参加文艺名家下基层讲座和"粤剧粤曲进校园"的系列宣传活动，以自己的实际行动，宣传红派艺术和粤剧、粤曲文化。她认为，诸如珠海、斗门等地都有悠久的历史传统和浓厚的文化氛围，在曲艺方面也有很多业余团体，只是在传承上应加大保护力度。因此，琼霞建议把粤剧、粤曲列入校园文化特色教育，将之纳入音乐课程，编撰粤剧历史、粤剧基本知识课程本等。

余 语

红线女在粤剧史上是一位举足轻重的代表性人物，她所创立的红腔独树一帜，影响深远，应工粤剧花旦行当者，多从中沾溉，获益良多。中国传统戏曲讲究师徒心口相授，一派一腔之形成与流传，殊为不易，继承者自然也须经过百般磨砺、数载积累，方能有所成。这种继承还会经历模仿吸收、心领意会、创新弘扬几个阶段，才构成完整的传承过程。作为红线女老师的入室弟子与红派传人，琼霞一直努力学习、继承并弘扬红派艺术，即便贵为一团之长、行内名伶，她依然谦虚地表示，红线女老师留下的艺术瑰宝，取之不竭，学之不尽。通过采访，我们可以从琼霞参演的剧目、饰演的人物、演绎的寸度，窥见一位自觉传承名家名腔的从艺者的汗水、努力和苦心，在思考传承传统经典艺术与接壤现代社会审美视角的同时，或许也会多一些启迪与感悟。

粤剧《昭君公主》，琼霞饰演昭君公主

李淑勤

情系红豆，锐意创新

2004年获第21届中国戏剧梅花奖

戏剧是综合艺术，与音乐、文学、舞蹈、美术等都有非常密切的联系。长期以来，我们对于粤剧的关注，或者集中在剧本，或者醉心于唱腔，或者聚焦乎程式，但是这些都离不开舞台上最关键的人——演员。演员可以说是戏剧表演的中心，而粤剧演员如何演绎剧本，如何看待粤剧艺术，其背后有几许艰辛与兴奋、几多欢笑与泪滴，种种的个中滋味，很多时候并不为人知晓。因此，我们很想通过对粤剧演员的采访，倾听属于演员自己的心声，了解演员的艺术世界，以及他（她）们对艺术的追求。

佛山市是国家历史文化名城，是粤剧的发源地，会聚了众多杰出优秀的粤剧表演艺术家，因此采访的第一站，我们选择了佛山市，并将采访对象锁定为佛山粤剧院院长李淑勤。

提起李淑勤，相信大家都不陌生。作为当时广东粤剧界最年轻的、2004年第21届中国戏剧梅花奖得主，李淑勤有着多个头衔：一级演员，中国戏剧家协会会员，广东省政协常委，中华全国青年联合会委员，广东省戏剧家协会副主席，广东八和会馆副主席，佛山市第八、九、十届政协常委，佛山市文学艺术界联合会副主席，佛山市十大杰出青年，佛山粤剧院院长。除了多重的身份，她这些年来所获得的奖项更是不可胜数：中国戏剧梅花奖得主、上海白玉兰戏剧表演艺术奖主角奖得主、全国艺德楷模、广东省首届"德艺双馨"表演艺术家获得者、广东青年五四奖章获得者、广东省艺术表演人才"跨世纪之星"、中国戏剧节优秀表演奖、第六届广东省国际艺术节表演艺术大奖、广东省"五个一工程"奖、广东省鲁迅文学奖，并多次获得广东省艺术节表演一等奖以及佛山市文化艺术多个奖项。经过多年的奋斗和积累，现在的李淑勤已经是享誉行内、深受欢迎的青年粤剧表演艺术家，她以敢为人先、锐意创新的艺术作风和不遗余力、雷厉风行的工作态度，为继承、弘扬和传播粤剧这一世界非物质文化遗产，为佛山粤剧文化事业发展做出了重要的贡献。她曾多次率团到美国、加拿大、法国、澳大利亚、韩国、新加坡等国家以及中国香港、澳门、台湾等地区开展文化交流及演出活动。

来到李淑勤的办公室，环视所及，摆放的都是她个人和剧团的荣誉奖状、证书、奖杯。但面对自己辉煌的过去，李淑勤显得很平静，在她心目中，如何做好自己的本职工作，为粤剧文化事业多做点贡献才是最重要的。尽管采访时外面冷冷细雨，温度较低，但室内暖意融融。随着沁人心脾的袅袅茶香，我们慢慢打开了话匣子。我们拟就几个关键词来统摄本次访谈的精华内容。

从 艺

一般来说，采访演员都离不开从艺经历这个主题。虽然这个问题已经被人多次提及，但当我们提及这个老话题时，李淑勤还是抱着感恩之心和激动之情。十二岁那年，她就带着憧憬和梦想，踏进了广东粤剧学校的大门，经过六年的刻苦磨炼，终于学有所成，并凭借饰演《铁血红伶》中的人物张自芳，初试啼声而崭露头角，获得广东省艺术节表演三等奖，这使她倍受鼓舞。

作为土生土长的广州人，李淑勤主动选择了佛山市并将青春与汗水都付与这座文化古城。在采访中，李淑勤忆述到，一方面，由于出身于粤剧世家，父母都从事这个行业，自己从小就耳濡目染，比起其他同龄人更早接触到粤剧；另一方面，自己有幸能欣赏到红线女、陈笑风、罗家宝、林锦屏等大老倌的精彩表演，以及曲艺界白燕仔、谭佩仪、黄少梅等名家巅峰时期的演出，见证了传统戏曲从受欢迎的高潮到低潮又到高潮的时期。传统戏曲与新潮戏剧都曾看过，而自己也不断经历着从传统到改革，又从改革到传统的回环过程。

情系红豆，锐意创新

粤剧《金石牡丹亭》，李淑勤饰演杜丽娘

粤剧电影《小凤仙》，李淑勤饰演小凤仙

李淑勤曾在接受采访时发表过感慨："那是个迷茫的时代，近来的十年就完全不一样了，人们在观念上理解和认可粤剧了，现在我们都很自豪、很有底气地说自己是从事粤剧的。"对于粤剧艺术，李淑勤有着自己深情而独特的理解，她认为粤剧艺术是传统的艺术，是一门十分包容的剧种，有着兼容并包的特质，能充分吸收其他剧种甚至曲种的优点，化为己用，形成自身的独特面貌。正因为粤剧有着独特的魅力，使得自己如痴如醉地从事这个行当，不断地探索和开拓，以期发现一个又一个新的境界。

这么多年来，李淑勤都是一步一个脚印踏踏实实地走过来的。刚开始时，自己还是刚入门的年轻演员，她刻苦练习、虚心请教，为获得更多的锻炼机会，只要演出需要，无论角色大小、戏份如何，她都积极争取并全力以赴投入到排练和演出中。由于有了这些宝贵的机会，她尝试过多种角色的演绎，提升了艺术表演水平，积累了大量的舞台经验。为提升自己的修养，她还主动问学求进，在与众多前辈大老倌如罗家宝、彭炽权、阮兆辉、梁汉威、李龙等人的合作中积极汲取他们的宝贵经验和艺术养分，博采众长。她还被京剧表演艺术家刘秀荣收为入室弟子，学习京剧的身段和唱腔，补充到自己的粤剧表演中去，使得她的艺术水平日臻成熟，已经先后成功地塑造了董鄂妃（《顺治与董鄂妃》）、梨花（《梨花情》）、白素贞（《白蛇传》）、樊梨花（《樊梨花三气薛丁山》）、哑女（《哑女告状》）、洛彩凤（《佛山黄飞鸿》）、小周后（《小周后》）、蝴蝶公主（《蝴蝶公主》）、小凤仙（《小凤仙》）等近百个为人熟知的舞台人物形象。如今的李淑勤，也由昔日的"小红豆"变成今天的"大腕"，成为佛山地区，乃至蜚声省市、行内外的粤剧明星。

创 新

对于粤剧改革创新，李淑勤是非常赞同的，她认为在传承的基础上做出适时的创新，将对粤剧艺术产生巨大的推动力。针对那些故步自封、不敢越雷池一步的思想，她做了一个非常生动形象的比喻：没有什么艺术是可以一直"原汁原味"、保持不变的，正如全聚德的北京烤鸭，不同的厨师，处理方法也不同。很多当时认为不可能的想法，反而后来慢慢被人们接受并称许。比如以前将西乐融入粤剧中，也是"大师"们去创造的，而当时他们都曾背负过骂名。还有大家都敬仰的红线女老师，甚至有了将动漫与粤剧结合的惊人之举，这在当时都曾让观者咂舌。但事实证明，只有不断创新、不断改革，戏曲才能持续发展。

李淑勤认为，艺术种类之间是可以互相借鉴的。比如电影中有话剧表演元素，可以丰富表现人物的手段，可以帮助粤剧演员去塑造人物。我们所熟知的任剑辉、白雪仙、红线女等大师，当年也曾参与到电影的拍摄中，并通过这个媒介广泛宣传粤剧艺术，提升自己的人气和影响力，通过银幕留下自己的艺术形象，这种传播模式值得借鉴。当然，任何艺术门类，既有相通，也有相异，要视具体情况来做出选择。正如对于故事的依赖，戏曲、戏剧也各有不同，好的故事，则能"戏担人"，平淡的故事，则是"人担戏"，马师曾先生曾说过："剧情为戏剧之灵魂，表演为戏剧之骨干。"表述的正是这一辩证关系。演员有多种类型，有端庄大方的、有棱角分明的，演员需要挑选适合自己的角色，画家亦然，不是创作的每一幅作品都是最满意的。铺排不好的，音阶不适合的，演员演绎起来就很有难度。好的演员，懂得去选择，这样就容易接近成功。正如《中国好声音》中的一些选手，之所以成功很大程度上也是由于参赛者熟悉自己的歌路，懂得去选择适合自己的歌曲。

　　李淑勤说，可以做出多种尝试，甚至可以根据老百姓的需求和趣味来创作、改编戏剧。既然香港的喜剧明星周星驰能走"草根路线"，并收获广阔的市场，作为雅俗共赏的粤剧艺术，为什么不能呈现其多面性呢？为什么不能演出一些平民百姓喜闻乐见、符合他们审美趣味和精神诉求的戏剧呢？只要不违背规章制度，不违背传统，哪怕偶尔配合投资商去参与"商演"，也不失为一条良策，同时也可以给团里开辟一些新的路子。当然任何事物一旦产生后，人们都会有不同的反响，所谓爱之越深，恨之越切，这也是可以理解的。但在艺术的领域里，就正如穿衣服一样，今天可以穿西服，明天可以穿运动服，没必要有太多的束缚，艺术家也可以做出不同的艺术加工。

　　2004年佛山青年粤剧团精心打造了《小周后》，该剧以南唐后主李煜和小周后的爱情故事为题材，最大的变化是将故事的重心从李煜转变到小周后身上，塑造出一名坚持理想、为爱牺牲的女性悲剧形象，与以往的演出是大有区别的。同时，该剧在艺术上运用了最新的舞台灯光技术、唯美的立体布景以及庞大的交响乐伴奏，制造出恢宏、唯美和悲怆并存的审美效果。凭借精湛的表演，李淑勤夺得了中国戏剧最高奖项——第21届中国戏剧梅花奖。在接受采访时李淑勤说："这部戏曾演给人大、政协的同志看，其中还有200多个大学生。当时我是抱着大学生会看不懂、看不下去的心理演的，没想到戏演完后，那些大学生说，原来不知道粤剧是可以这样演的，粤剧还是非常好看的，挺吸引人的。"《小周后》从音乐到服装、舞美以及灯光，都重新做了精心的包装与设计，呈现出与之前的粤剧表演不同的特点和风格，曾在国内外巡演达250多场，斩获全国多个戏剧大奖。2010年，李淑勤更做出大胆尝试，将小周后形象搬上银幕，拍成电影。

粤剧《小周后》，李淑勤饰演小周后

粤剧电影《小周后》,李淑勤饰演小周后

粤剧《凤凰天妃》
李淑勤饰演妈祖

影片由广东省艺术研究所的电影导演尹大为执导,将粤剧元素与电影元素紧密地结合在一起,希望能通过粤剧的传统表演程式与电影的实景拍摄等特点,更好地宣传、推广粤剧文化。为突出历史厚重感,剧组特赴横店影视城取景,开创了国内戏曲电影先河。可以说,近年来,戏曲电影已不多见,尤其是粤剧电影,除任剑辉、白雪仙、红线女等前辈曾掀起过热潮外,多年来都无人涉足此领域,《小周后》可以说是近年广东首部粤剧电影。李淑勤认为:"这是一次戏曲与电影跨界合作的大胆尝试,为配合电影艺术创作,电影版《小周后》在原剧本上进行了一些调整,并在其中融入了一些流行元素,以吸引更多的年轻观众。"电影在拍摄过程中也经历了诸多艰辛,比如经费和粤剧演员拍摄电影经验的不足,省盒饭钱、省住宿费用是常有的,出于成本考虑,在实地拍摄时,时值寒冬,为了避免念白和演唱时口中冒出水汽,演员拍摄前都要口含冰块,几乎每天都要吃掉五六斤的冰,被戏称为"吃冰拍戏"。但凭着坚定的信念,剧组克服重重困难,完成了拍摄任务,并于2010年7月在广州首映,广受好评。对于戏曲与电影结合的首次尝试,李淑勤则表示,刚开始时看到自己银幕上的形象,觉得很难适应,因为电影与戏曲区别很大:"戏曲有很多的肢体语言、表演程式,但面对镜头,演员的五官和表情都被放大,因此导演一直强调要将感觉往心里走,很多动作也省略了。"

创新并不止步,对于粤剧的大胆尝试,李淑勤还有很多设想,比如将动漫真人秀与粤剧元素结合,也是粤剧创意的新形式。她认为,剧团和演员的生存,是"有戏则生,无戏则死",只有不断演新戏,才能良性循环和健康发展。同时,戏曲的生存,也离不开观众的支持,再好的戏曲,没有观众的欣赏也是徒劳。为了扩大观众面,吸引广大年轻的观众,拉近与他们的距离,2007年,佛山粤剧院创作的国内首部舞台动漫真人秀《蝴蝶公主》问世并引起轰动。这部新编粤剧有着很多新的尝试,连宣传海报都是非常新潮而另类的,乍一看根本不会想到跟粤剧有关系。除了诸如加入动漫、合唱、交响乐和民族音乐的元素,还糅合了电影、歌舞和话剧的表现手法,吸引了圈内同行

的高度关注，广受各界好评。为凸显动漫的特点，剧团采用了较轻薄的服装以及为演员化上淡妆，甚至连肌肉活动的表情都能看到，这些特点与以往舞台上的浓妆重衣是完全不同的。事实证明，点滴努力的积累得到了回报，《蝴蝶公主》受到年轻观众的欢迎。据李淑勤回忆，当时在广州大学城巡演，场面非常火爆，甚至有大学生因为没有位置，只得自己搬凳子来看戏，把消防通道都挤满了，完场时还不舍得剧组离开。这些现象充分说明，作为粤剧工作者、行内人应该关注挖掘一些新元素，了解观众的层面和需求，从而更好地去创作新剧，拓宽演出舞台，才能得到更多的观众和知音支持。

当然，一些改革则要视实际情况谨慎做出抉择，诸如语言（广州方言）、唱腔（梆黄体系）等属于粤剧本质、核心的元素，李淑勤认为要坚持。有时候为了配合剧本需要和舞台设计，会添加一些新元素，而这时候则不能囿于成见，总认为不能越雷池半步。一些可以留待日后去检验的新改革，其实只是没有成长的氛围。在快餐文化流行的年代，难以形成固定的程式，但这一切不能说明没有产生"大师"的可能。对于如何多角度地全面地去看待粤剧艺术，李淑勤就认为，关键是在传承传统的过程中不断创新，根据需要去加入新的元素与新的创意，表现现代生活气息，才能得到现代观众的认可和喜爱。

李淑勤对粤剧的创新，还体现在她对其他兄弟剧种的吸收和化用。广东粤剧学校科班出身的李淑勤，不断汲取艺术营养，参加了中国戏曲学院首届多剧种高研班，对其他剧种了解得越充分，她对粤剧的理解就更深入。在与香港名伶刘惠鸣合作重演经典名剧《紫钗记》时，剧组就请来了上海戏剧学院表演系主任龙俊杰担任导演，在保留传统戏精华内容的基础上，加入一些时尚元素，如昆剧唯美的身段造型以及舞台背景。尽管该剧也受到一些质疑，但正如李淑勤认为的那样："凡是改革一定会受到压力，但我相信，只有走贴近时代的路，粤剧才会越走越好。"

粤剧《神狐绮梦》
李淑勤饰演九尾狐白雪

粤剧《七十二家房客》
李淑勤饰演阿香

市　场

长期以来，戏剧都是"不经营"的状态。经常说"走市场"，但市场不是说走就能走的。以前的戏班为了生存，甚至连最起码的尊严都得丢掉。现在的剧团有了政府支持，当然不能同日而语了，但还是面临很多的困难。在佛山，没有商业演出市场，售票基本等同于"零票价"，由政府埋单。目前剧团基本上都是"惠民工程"性质的演出。为了落实"惠民"政策，剧团很多时候也很无奈。因为"惠民"与"市场化"在现实中是有矛盾的，经济效益与社会效益并不能统一。很多时候，职能部门关注社会效益大于经济效益，这些都是导致戏曲市场不能"正常化"的因素。与香港粤剧环境不同的是，香港地区的粤剧有传统行业成长和发展的氛围，保留了诸如"神功戏"等民间传统，并成为民间艺术的一部分。这样的"经营体"背后，其经济运作是比较良好的。香港戏院坚持独立经营，戏班、演员和观众均保持着正常而稳定的关系，对戏曲团体的经济利益起到一定的保障作用，而且没有受到太多的行政干预，有较大的自由空间。但相对而言，内地要建立较成熟的戏曲市场体系，还有很多需要提升的空间。在某些会议上，李淑勤也发表了意见，希望政府能增设演出场地，解决诸如训练场地、经费等迫切的问题。

关于市场和体制内的固有模式，李淑勤也做了很多思考，她认为要多考虑不同观众的需求，扩大市场覆盖面。她以自己所饰演的《倾国倾情》中的李清照为例，该剧由香港地区李居明先生编撰，讲述了李清照和赵明诚为保护《清明上河图》与金兀术斗智斗勇的故事。与固有印象不同的是，该剧类似"笑剧"，又有悬疑，所呈现的李清照也不是诗词中的内敛形象，而是一个活脱脱娇俏世俗的现代女性。据李淑勤说，当时听到剧本名字她根本没多想就签约了，岂料接到剧本后她就"惊呆"了，因为这个新形象的确颠覆了旧有的模式和观念，与格调高雅的女词人定位完全不符，当剧本被搬演上舞台后，她甚至不敢请同行来看，因为过不了自己那一关。但是经过市场和戏迷检验后，李淑勤发现，这个戏也很受欢迎，不少戏迷认为该剧接地气，有新鲜感，令人愉悦，创造了一个新的"李清照"形象。这次偶然的大胆尝试，更令李淑勤坚信，老百姓与理论专家不一样，他们有自己的审美标准，要说适应市场，胆子就应该更大一点，眼光应该长远一点，胸襟应该更宽容一点。她赞同某位名导演的观点：很多事物并非不存在，而是人们还没有足够的理解力去包容、去接受。改变固有的思维模式才是改革、创新的关键，这个道理对于戏剧同样适用。戏剧是多功能的，娱乐也是其中非常重要的一环，应该重视观众的多层面需求。

为了剧团的发展，李淑勤还想方设法提升剧团影响力，比如到香港等地参加演出，参与各种活动，为加强和保障剧团建设，她多次向上级主管部门呼吁关怀剧团的发展，为了这个"大家庭"，她可谓费尽苦心，默默地做出了贡献。

比 重

在访谈中有话题是涉及古装戏与现代戏在粤剧中所占的比重的，这恰恰是一个新旧兼有的问题。要说"旧"，因为无论演现代戏还是演古装戏，不少粤剧团和专家都曾议论纷纷，各抒己见，而在争论中现代题材的作品又不断涌现。李淑勤认为，粤剧还是以"古"为主，现代戏并非不能演，但是话剧等艺术形式已经能够胜任。而古装戏则保留了传统文化的味道，同时有一种与生活疏离的"意境美"，更能吸引生活在快节奏中的现代人。所以古装戏还是主流，但是这并非规定粤剧不可以演现代戏，甚至现代戏应该占一定的比重。之所以说"新"，就是因为佛山粤剧院就曾接下了大型现代粤剧《小凤仙》这个任务，李淑勤担任主角饰演小凤仙。而演现代戏，的确也存在很大的挑战，传统的程式表现不出来，要单纯通过唱腔来展现人物形象已经很有难度，还要凸显剧中人物的现代气息，对于习惯饰演古装人物的众演员来说，更是一种考验与挑战。但是，压力与动力并存，困难往往也预示着契机。作为一院之长，李淑勤迎难而上，她认为这次挑战能带给佛山粤剧院更大的突破。她觉得："我们这一代人有责任把近现代历史中值得纪念的事情搬上舞台，留存下去。很多老戏迷还是喜欢看古装戏，但也应当慢慢地引导观众去欣赏现代戏，让越来越多的观众喜欢现代戏。"就这样，剧本逼着李淑勤和演员们钻研如何将传统的唱念做打与现代戏表演程式结合起来，如何充分利用服装、道具与灯光、音响，使观众欣赏起来既有传统粤剧的味道，又有现代生活的气息。结果该剧成为广东省唯一入选2012年全国优秀剧目展演的粤剧剧目，展演100多场并进京亮相，好评如潮。

一个多小时的时间对于交谈双方都是非常宝贵的，身为大忙人，李淑勤当然惜时如金；而作为采访者的我们，则收获了一个充实而愉悦的下午。当被问及将来的展望时，这位年轻的院长淡淡一笑："脚踏实地地做好当下的工作，打造好每一个作品，保证佛山粤剧院的金漆招牌常新，是我最大的愿望！"

蒋文端

内外兼修，美的绽放

2011年获第25届中国戏剧梅花奖

蒋文端，一级演员，粤剧表演艺术家，广东粤剧院艺术指导。她扮相俏丽，表演细腻，感情真挚，嗓音圆润甜美，唱腔委婉动人，闺门旦、青衣、刀马旦等行当均能胜任。曾主演《白蛇传》《红梅记》《紫钗记》《范蠡献西施》《狸猫换太子》《荆钗奇缘》《唐宫香梦证前盟》《洞庭良缘》《山乡风云》《东坡与朝云》《南海一号》《观音情度韦陀天》《风云2003》等一批剧目，领衔主演粤剧电影《传奇状元伦文叙》，成功塑造了许多光彩照人的舞台艺术形象，被誉为当今粤剧界最受欢迎的女演员之一。蒋文端曾荣获第25届中国戏剧梅花奖、2016年文化部授予的"优秀专家"、广东省"跨世纪之星"等称号。

蒋文端多才多艺，在香港无线电视台参与拍摄了《孽吻》《新重案传真》《情浓大地》《射雕英雄传》《刑事侦缉档案》等电视剧。此外，还拍摄录制了大批粤剧影碟和粤曲卡拉OK唱片，深受粤剧、粤曲爱好者的欢迎并广为传唱。曾赴美国、加拿大、澳大利亚、新西兰、新加坡、马来西亚等国家及中国香港、澳门地区演出，深受海内外观众欢迎。

学艺经历

蒋文端出身于粤剧世家，爷爷曾担任香港粤剧名伶梁醒波的头架师傅，父母均为广东粤剧院的知名唱腔设计师和乐队骨干，舅舅亦是戏行中人，如今她还悉心培养自己的千金投身到粤剧行业中。可以说，她的家人都与粤剧、粤曲艺术有着密不可分、千丝万缕的关系，她自己从小受到艺术熏陶，促使她在从艺这条道路上不断耕耘、不断积累。兼之当时活跃的文艺气氛，对歌剧、电影等的耳濡目染，均在她幼小的心灵中埋下了艺术种子。当年电视剧《红楼梦》在全国征收演员,小文端还为此寄出应征信,希望能从事影视艺术表演。看到女儿在声音条件和模仿能力上都有一定基础,蒋妈妈鼓励蒋文端去考广东粤剧学校。在行内人看来,要么不从事这一行业,如果投身其中,务必经过系统严格的训练,才有进入该领域的机会。不过好事多磨,因为年龄等原因,蒋文端又等了一年才有报考机会。

1984年,蒋文端凭借自己的努力考进广东粤剧学校。进广东粤剧学校时,她已经到了初中生的年龄,相比别人已练习一两年的情况,她可谓"大龄学员",且"毫无基础",要从头开始学起。虽然困难重重,但蒋文端不肯服输,咬牙苦练,以勤补拙。尽管这些苦练的片段都充满坎坷曲折的味道,但如今回过头来细细回味,却又是她的粤剧人生必不可少的一段经历,她也更深刻地领会到老师们当年的用心良苦。六年后,蒋文端从广东粤剧学校毕业后即被分配到广东粤剧院,并作为尖子生选拔到罗家宝带领的二团中,予以重点培养。作为一名新人,蒋文端要从迥异于学校学艺时的"真正的舞台"开始重新学习,适应新的情况。她是幸运的,为了培养扶持她,团里专门排了一个戏——《西域烽烟西域情》,让她跟随罗家宝、林锦屏等前辈表演,但不是担任头一号的生旦行当。当时的蒋文端并不理解,也很难接受,但实际上这是戏行经常碰到的情况,新人在真正担纲一台戏之前,必须经历诸多磨炼,才能尽快成长与成熟。罗家宝觉察到这小姑娘的"不满情绪",为鼓励年轻人,便尽力争取让她有更多表演的机会,积累更多舞台经验。

在二团一年多后,蒋文端遇到一个机会。当时香港无线电视台与华南理工大学合作创办的训练班招收演员,蒋文端一得知消息便前往面试,在征得领导同意后,她去训练班学习、训练了三个月,因良好的表现得到为期两年的实习机会。领导开始不同意放人,蒋文端甚至想过辞职,但爱惜人才的领导们经过商议,决定让她停薪留职,答应了她前往香港实习。就这样,蒋文端成为首批华南理工大学派往香港无线电视台的实习生,并参与《射雕英雄传》《情浓大地》《万里长情》《铁胆梁宽》等影视剧的拍摄。在这一段经历过程中,蒋文端虽然要面对学习、适应影视剧的表演技巧,但她此前积累的戏曲功底并没有白费,有一次因要饰演一个歌女,她在剧中唱了两首粤曲,一下子受到关注,周围的人此时才知道她原来是一名深藏不露的戏曲演员。演员的"观众缘"很重要,蒋文端每每谈及这一话题,都感激当年有机会拍剧、灌录卡拉OK唱片,通过这种途径,既能在某种程度上磨炼技艺,还能让更多的观众、听众认识自己,为粤剧舞台生涯奠定扎实而宽泛的基础。

粤剧《宝莲灯》，蒋文端饰演华山圣母

粤剧《胡不归》，蒋文端饰演赵颦娘

感受两种不同的表演艺术，蒋文端发现自己对戏曲舞台还是难以割舍，她认为，近距离的镜头感与远距离的舞台感是很不一样的。戏曲艺术是"一次性"完成的，中间不能停顿、修改、重复，与影视剧镜头可以"NG"完全不同；而且影视剧演员大多数情况下要听从导演安排，有时候想自己再发挥，限于制作时间紧等现实条件不可能实现。但在戏曲舞台上，可以不断改进，也可以在不同场次上有即兴发挥的表演，演员的创造空间较大。更重要的是，演员可以与现场观众有互动交流，在表演过程中某些细节的处理或舞台技巧，都可以从观众的反应中感知，也能根据现场气氛予以调整。蒋文端为戏曲艺术的魅力所吸引与打动，她想回归到舞台上，继续她的戏曲艺术梦想。

短暂的影视演艺经历，为蒋文端的粤剧舞台提供了不一样的艺术视角，她从影视银幕与戏剧舞台的对比中深深感受到，两者在艺术表达的指向上是一样的，但在呈现方式上存在很大差异：戏剧演员在舞台上表情会较夸张，动作也较大，这样才能有效地传递人物情感变化与内心世界，但是影视作品则不需要这样，由于镜头拉得较近，表情自然一点即可，动作幅度甚至不能过大；在性格、情感的展露上，戏曲会讲究程式化，会有"距离感"，尤其饰演古装人物，有一种"古典美"蕴藏其中，影视剧则更注重生活化的表演。此外，两者在艺术处理的节奏上也迥然相异：影视作品多用"蒙太奇"手法，在拍摄上也经常有"跳拍"，即打乱原有次序，根据演员档期、拍摄现场等实际情况做调整，后期再予以重新剪辑编排，但戏剧舞台表演都是"直线型"的，一般情况下中间不会停顿，不会临时调整演出场次顺序。但是"生活化""程式化"并非隔着不可逾越的鸿沟，两者由于在艺术趣味（以情感动人）上的一致性，使得相互之间可以借鉴甚至融合，比如戏剧舞台上，适当加入贴近生活的表演方式，无疑会拉近与观众的距离，从而产生情感共鸣；而影视作品中，偶有戏曲元素，也会收到意想不到的审美效果，这已经在多部电影或电视剧中找到明证，无须赘述。

蒋文端与香港名伶陈宝珠合作表演《红楼梦》时，对香港粤剧艺术风格深有体会，他们多从生活出发理解并塑造人物，似乎不是特别看重程式，但又"从心所欲不逾矩"，较好地把"程式化"与"生活化"结合起来，因此不难理解，很多香港演员都是"多栖能手"，能在影视剧、戏曲、话剧等艺术门类中自如地转换，这应与他们的艺术观念有很大关系。广东粤剧院原院长丁凡曾这样评价："蒋文端是目前活跃在粤剧舞台上女演员中的佼佼者，她的艺术风格是自然中见功力，成功最大的秘诀在于扮相俏美，能文能武，戏路甚广，很有观众缘。"这种"自然中见功力"，或许正是在多种艺术元素碰撞下慢慢磨炼出来的。

对于内地与香港不同的表演风格和艺术特色，蒋文端认为，保守传统有其保护的意义，而在继承中不断摸索、拓展也有与时代并进的价值。实际上，粤剧艺术一直在传承，一直在创新，这两者密不可分，此前的前辈大师们，已经做了很好的表率和示范。她记得有一次到香港排演《紫钗记》，粤剧名家白雪仙来看戏（注：白雪仙为该剧首演的正印花旦，早年与任剑辉凭借《紫钗记》《蝶影红梨记》《再世红梅记》等经典名剧风靡一时，享誉梨园），蒋文端因重演该戏时在保留主体精华的基础上做了"浓缩""减省"的修改，便不无担心地向前辈征询意见，白雪仙却说了一句："如果我现在再演，一样会改的。"这句话在蒋文端心中留下很深的印象，她想到诸如红线女等名家大师，也是在传承中始终保持着锐意创新的态度，从而使梨园多彩缤纷，使粤剧艺术不断积累拓展，这正体现了粤剧的包容性、多面性、超前性。

美之塑造

蒋文端先天条件很好，容貌姣好，身材高挑，嗓音亮丽，可以说在声、色、艺三方面都是具有优势的。对于自幼生长在粤剧世家的蒋文端来说，她除了珍视自己的已有条件和基础外，更看重在从艺过程中如何塑造艺术的"美"，并把它呈现给广大观众。因此，对于"舞台的美"，她有着独特看法，以四大美人为主题的"倾国名花——蒋文端粤剧艺术专场"演出就很好地诠释了她的这种艺术观。早在这个专场演出之前，她对于自己所饰演的白素贞即有一种"美的塑造"的感悟，将之定位为"圣洁的爱神"，认为白素贞主要追求的是个人爱情与婚姻的幸福，使全剧弥漫着浪漫的情调和氛围，这是白娘子形象美的根源、美的基础；尽管人物本身是蛇精，但拥有与人一样的美好心灵，也使角色增添了与一般花旦行当人物不一样的艺术特色。舞台上的白娘子得到更多的关注与诠释，与演员深刻的理解与着意的创造密不可分。

在演绎"倾国名花——蒋文端粤剧艺术专场"的四大美人时，蒋文端充分展现了她对于艺术美、形象美与舞台美的理解，深入人物内心与行当精髓，向观众传达了中国传统戏曲的深刻内涵。她向前辈大师红线女学习，牢牢把握住人物各自的特征，以粤剧特有的程式与味道，重塑古典美人的靓丽形象。

首先，蒋文端注意到四大美人的"同"与"异"，既抓住她们的"形象美""气质美"的共性，又能在表演中区分她们在不同地位、背景下所呈现的个性。西施为越国村女，质朴自然，但又有不俗的见解和坚定的立场。在得知范蠡访艳的目的后，西施马上

粤剧《紫钗记》，蒋文端饰演霍小玉

粤剧《伦文叙传奇》
蒋文端饰演阿琇

退回玉佩，示意不愿意把自己献与吴王。此情景，蒋文端以唱腔表现人物情感："（长句二黄）枭雄囚至尊，越民如蚁贱，为臣当奋臂，挽苍生倒悬。你竟献美事仇为鹰犬，定招万民唾骂，遗臭万年。莫道村女寒微，西施不容污玷。"待范蠡解释清楚后，西施方才醒悟，欣然同意助力复国大计。蒋文端紧紧抓住西施纯洁的品质，通过唱腔、动作，借鉴国画皴染技法中"反复渲染""层层叠加"的处理。在听到明日便要动身的请求时，蒋文端把人物眷念故土的表情演绎到位，并唱道："（反线中板）生于斯，长于斯，惯看村居野道，爱这流水一川。舍了父老乡亲，掩却了草舍柴门，丝丝故地情，欲断却难断。"很好地凸显了这位平凡村女的家国情怀与乡土情结，因赤心拳拳而能忍辱负重。

又如饰演貂蝉一角时，蒋文端并非侧重凸显她的"媚态"，而是向观众展现貂蝉"真实"的一面，以角色"倾诉"的方式交代了貂蝉要离间董卓、吕布关系的原因。在关公面前，貂蝉表现平静，与她惊艳天下的外表形成了强烈对比，这种"克制外在表情"而隐隐"释放内心情绪"的技巧，正好适合当时的具体情境，因此，当关公质问貂蝉时，貂蝉从容应答、应付自如。但看似"平静的表面"，实质是"先抑后扬"的基础，是接下来貂蝉向关公解释自己行为动机的伏笔。在"反线中板"曲词中，蒋文端以较平缓的语气唱道："看将军，三绺髯飘，如虎雄威，一声山岳震。在阵中，敌人闻风丧胆，魄散魂离。若说到奴夫，悲从中起，泪难止忍。吕温侯，一支画戟，可敌万马千军。"虽然情感起伏看起来不大，但内中有波澜，尤其在结尾句称赞自己夫婿时，眼神流露出自豪的感觉。在评论张飞时的"爽二黄"时唱道："乌金盔，乌油甲，光鲜明亮。乌骓胯下腾，飞奔无障，手持丈八蛇枪。可惜有勇无谋，乃是我吕郎手下败将。"此唱段，蒋文端稍微加快，看似有情感起伏，但尾段因有"手下败将"的结论，兼之马上接道白："若非你等联合曹操，运用奸谋，缺泗河之水，水淹下邳，盗吕布之马，你们能战胜英雄吕布吗？"则有冷静点评、画龙点睛的效果。当关公大怒要斩杀貂蝉时，貂蝉反过来质问关羽自己罪在何处，并把自己的怨苦和盘托出："（连环扣）我恨有恨有海般深，弱女貂蝉千悲万愤，忍辱含悲谁怜悯？恨天也作弄人。"蒋文端把貂蝉的"强"与"弱"紧密结合起来，一方面，展现貂蝉宁死不屈，不堪骂名的个性；另一方面，表现了浮海飘萍弱女子的孤立无依，令人怜爱。表演拿捏到位，不温不火，充分诠释了奇女子丰富的内心世界，超越了单一层面的外表形象。

其次，蒋文端赋予人物美的深层内涵，超越行当本身的限制，使人物角色富有层次感、立体感。她经常强调，女子的美不仅仅在于外形，也不是通俗意义上的"美丽"，人物在舞台上应该绽放灿烂夺目的光彩，凸显人性的本真。在《贵妃醉酒》一折中，蒋文端除了塑造一位千娇百媚的贵妃外，还表现了杨玉环追求真爱的决心、勇气和痴情，这种纯真感情超越了帝苑深宫的规矩藩篱，回归到人间世俗的情感需求。在"杨梅争宠"的细节中，蒋文端充分淋漓地演绎了一个为爱不计一切的"小女子"，爱得真切、爱得直接、爱得自私，但贵在真实自然，令人同情怜爱。如杨贵妃得知皇上宠幸梅妃时，既哭且笑，唱道："（沉花腔）哎呀呀，什么盟誓如山？（七字清快中板）难压心头怒火猛，君王情薄负玉环，什么宠杨不管梅落瓣，竟然偷会不知羞惭。（转滚花）待我即闯翠华宫，休怪我忘情侮慢。"这几个唱段有快有慢，折射出人物情绪的起伏变化，蒋文端驾驭得颇为纯熟。

又如《昭君出塞》一折，主要通过历史事件去展现人物的丰富内涵。该折唱段较多，以长句二黄、乙反二黄为主，集叙事、抒情多种表现形式于一体，较为考验演员的唱功。蒋文端在一曲"我今独抱琵琶望"的演唱中，没有完全仿效红线女老师的高腔，而是以略为低沉的嗓音传达人物的复杂心绪。在梆黄曲词的演绎中，也见个人特色，把对于人物、剧情与音乐、曲词的理解很好地融合起来，令观众看到舞台上不一样的王昭君。

蒋文端在演绎四大美人的时候，注意到个体美的深刻含义，也领会到超越行当、直抵角色内心的艺术规律。在塑造人物形象美的过程中，她充分利用了身段、动作（尤其是双手）、眼神的微妙变化，来为人物"代言"，西施的忍辱负重与纯真正直、貂蝉的深明大义与坚贞不屈、杨贵妃的千娇百媚与痴心一片、昭君的担当大任与幽怨深情，都在一些细微处、转折处得到呈现。蒋文端继承了前辈红线女此前塑造四大美人所特有的古典美精神，同时她也在结合自己艺术特点的基础上，赋予人物现代美，把古代人物还原到舞台上，增加了现代气息，向观众阐释人物在不同历史阶段所蕴含的思想境界与个性魅力，这是蒋文端对于戏曲美的理解，也是她对于戏曲美的创造。

粤剧《西施去国》，蒋文端饰演西施

粤剧《倾国名花——蒋文端艺术专场》,蒋文端饰演杨贵妃

粤剧《昭君出塞》，蒋文端饰演王昭君

蒋文端饰演的四大美人：西施、王昭君、貂蝉、杨玉环

内外兼修，美的绽放

摘梅夺魁

经典粤剧《山乡风云》自从20世纪为一众名家演出后，享誉梨园，受到很高的评价，被誉为"不多见的现代经典粤剧名作"，同时也是非常考验演员功力的一出剧目。为角逐中国戏剧梅花奖，经过广东粤剧院相关领导讨论，决定重排该剧，并相中蒋文端饰演剧中女主角。刚开始时，蒋文端并无信心，因为刘琴一角是由红线女老师饰演的，珠玉在前，未免有些顾虑。而且，因为年代距离较远，年轻演员无法亲睹红线女老师在舞台上的演出，也没有录像视频可供借鉴前辈的风采。仅剩当年的录音资料，已经弥足珍贵。为了更好地塑造刘琴这个角色，蒋文端采取"先模仿，后消化，再重塑"的方式，仔细分析自己的长处与不足，从而扬长避短。

蒋文端首先从"描红"入手。她自知不能完全学红腔，无法百分百地仿效与还原，便在征求红线女老师意见并得到支持后，尽量采用自己合适且舒服的唱腔来演绎人物，同时在念白对话上加重分量，凸显自己的特色。蒋文端曾坦言，这项任务对她来说并非易事。之前她主要都是应工闺门旦，多饰演如林黛玉、西施、杨贵妃、霍小玉等柔弱、纤秀、文雅的古代女性，从未演过现代粤剧，如今要来个180度转型，饰演刚毅、机智的革命女军人，的确是个大挑战。但剧组团结真诚、互助互励的氛围鼓舞了她，红线女等老师对该剧以及一众演员都十分关心，不时关注并过问剧目排练消息。为更好地饰演刘琴一角，蒋文端虚心请教，多次聆听红老师的教诲。除了注意唱腔上气息、节奏等技巧外，蒋文端还对人物进行深入分析与揣摩。她认为刘琴身兼知识分子气质与革命战士情怀，信念坚定、经历丰富、性格刚中有柔、柔中有刚。正是通过《山乡风云》的排演，蒋文端对如何运用戏曲传统程式演绎现代戏有了新的认识，演员应该在深入人物角色性格特征基础上，恰如其分地运用程式，使人物角色富有生活气息与时代气息。重新改编排演的《山乡风云》，剧情变得更加紧凑集中，在人员安排调度等方面也花了心思，比最早的版本更成熟完善。蒋文端认真听取剧组导演意见，结合自己对于角色的理解，游走在程式与生活之间，很好地驾驭人物、塑造人物。她适当地在动作上做了"减法"，即在保留原有戏曲程式的基础上，更加自然生动，不侧重动作的幅度而是注重动作的连贯性以及与眼神、唱腔、念白的协同性，注意凸显停顿的艺术效果，使这位舞台上的"共产党员、忠诚战士"，既有生活中平易近人的特点，又有戏曲中的英雄人物的闪亮光辉，符合"源于生活，高于生活"的艺术规律。

蒋文端还注意剧本与小说中所呈现出来的人物特点的异同，以助于自己的演绎。比如，她比读过剧本与小说后，发现自己所饰演的女主人公，是小说中众多人物"叠加"而成的，即把多个人物发生的故事集中放到主角刘琴身上，因此，这个人物也相应地具有丰富性、多面性。另外，她还注意到刘琴先到省城读书后参军的经历，在塑造这一人物时，会对其"军人作风"与"书卷气质"做出区分与交融：在应对狡猾多变的"斩尾蛇"设计盘问的一折中，蒋文端呈现了人物的刚柔并济，看似说话音柔声缓，实则据理力争、寸步不让，结果令"斩尾蛇"无果而返，充分反映了刘琴立场坚定、谨慎细致的共产党员品质。在"抒怀"一段，蒋文端在吟读了"心事浩茫连广宇，于无声处听惊雷"一句后，接着演唱"梆子慢板"："初更夜已定，闪烁满天星。银河淡淡月微明，爽飒秋风啊，秋风劲……"由于人物在抒发进堡以来的幽微情绪，所以不能故作高昂或刻意低沉，只有柔中略带刚，才能恰如其分地描画出一位革命战士的真实心情。这种表演技巧，在劝说何奉、春花父女等片段中时有闪现，足见蒋文端表演的运用自如与得心应手，是一位演员不温不火的艺术功力的体现。

蒋文端还非常留意表演的细节，从不轻易放过，而是多番雕琢。例如，在如何准确地展示刘琴对何奉父女动之以情，晓之以理，使他们摆脱奴才心理、投身革命的问题上，蒋文端在注重唱腔念白的基础上，更认识到要站在穷苦百姓的角度来进行交流，要让何奉父女认识到人的尊严与价值，因此采用委婉唱腔予以辅助表演。在救回因受到污辱而投水自尽的春花一段时，为突出刘琴的怜悯之心，蒋文端临时设计了一个动作：用身体遮挡着众人的目光，上前为春花轻轻地系好纽扣。又如初见"番鬼王"七爷等人时，蒋文端很好地处理刘琴"因身处虎穴龙潭目睹吃人景象而激起的心头怒火"以及"面对一众吃人恶魔谨慎对答"的两种情景，使这种过渡不露痕迹，接驳自然。在饰演刘琴一角的过程中，蒋文端意识到"戏中有事，事中有意"的艺术理论，也更深刻地体会到演员不只要利用程式、驾驭人物，还要超越程式、创造人物，只有这样，才能找到自己的艺术特色，形成自己独特的表演风格。中国戏剧梅花奖的摘梅过程，也是蒋文端提升艺术修养、锤炼艺术技能的过程，更是她深味粤剧艺术精髓、拓宽戏曲艺术境界的过程。

粤剧《伦文叙传奇》
蒋文端饰阿琇

谈艺点滴

在唱腔上，蒋文端主张博采众长。当年在广东粤剧学校时，蒋文端主要接触的是以红腔为主的教材，例如《三娘教子》《昭君出塞》《香君守楼》《文姬归汉》等曲目，基本上以红线女的录音唱片为蓝本。蒋文端认为，红腔风格能拓宽人的音域，跌宕起伏很明显，有先声夺人的艺术效果。相较于当年学艺的同学的金声玉质，蒋文端感觉自己的先天条件还不够，兼之当时以传统教学法传授引导，未能更好地照顾到学员的个性，所以她尝试通过多种途径，找准发声位置，装饰自己的音色，使之婉转动听、字正腔圆。在妈妈的建议下，蒋文端又去听了芳艳芬、李宝莹以及邓丽君的声腔唱法，为其婉转细腻的唱法所打动；在聆听林锦屏的《琴挑》《别馆盟心》等曲目时，她发现唱者的声音圆润亮丽，真假声转换自如，这源于吸收了西方的发声方法；陈小汉也建议她唱曲要注意"收"的原理。多位老师的启发引导，令蒋文端真正感受到戏曲"声音"的魅力与韧劲，并认识到只有结合自己的特点，才能掌握科学的发声方法，转益多师，旁采百家，化为己用，才能逐渐形成自己的特色，运用到舞台艺术中来。广东粤剧学校有一次组织师生赴香港地区演出，年纪轻轻的蒋文端因为唱腔颇有特点受到香港粤剧行内关注，认为她唱的不完全是红腔，有些别样的味道。多年来，蒋文端秉持着"学然后知不足""兼容并包"的理念，广泛汲取艺术精华，为己所用，并称这样的学习是在"归零理论"下开展的，即不囿于原有的认知与观念，而是根据自己的艺术水平与表演实际在不断学习新知识、新技能中做出调整、补充与完善。比如，从艺员培训班回来后，她虽然在舞台上表演，却没有忘却拍影视剧时的"镜头感""投入感"，将之搬移到粤剧中去，让表演有"由内向外"的感觉；鉴于舞台较大，不可能有像影视剧那样的近距离拍摄，为了让观众更清晰地感知自己的表演，蒋文端又适度地"放大"自己的表情，结果产生了意想不到的效果。其实，粤剧表演的一些技能，在广东粤剧学校时蒋文端已有接触，但她不满足、不停步，到了一定阶段，即把自己"清零"，重新体味原有的概念与观念，使之更深入、更具体，也更丰富。

对于传统与创新的老话题，蒋文端也有自己的看法。时代在变化，节奏趋快，这些生活点滴的变化，对于市场视野下的戏曲，不能说毫无触动。比如，有人提出"城市题材"的戏曲作品，在审美风格上要呈现多样性。但是，蒋文端强调，戏曲精髓和程式不能任意改变，如果要改革，应该在节奏上提炼传统精华，而非随意减省改动。比如，戏曲的虚拟性凸显了中国传统文化的写意性，具有高度概括生活的特色，如果纯粹通过布

小剧场粤剧《金莲》,蒋文端饰演潘金莲、李伟骢饰演武松

景来取代、压榨演员的表演空间，则无疑会损害戏曲艺术的"美"。真正懂戏的专家与观众，无不最关注演员的唱腔、做手等核心的元素，这些部分最能反映演员的基础、功力与修养，至于灯光音响、服饰背景，都是为之服务的，是辅助性的而并非主体性的。说到底，从艺术角度来说，演员在舞台上是一个个体，他（她）应呈现给观众一个个体应该有的丰富内涵，即作为"人"富有的主动性、能动性和创造性，这样才能虚实结合、变化万千。

蒋文端认为，尊重传统，最关键的是真正理解传统、体验传统、保留传统。传统不是一成不变，如果照搬照套，未免过于死板；但如果专谈创新，脱离规则，则又容易陷入戏曲异化的泥潭。现代题材作品的处理，困难之处在于如何利用程式表现事件与人物。这说明距离生活太近，戏曲在表现上会受到限制，只有找到切合的方式才能突围。这样的情况下不能生搬硬套，要根据剧情与角色进行调整，比如饰演护士的出场，不宜多做翻身动作，以免夸张，以能优美而自然的身段表现即可，观众才会接受这种"看似平淡"的方式。现代戏与古装戏特点迥异，有时候在程式上须略微做"减法"，才能更好地塑造人物、凸显情感。

蒋文端在多年的舞台表演中还发现，中国戏曲程式的美，须细细体味，好好运用。例如《拾玉镯》一折中，讲述小生与花旦相遇的情景，两人就通过一道门来传递复杂的情感，演员通过一道门来做文章，运用程式的技巧向观众展现人物心情变化之细腻与丰富，犹如中国画的渲染手法，层层铺排，方见精妙。这一类"做工戏"很有价值，应予以提倡。行内有一说："唱多塞死做。"这话不无道理，毕竟戏曲舞台有"四功五法"，唱虽然摆在首位，但做、念、打也不可或缺，它们都是戏曲技巧重要的组成部分。粤剧传统还有很多精华，如果能重新挖掘，再好好编排演出，一定能收到意想不到的艺术效果。只有真正发现传统精华，呈现精华，才能真正发挥粤剧的魅力。

余 语

蒋文端在粤剧世家中长大，耳濡目染的事物都与粤剧、粤曲有着密切联系，兼之优秀的自身条件，令她在踏上粤剧舞台之前便奠定了基础。但艺术无坦途，在追求理想的过程中，蒋文端也曾经历过波折，正是这些艺术道路上的磨砺，使她对于戏曲艺术有了更深的体悟，有了更广的视野以及更新的观念。蒋文端一直在追求美，生活中的美与舞台上的美，现实里的美与理想中的美，都构成了她的人生信念与艺术理念。作为一名粤剧表演者，她在舞台上不断体验、实践，雕琢一个又一个富有美感的人物，塑造一个又一个活灵活现的角色，演绎一段又一段浪漫而美妙的戏剧人生！

粤剧《山乡风云》，蒋文端饰演刘琴

黎骏声

勇猛精进，骏采驰声

2011年获第25届中国戏剧梅花奖

黎骏声，粤剧文武生，一级演员，现任广州粤剧院有限公司党总支副书记、广东八和会馆主席、广东粤剧促进会副会长、广州市戏剧家协会副主席。从艺35年来，参演过《搜书院》《贼王子》《苦凤莺怜》《西厢月下情》《花染状元红》《钟无艳大破棋盘阵》《范蠡献西施》《白蛇传》《六月雪》《鸳鸯剑》等经典剧目，并主演了《花月影》《三家巷》《碉楼》《汉高祖刘邦》等粤剧。黎骏声戏路宽广，文武兼修，主攻生角行当，塑造了多个舞台人物，积累了丰富的舞台经验，深受好评。曾获广东省第二届、第三届粤剧演艺大赛金奖以及广东省戏剧"十佳中青年演员"、广东省"新世纪之星"等称号，于2011年以古装粤剧《花月影》荣获第25届中国戏剧梅花奖。本次采访，着重了解其学艺经历、艺术见解，探讨粤剧文武生在当代文化背景和市场下的艺术传承等问题。

从艺略述

黎骏声原名黎向阳，出生于粤剧世家，父亲黎树权、母亲林玉梨分别曾是茂名粤剧团团长和名花旦。父母从小即对他言传身教，传授粤剧基本功。受到家庭熏陶，黎骏声从小就有良好的表演感觉，并于9岁初踏台板。正由于有父母指点，此前他并没有经历过当学徒这一阶段，是从家庭熏陶直接到剧团实践。

进入剧团之后，团里有严师指导，还有训练、上台演出的任务，黎骏声开始感受到压力。12岁时，他被挑选为《万水千山》一剧中的小演员。初登舞台，他倍感兴奋，一种当明星、名人的荣誉感鼓励他勤奋练功、坚持不懈。就这样，他在茂名粤剧团一待就是11年，刚开始时担任小角色和武打演员，后来担纲主演了《庵堂认母》《孽海情鸳》《王化买父》《风雨泣萍姬》《哑女告状》等剧目，渐渐地崭露头角。

后来，粤剧市场曾一度低迷，黎骏声也曾萌发转行念头。幸亏父亲一番语重心长的劝导，建议他不急于做决定，看看形势发展如何再做抉择，黎骏声才决定继续埋头于粤剧舞台。而就在这时，机会来了，他遇到了恩师红线女老师。一次偶然的机会，红线女看到黎骏声表演，认为他是可造之才，就把他调到小红豆粤剧团，亲自指导黎骏声，并让他学习香港名伶新马师曾，取艺名"小新马"。在他早期的艺术生涯，我们可以在诸如《贼王子》《花染状元红》等剧目里，看到这个名字。在经过一段时间的实践摸索后，黎骏声觉得自己的嗓音与新马师曾不是同一路子，遂改艺名为现名，取"骏马飞腾声音响亮"之意。在红线女老师点拨下，黎骏声进步很快，越来越体会到"多演小戏才能演好大戏，集百家方成大家"的深刻道理，也越来越喜欢挑战不同的角色。

由于自己独特的声线，黎骏声从实践中慢慢琢磨自己应如何扬长避短、融会百家为己所用。从开始单纯的仿效新马师曾到接受红线女教导，广泛接触不同人物类型，适应不同排场戏段，黎骏声也摸索到利于自己发挥的艺术规律。他深知自己的声线属于清朗俊秀、潇洒华丽的类型，演绎小生行当自然游刃有余，但是如何塑造偏向武场风格的行当角色，凸显人物个性，则需要进行艺术加工。个人的音质是天生的，所谓"天赋玉喉"。在亮丽声音的基础上，黎骏声尽量利用眼神身段，以及对唱词某些字眼的偏重、夸饰，形成跌宕起伏之势，丰富自己的唱腔与人物。

例如在《风雪山神庙》一折中，黎骏声饰演的林冲，扮相潇洒俊俏，但须增添些豪迈之气，方显英雄本色。于是，他着意在唱腔与眼神上下功夫。比如在"长句二黄"唱段中唱道："俺林冲，还估道，跃马挥戈，沙场杀敌，博他个玉带腰横。"他把"挥戈"略为拔高，突出林冲的抱负；唱"玉带腰横"时，把腰间酒壶重重地放在桌上，增加表演力度。在接下来的"快二黄"唱段中，由于节奏加快，在交代自己要报仇雪恨时，他的动作亦随之趋快，且左右转动，仿如走圆台，深刻呈现人物复杂的心理变化。在"伸义勇，杀贼臣，林冲敢把虎来犯"几句"滚花"中，黎骏声又能自出机杼，一方面以高腔形式唱出，另一方面以断句形式，若断若续，配合武功身段，较好地诠释"铁血男儿睁泪眼"悲愤交加的情状，粗中见细，刚柔并济，饶有特色。

在《贼王子》一剧中，黎骏声扮演好大喜功、助纣为虐的汪如海将军。此人物属于奸角，为阿谀奉上不惜欺压良民，置百姓利益于不顾。虽然是反角，与平素所熟悉的正面小生风格迥异，但黎骏声从剧情和人物出发，琢磨其内心世界和外表造型，力求演得丝丝入扣。尤其殿前比武一幕，汪将军与王子为了公主互不相让，却因为自己自私怯懦的本性，在文试中宁愿认输；武试挫败，心生不忿之下又反咬一口，说王子就是朝廷通缉的重犯。一副小人的面目在黎骏声演绎下栩栩如生，在推动戏剧情节、增强冲突气氛方面起到了作用。这样的反派角色，在黎骏声此后的演艺生涯中虽不多见，但亦可约略窥见其早期的表演天赋与功力，为他日后成长成熟打下扎实基础。

粤剧《六月雪》，黎骏声饰演蔡昌宗

粤剧《花月影》,黎骏声饰演林园生、倪惠英饰演杜采薇

粤剧《花月影》，黎骏声饰演林园生、倪惠英饰演杜采薇

粤剧折子戏《洪承畴》，黎骏声饰演洪承畴

粤剧《十三行》，黎骏声饰演潘文孚

粤剧《睿王与庄妃》，黎骏声饰演睿王

在饰演反派人物方面，黎骏声亦有自己的表演经历和体会。比如在马派名剧《洪承畴》的《惩奸》一折中，黎骏声把一个变节降清的汉奸洪承畴，颠倒黑白而又贪生怕死的特点表现得充分淋漓。面对被他杀害的义士夏完淳的鬼魂，洪承畴振振有词，为己狡辩；当相好的爱人佩珊的鬼魂前来谴责时，洪承畴却误以为人，一时间真情显露，一吐相思之情。当听得佩珊言道"恨的是自己，错把乌鸦当大鹏"，谴责洪承畴忘恩负义，得上青云便忘却道德节操时，洪承畴面露些许愧色，随之醒悟，来者乃是鬼魂，马上手忙脚乱、惊慌失措，大呼救命。鬼魂走后，他又恢复原状，大骂对方青楼贱妇，无权指责自己，小人之态毕露无遗。接着，他的娘亲也出来指责，洪承畴随即低垂头颅，勉力辩解后无言以对。当大清太后现身时，洪承畴随即大吐苦水，希望她能为自己这位"贤臣"平反，孰料反遭谴责。最后在众人的指责声中，这位卖国求荣的大汉奸精神崩溃、倒地不起。黎骏声饰演这位反派人物，牢牢抓住他只顾私利、卖国求荣的特点，利用行当程式充分表达出人物的厚颜无耻与色厉内荏，使之形象丰满，富有艺术感染力。

黎骏声参演了大量的经典传统剧目，他视之为传统艺术的传承。在这些剧目中，他继承了前辈的表演艺术和风格，并力图在此基础上，融入个人理解，呈现个人特色。在《白蛇传》一剧中，黎骏声饰演许仙，这是一个纯真质朴而又有些愚昧怯懦的人物。在《相会》一幕中，他把许仙作为青年男子初遇异性的腼腆，通过细节逐一呈现出来。比如上船时，许仙一手打伞，一手扶着白素贞，在风急雨急、小船欲倾中，站立不稳又须顾及男女大防的狼狈样子，黎骏声表现得入木三分，又不失传统小生的潇洒俊逸。同时，他又把自己"医书愧叠埋，终日云苓白芍柴胡玉桂，一把厘戥理生涯"的身份于不经意间透露出来，更增添几分不通世故、醉心医术的味道。这些细节正是许仙性格、行为的特征表现，其形象的塑造为戏剧后来的冲突矛盾埋下了伏笔。正由于识见不明、立心不坚，遂有被法海言辞左右的情景。后许仙碰到法海，受其蒙骗，把雄黄酒递给白素贞，使她现出原形并被吓得晕死过去。该幕有不少做手身段，黎骏声均能表现得丝丝入扣。白素贞为救丈夫，冒险盗得仙草，两人又过上甜蜜生活。孰料许仙再遇法海，被告知己妻乃蛇妖。许仙惶恐不已，大呼"禅师救命"；待见到法海闭目不语时，许仙又想起妻子曾叮嘱勿与僧道往来，正想拂袖离去，却又寻思"何妨一问"。待听得法海念道："江南有蛇窟，蛇蛇有丽质。有个美人儿，清明路旁泣。少年纳为妻，十月一子得。正喜风雨过重阳，十丈银蛇起床侧。先伸毒舌吃娇儿，再吃丈夫不吐骨。你与白蛇共枕眠，翻风落雨满床湿。血淋淋，直笔笔。"顿时把许仙吓晓得拥臂而颤。这些复杂的心理变化与丰富的面部表情，黎骏声都能准确捕捉，并通过念白、身段、神态表现出来。

在较长的一段时期，黎骏声先后主演了《柳毅传书》《范蠡献西施》《山乡风云》《搜书院》《刁蛮公主戆驸马》《焚香记》等传统剧目，加强了他对饰演人物的理解、分析。每一句台词，每一个动作，都可能关乎表现的力度和效果。通过人物情绪表现去理解剧本主旨，同时也通过剧本主旨去拓展、丰富人物内心世界。传统剧目的表演，使黎骏声自觉传承流派、弘扬经典，也为他日后艺术舞台的拓展奠定了扎实基础。

新剧摭谈

尽管演了不少经典名剧,但对于一名富有经验并渴望不断提升的年轻演员来说,如何形成、树立自己的表演风格,通过一出乃至一系列促使自己形成风格的创新剧目来寻觅自我、塑造自我,是黎骏声经常寻思的问题。可以说,传统剧目,锻炼的是年轻演员学习继承的能力;创新剧目,考验的是成熟演员开拓突围的水平。这两者既有密切联系,也有本质区别,学习继承中不乏突破创新,突破创新也不能脱离学习继承。因此,当《碉楼》一剧的任务交给黎骏声时,他开始了新的艺术思索。《碉楼》属于新创作剧目,讲述的是清末民初开平碉楼人家的爱恨情仇与悲欢离合。该剧亮点在于以粤剧形式展现粤地民俗,以司徒镇海和秋月的爱情故事为主线,通过碉楼这一富有地方象征意义的建筑物,再现海外华工的辛酸历史,凸显特定历史时期人性善恶交织的场景。"开平碉楼"与"粤剧"两张非物质文化遗产名片构成了该剧的文化价值和历史意蕴。

"红豆飘香——广州粤剧团(院)成立60周年晚会",黎骏声、红线女、欧凯明、崔玉梅合影

粤剧《游园惊梦》，黎骏声饰演柳梦梅

主演《碉楼》时，黎骏声面临艺术上新的挑战。因该剧主人公司徒镇海是近现代历史人物，且戏剧叙述时间延展达几十年，如何把传统行当与人物角色结合起来，是摆在他面前的难题。黎骏声开始钻研人物，从其生平经历到内心世界，从故事情节到情绪起伏，莫不力求贴近创作主旨，务使人物呈现丰富的情感和性格，把抽象的历史概念变为具体的人物面目。司徒镇海一角使黎骏声更深刻地体会到，如何主动理解剧本主题与人物关系，如何通过形体、念白、唱腔等外在程式去反映角色的内在含蕴，如何以演员的个人表演风格还原、丰富剧本的意义、价值，从而扩展其外延，是考验一名演员表演功力和表演理念的关键。

黎骏声所饰演的司徒镇海，从时间纵线而言，分为青年、中年与老年，根据剧情，人物分别表现追求爱情的执着、漂泊异乡的坚守以及重回桑梓的感怀这三个侧重点。在此过程中穿插历史事件、恩怨情仇，更使该剧跌宕起伏、萦人心怀。黎骏声注意到司徒镇海的爱，是将纯洁真诚与执着坚守融合在一起，并从个体的爱扩展至对乡邦的爱。碉楼于司徒镇海而言，也从建筑物变为标志物。这个人物与传统戏中的小生、武生都不相类，既有对于心爱女子的柔情，也有勇于抗争的刚强，更有义举助人的热肠。黎骏声一方面利用自己特有优势，从声腔、动作、表情来塑造人物，另一方面又不囿于程式，而是渗入生活气息，使人物丰满灵动。比如，在司徒镇海从海外返回家乡与秋月见面的一幕中，黎骏声通过一段小曲《千般恨》唱出对秋月的思念："恨我金山困难返，念盼三载唯梦幻。历经数番死，百般难，才闯出鬼门关……相逢不易，焉能轻言生死，你我并肩一起度磨难。"而后在得悉秋月被迫将要嫁给马如龙时，再以《丝丝泪》诉出心中情："令你担惊惧，伴寒夜，黑漫漫，守着碉楼望长空，听孤雁。经多少历劫，恨我未能为你解忧患。"在这些唱段中，黎骏声能以委婉细腻的唱腔，以声传情，准确把握住主人公为爱而坚守、自责的情感。此前有评论者注意到黎骏声在剧中有梆黄体系以及歌谣体系的唱段，比如"反线二黄""快中板""七字清""南音"等，但该剧亦有一些耳熟能详的小曲，黎骏声能注意到它们在剧中所起到的作用，充分利用文字与音乐的艺术张力为舞台服务，较好地诠释了新时代新粤剧的魅力和特征。

而在处理矛盾冲突时，黎骏声亦能很好地把握戏剧情节发展的高潮，尤擅配合锣鼓点和眼神，突出需要夸饰、渲染之处。比如，女土匪单眼英抓到秋月和司徒镇海两人，以三关考验后者，看他是否世间多情郎。单眼英提出，钢刀一把，只活一人，让两人做出选择。司徒镇海冷不防推开秋月，抢过刀架在自己脖子上，愿意以自己的性命换取秋月的安全。虽然只是短时间的几个动作，但黎骏声处理得恰到好处，念白与身段都配合锣鼓点，一张一弛，此抑彼扬，若合符节。正由于这种对"个人之爱"的尊重与守护，使观众更好地理解司徒镇海对于家邦、同乡的牵挂与眷恋。可以说，黎骏声在《碉楼》中的演绎很好地诠释了广东人对本土文化、民风礼俗的守护与敬仰，他演活了一个角色，演活了一代华侨，演活了一种情感！

除《砚楼》外，值得一提的还有新编粤剧《豪门千金》。这是一部改编自莎士比亚的《威尼斯商人》的粤剧，叙述了破落商家子弟常英志与珠城巨富千金朱西娅相爱的故事。在此过程中加入了常英志的好友即商人李安东为帮助常英志追求朱西娅，不惜以己身做担保向濠江高利贷商人夏老克借款一事，后因李安东的货船航运受阻，面临须履行契约从身上割一磅肉给夏老克之虞，最后还是在朱西娅的机智辩护下得解困厄。这出粤剧颇具看点，黎骏声认为戏曲革新离不开"契合点"，而《豪门千金》就是"纵向继承与横向借鉴的契合点"，是"戏曲的传统美质与现代艺术融合的关键因素"。因为饰演的是近代人物，而且该剧从外国文学作品移植过来，如何把这些新特点与粤剧程式结合起来，很考验演员的功夫。黎骏声充分意识到该剧在原来莎翁作品基础上，作了较大的修改，是西方文学作品的"戏曲化"与"本土化"，在表演过程中肯定会面临戏曲艺术与外国文化之间的矛盾。他便尝试在传统程式基础上，适当加入日常生活元素，使人物更生活化、当代化。例如在第二场，讲述朱西娅与常英志在海边相遇的情景，他们手中的马鞭已经经过改良，为传统戏曲中的"趟马"增添了浪漫色彩；两人后来比剑，也是融合了西洋剑和粤剧单剑把子套路的特色；还有一些跳舞的场景，也在传统程式基础上对芭蕾舞等现代舞进行改造，使之配合锣鼓点，保留戏曲的韵律。该剧呈现出中西文化交流、对话的粤剧改编的时代气息，因而上演后备受欢迎，老少咸宜。

黎骏声曾饰演过不同类型的"生"，除了小生、武生，还有老生、须生。有时即便不是担任剧中主角，他依然能从人物角色特点出发，散发表演魅力，令人印象深刻。如在《金石牡丹亭》一剧中，黎骏声饰演丽娘的老师陈最良——一位重情义、真性情而又略带迂腐的儒生。当梁耀安饰演的柳梦梅向他询问画中人是谁时，陈老师不禁略带伤感言道："小姐十八年华得父宠，杜门丽娘琴书弄。遗下自画丹青挂梁栋，太湖石畔埋恨痛呀。"说罢掩面而泣。在听闻柳生"娇生欢声惊雾瓦"，怀疑他有失私德时，遂马上前去查探明白。厢房内柳梦梅与杜丽娘两情相悦、呢喃私语，陈老师门外偷窥，因看不到丽娘鬼魂，未明究竟，不禁满腹狐疑。已是鬼魂的杜丽娘不想让陈老师查探，便施以小动作，使陈老师怀疑自己老眼昏花，怒气之下更是破门而入，欲捉奸在当场，并一口咬定柳生私通小尼姑。当他彻查之下并无外人，疑惑更生。在这些细节表演中，黎骏声充分利用自己的动作、念白和眼神，把一个有着牢固正统思想与爱护自家小姐情感的夫子形象，在质疑柳生与小姐关系的过程中，所表现出来的种种细腻情绪变化表现得活灵活现，令观众时有莞尔一笑。黎骏声精湛的演技，无论是老生还是小生，均可轻松驾驭，可视为多年的舞台经验积累的结晶体现。

"骏逸蜚声——黎骏声粤剧艺术专场",黎骏声饰演李白

粤剧折子戏《蜀道难》，黎骏声饰演李白

获奖感想

《花月影》是黎骏声参加第25届中国戏剧梅花奖角逐表演奖并获奖的剧目，也是他表演的第一个大型原创剧目。广州文学艺术创作研究院编剧梁郁南曾评价道："黎骏声是一位富有朝气和活力的演员，自身条件很好，善于用声线传递感情。这次的《花月影》，对他而言有着重要意义。因为他所饰演的男主人公林园生并非一般意义上的小生，而是立体丰富、糅合了人性的善良与扭曲的特殊人物。黎骏声在该剧中的演绎非常到位，在某种程度上也丰富了粤剧艺术表演。"曾任广州市粤剧团团长的倪惠英在谈到这位拍档时也予以高度肯定："黎骏声在饰演林园生时，对人物的塑造、把握和呈现是很到位的。可以说通过这个戏，他在艺术上实现了新的飞跃，是粤剧艺术使他焕发出光彩、发挥出能量。"

《花月影》讲述的是青年军官林园生与红船梨园女子杜采薇相遇，一见倾心，两情相悦。无奈粤州总兵何镇南不满性格耿直高傲的杜采薇，继而讨厌维护杜采薇的林园生。恰在此时，海盗侵犯并索要钱粮美女。何镇南遂将杜采薇送侍海盗，并令林园生押送。杜采薇被迫自杀，林园生亦因此被削职。一对青年男女的爱情以悲剧告终。

在多次访谈中，被问及"最喜爱的人物角色"时，黎骏声都会以《花月影》中的林园生为例，提及自己的表演心得和体会。因为林园生身上有着行当的特殊性与情感的复杂性，所以在钻研剧本过程中，黎骏声发现人物还有丰富的情感需要自己深挖，林园生并非故事情节所表述的"负心汉形象"，相反，他的内心充满矛盾与波折。林园生才华出众、抱负远大，希望能凭自己的才学报效国家、光宗耀祖。然而，在通往光明仕途上，他遇到了重重困难。言语中得罪了手握大权的总兵，弹劾总兵的奏折又被截获；他热恋的红船女子杜采薇同样是总兵大人的"眼中钉"，却偏偏为不肯"献媚奉承"而惹得总兵大怒，遂命林园生押送他自己心爱的采薇送赠与总兵谈和的匪徒。后来杜采薇不堪受辱自杀身亡，林园生低落消沉，在与杜采薇灵魂的对话中彻悟人生。这种种关系，错综复杂，情节跌宕，又使人物情感更添张力。林园生的情感脉络可分为三个阶段：从意气风发、踌躇满志到卑躬屈膝、忍辱曲从，再到后来的消沉失望、彻底了悟。如何表现这些心理的变化、处理当中细微的情绪过渡，是非常考验黎骏声功力的。而且，该剧为新编粤剧，虽然也是古装戏，却不能照搬传统行当。如何更好地表现人物，也是黎骏声需要处理的关键。

在导演启发和自己琢磨思考下，黎骏声在表演中借鉴了话剧等剧种的表演手段，丰富自己的表演模式，利用面部表情和动作身段，力求贴近人物在不同场景的心情。得知总兵要把杜采薇送赠匪徒时，黎骏声特意设计了一段念白，并在念至"兵将不思出战，却要女子献身，要我男儿何用，要我兵将何用"几句时，着意使声音激亢、愤恨，但形体上却是一副卑俯的状态，强烈的对比更衬托出主人公内心的交战与情感的偾张；而在林园生遭受到重重打击后，与杜采薇进行内心对话时，黎骏声又适度扩大舞台幅度，以红手巾代替传统水袖，配合小曲唱词和舞蹈动作，表达内心情愫，倾诉对心上人的思念之情。这些设计，既有程式基础，又有逻辑根据；既符合传统表演模式，也不乏创新痕迹；既有戏曲味道，也凸显时代审美趋向。黎骏声正是凭借该剧获得第25届中国戏剧梅花奖，也通过该剧的磨炼，使他艺境又进，收获良多。

余 言

身为广州粤剧团团长的黎骏声，除了承担大量业务行政工作，还要完成安排好突如其来的演出任务，但是他没有停止对粤剧事业的思考。在访谈中，黎骏声强调，每一个历史发展时期都有其特点，粤剧也有尝试期，社会应该有宽容度，允许粤剧工作者大胆进行尝试，重视积累的过程，尊重尝试的可能，不要把某个阶段的尝试随意定性为将来的发展方向，而应该保持宽阔的视野，通过不断创作出新作品，共同探讨粤剧发展大计。在所撰写的关于广州粤剧团（院）成立60周年特辑文章中，黎骏声简单回顾了60年来广州粤剧团（院）对于传统的艺术坚守，并提出新形势下粤剧事业团体面临的挑战和与观众的关系。他认为，传承与创新是并存的，两者并非对立关系，只要方向明确、步伐踏实，从传统到现代完全可以实现顺利过渡。因此，艺术观念和创作理念非常重要。黎骏声强调，更重要的是，在目前尚处于讨论纷争、尝试摸索过程中的新时代粤剧艺术，不宜急于在概念、分类等方面强加标签："对剧目在市场上不同受众的定位，让不同欣赏层次、审美角度、情感需求的观众明确做出其不同兴趣的选择"，"我们不会对粤剧在改革创新过程中的成败得失做出评价，那该在未来的岁月中寻找答案"，"粤剧的改革创新，其实一言以蔽之，就是根据当下的生活节奏，结合欣赏者的审美趋势，期待它可以在某种意义上完成对粤剧舞台演出形式和文化品位的提升，从而吸引更多观众买票进场看戏，尤其是年轻观众"。

黎骏声认为，粤剧面临前所未有的机遇，同时也存在诸多的困难，比如粤剧编剧人才的奇缺、年轻演员的传承、年轻观众的培养等。为此，他大力呼吁上级主管部门和相关单位，并为之奔走献策，希望能广纳贤才、着力栽培，为粤剧事业奉献自己的一分力量。

对着前贤遗留下来的宝贵财富，黎骏声充满了希望与信心，也明白肩上弘扬传统的重任需要一代又一代的有心人去承担。只有勇于开拓的艺术精神不灭，传统的薪火才会越燃越旺！

粤剧《八宝与狄青》
黎骏声饰演狄青

崔玉梅

玉韫生辉，梅雪沁香

2013年获第26届中国戏剧梅花奖

人生各自有不同的剧本，因而有属于各自的精彩。与其他早早成名的粤剧老倌不同的是，崔玉梅在到达成功巅峰之前经历了一些波折，凭着坚毅意志和坚定信心，克服诸般困难，一步一个脚印，方蟾宫折桂，终有所成。崔玉梅刻苦勤勉，屡获殊荣，曾在1987年举办的广东省中青年技艺比赛中，以饰演《穆桂英招亲》中穆桂英一角，荣获一等奖；于2002年第三届广东省粤剧演艺大赛饰演《痴梦》之崔氏获金奖；于2004年第四届广东省粤剧演艺大赛以《试妻》获金奖。在三十余载的戏剧舞台经历中，崔玉梅先后饰演了《宝鼎明珠》中的明珠、《卖油郎独占花魁》中的花魁、《刁蛮公主戆驸马》中的公主、《百花公主》中的百花公主、《钟无艳》中的夏迎春等多个角色。她还主演了《五女拜寿》《孙中山与宋庆龄》《司徒美堂》等多部粤剧，并凭借《刑场上的婚礼》中的陈铁军一角斩获第26届中国戏剧梅花奖，成为行内闻名遐迩的名花旦。作为采访者，我们更关注这位名伶在艺术道路上所经历的故事，在听取她对角色演绎的体会以及舞台情怀、艺术见解的同时，尝试探讨这位粤剧老倌的艺术理念。

从艺经历

崔玉梅出身于粤剧世家，父母和爷爷都是从事粤剧行业的演员。父亲希望她也能传承，并把自己的艺名拆分为"玉""龙"二字分赠给崔玉梅与她的弟弟。就在初中二年级时，崔玉梅准备去考取广东粤剧学校。此前她只是由于孩童时代的好玩心态而喜欢唱歌跳舞，并没有进行专门的训练。但由于有家庭氛围的耳濡目染，当别人对粤剧、粤曲还处于懵懂未识之时，她已能够当众演唱声情并茂的慢板，像模像样地表演做手身段了。凭借良好的艺术感受和表现，崔玉梅被广东粤剧学校录取，从此与粤剧结下不解之缘。

在考取广东粤剧学校时还有一段小插曲。崔玉梅的母亲深知这一行业很辛苦，成名不易，担心女儿吃不消，所以偷偷把录取通知书藏了起来。直到快要截止报名之时，崔玉梅才在收拾书本时无意间发现里面夹着录取通知书。后来也是经过崔父耐心劝说，崔母才答允让女儿就读广东粤剧学校。

四年的学习，崔玉梅深切体会到"一艺难成"的含义。由于已到发育期，压腿拉伸等动作对于这个年龄段的少女来说，其中辛酸不足为外人道。但崔玉梅知道只有坚持才能有所成，她利用自己特殊的爆发力完成训练任务。毕业会演时，崔玉梅凭借"潘金莲"一角获得师生好评。这个角色在重新编演后与众不同，侧重突出潘金莲追求个人婚姻自由的形象特点，颇具现代气息。这对于正在成长中的崔玉梅来说是一个挑战，也是一次磨炼。

崔玉梅以优异成绩从广东粤剧学校毕业后被分配到广州市青年粤剧团，并主演《紫钗记》《百花公主》《穆桂英》等剧。后来青年粤剧团分开重组，崔玉梅加入了红豆粤剧团，有幸得到红线女老师的指导。对此她深有感触，认为红腔对自己启发很大。在红派名剧《搜书院》《刁蛮公主戆驸马》《山乡风云》《打神》的排演中，崔玉梅感觉自己声音的锻炼上了一个台阶，唱腔更细腻，气息更自如。她领悟到作为一名演员，除了声音上的天赋外，更重要的是需要悟性和琢磨。另外，唱腔、做手都必须为人物服务，倾注感情，才能使角色有丰富的层次和性格。她牢牢记得红线女老师多次强调，在表演中，不管音色多么漂亮、技巧多么高超，如果离开曲词本要表达的情感，离开人物的内心和情绪，为了"唱"而"唱"，为了"演"而"演"，都不能打动人。

红线女老师的悉心指点，令崔玉梅在艺术上受益匪浅、感悟良多。早在20世纪80年代，崔玉梅即在红老师指导下，先后学习并排演了《刁蛮公主戆驸马》《山乡风云》《搜书院》等经典剧目，打下了扎实的基础。在唱腔上，崔玉梅也是刻苦精研，仔细雕琢。除了向红线女老师请益外，她还请教"子喉王"谭佩仪老师，掌握科学发声方法，力求将之与传统唱腔结合，使声音更细腻动听、更富有表现力。在访谈中，崔玉梅多次强调，唱腔的学习，不能仅仅是简单的模仿，每一位前辈名家所开创的流派，均是他（她）融会百家后再参以"己意""己长"打磨出来的。因此，作为后学者，应结合自己实际的声音条件等因素来模仿，不能只效其形，更要取其精髓，尤其在角色塑造上，唱腔的设计不能离开人物的性格特点和心理轨迹，切忌依样画瓢、教条主义。

粤剧《一把存忠剑·斩经堂》,崔玉梅饰演王兰英

粤剧《秦香莲》,崔玉梅饰演秦香莲

粤剧《孙中山与宋庆龄》,崔玉梅饰演宋庆龄、欧凯明饰演孙中山

在摸索自己艺术风格的道路上，有较长一段时间，崔玉梅都在模仿前人流派、传承名家精髓。比如在《搜书院》之《柴房自叹》一折中，她饰演翠莲一角。红线女老师之前所塑造的人物形象，已经深入其脑海，尤其在唱腔上，她更是模仿得神似。在南音和乙反二黄一段中，她充分发挥红腔高低跌宕明显、高处亮丽慷慨、低处哀怨婉转的特点，较好地处理快慢节奏转换、人物情感悲愤交加的节点。在表演上，她也深刻理解剧情，较好地把握人物情绪变化，把翠莲惨遭毒打却诉苦无门的心情表现得淋漓尽致，尤其在演唱时，把人物"似地狱游魂，难将天日见，更似釜中鱼肉，一味受熬煎"所遭受到的惨况以及渴望"牢笼冲破跳出深渊""长空自在舞蹁跹"的决心呈现在观众面前。崔玉梅坦承自己曾受到红腔的影响，至今她还在研究探讨中，在《红的归来》一剧中，她饰演红线女，唱腔设计尽量使用红腔。但是她不专一家，而是博采众长，撷其精华，从她行腔的灵活多变可见一斑。

　　除了唱腔，崔玉梅在表演上也下了苦功夫，特别在传统戏曲的继承上她用心尤多，不断学习不同行当的表演特点，并运用到舞台实践中。"到处留心皆学问"，她并不认同"照板煮碗"就能应付过关，对于演员来说，即便是模仿，也应建立在自己的理解之上。如在《痴梦》一折中，她在吃透剧情文辞的基础上，把朱买臣之妻崔氏演绎得颇为生动。该剧主要讲述了崔氏改嫁张木匠之后，因遭其毒打辱骂，不禁思念前夫朱买臣，且又得知朱买臣终得高中，遂在梦中满足了虚荣心。崔氏一角属于青衣行当，人物展现出复杂的心理过程。崔玉梅在演绎过程中，主要抓住了人物细腻的心理变化作为表演的重点，即便是看似平易的念白，崔玉梅也不敢掉以轻心。比如，在崔氏自述家门时，她把"想我崔氏，原配夫朱买臣，后改嫁张木匠。买臣虽然贫苦，对我却可谓百依百顺；可恨那张木匠，乃山野鄙夫，时常遭他打骂，今早他对我拳打脚踢，然后出门鬼混去了。正在此时，有两位官差前来报喜，问我朱老爷所在，原来买臣他五十终得高中，封为会稽太守，明日便车马来迎。朱老爷……"这一段道白处理得高低互见、松紧得宜，说到前夫朱买臣脸露喜色，讲及现夫张木匠则时有愠容；声音的轻重起伏，反映了崔氏对于往昔温馨相处的甜蜜回忆以及对现状困顿生活的不满，为接下来的表演奠定了情感基调；尤其得知前夫已然高中，便不由得痴想起来："夫人无份自堪哀哀哀哀，哀夫妇离分，往日恩情不再。"该句为"反线二黄"，在"哀"和"再"字后有较长拖腔，崔玉梅在表演中较为强调这一特点，且衬以哭腔与叹息介，展现了人物的情绪。古人撰写诗文，讲究起承转合，戏曲亦不例外。演员掌握节奏的表演功力亦借此得以体现。在唱腔之后，崔玉梅紧接着又是一段念白："初更了。崔氏啊崔氏，斗室内还有一点灯光，难道我就无一点希望么？想当初，迫他写下离书之时，买臣曾经讲过，妻啊，你再忍耐一时，待一年半载，买臣做了官，在金殿之上，上奏一本，讨封你一个贤德夫人。哼，买臣啊买臣，老婆都快要饿死了，看你如今衣食无着，可笑你还想当官。如今想起来，都怪我难捱清苦，并非买臣无情无义，如今他高官厚禄，难道便成了陌路冤家？不会，不会的。有道是一夜夫妻百年恩（此处由念白加入清唱拖腔）。"在这段念白中，崔玉梅抓住了人物丰富的脸部表情变化，尤其在眼神上下功夫。一顾一盼，一开一合，配合着声调的高低，更进一步揭露角色微妙的心理变化轨迹。在细节处理上，崔玉梅毫不含糊，如紧接着拖腔的"一夜夫妻百年恩"，她在"哈哈哈"几声得意的笑后，随即以爽快的节奏唱小曲《柳摇金》："一夜夫妻百年恩，纵使分离旧情在。一生一世未忘怀。况且夫妻俩，已相守十余载。一旦两离分，也是无奈。更何况，买臣佢有情义大贤哉。相信君恩厚，不会忘情糟糠之爱。风呀请吹散这一片愁云，让我重见月华彩。请灯帮忙为奴照，照出一朝显贵大道来。"表达了人物一厢情愿、痴心妄想的轻快心情。

  在接下来崔氏进入梦乡的一段中，崔玉梅更把人物穿上凤冠霞帔时得意忘形的情状刻画得入木三分，除以小曲《龙飞凤舞》演唱外，更利用身段和表情继续塑造人物在梦乡"遐思"的形象，凸显"痴人做梦"的深刻主题。凭借该剧出色的表演，崔玉梅荣获2002年第三届广东省粤剧演艺大赛金奖。

  崔玉梅还曾有过拍摄粤剧卡拉OK影碟的经历。当时她录制了大量的粤剧折子戏和粤曲。由于在海外发行，使得崔玉梅的知名度骤升。她还参与拍摄都市粤剧，内容大多为实景，也让她在舞台之外多了一种艺术表演的经历。她通过实践、比较，逐渐意识到，与粤剧舞台行当程式的夸张、写意特点相比，电视剧等艺术样式更侧重写实性与生活化，这样才能细腻地呈现人物的内心世界。这些感悟，在某种程度上启发崔玉梅在粤剧表演中充分运用情感体验与形象塑造的方式，使表演更生动、逼真。

粤剧《昭君出塞》
崔玉梅饰演王昭君

崔玉梅还曾参与古装粤剧《卖油郎独占花魁》的拍摄，她饰演女主角花魁。这于她而言是一个挑战，因为表演场景和表演技巧甚至化妆服饰都不一样，与平时粤剧舞台的感觉迥然相异。但与卢海潮、罗君超、陈小莎等前辈搭档，在他们的带动引导下，作为新人的崔玉梅也获益不少，她开始适应这种镜头下的趋向生活化的表演，为她后来继续参演《七十二家房客》积累了不少经验，她的表演越来越大胆自然，塑造角色更加生动活泼。在《七十二家房客》中，她饰演韩师奶一角，对于表演的生活化、即兴化体会更深。如果说在《卖油郎独占花魁》一剧中，崔玉梅还是侧重传统戏曲的程式化，逐渐适应不同的表演规范和场合；而在《七十二家房客》中，她则显得颇能应付自如，自然入戏了。

人生并非一帆风顺。1993年，崔玉梅因为身体上的原因，曾经一度离开粤剧舞台八年之久。这次短暂离开，也使她经历了艰难的思想斗争。但回过头来看，这次"暂别舞台"未必就是坏事。崔玉梅在这段时间里，尝试着静下心来，"跳开粤剧"来"反思粤剧"，她观看了其他剧种诸如京剧、越剧、昆曲等的表演，意识到地方戏曲既有其特殊性，也有其局限性。作为粤剧演员，更应该取长补短，适当借鉴其他艺术门类，补充到自己的表演中去。在唱腔上，她也结合自己喜欢唱流行曲、民歌的特点，在传统唱腔基础上，适当加入一些较通俗的唱法，同样讲究字正腔圆，但在典雅之余追求质朴平实，亦饶有味道。

艺术工作者每在达到某一艺术高度之前，往往经历长时间的淬炼，每一行业的从艺者概莫能外。崔玉梅就曾"枯坐"冷板凳，刚回到广州粤剧团的那段时间，她只能在上午九点到下午五点的上班时间，观察别人排戏。但她认为这也是一个学习和思考的机会。中国传统戏曲的传承从理论到实践都讲究"口传心授"，很多个中精髓的总结归纳并不见诸文献记载、史料辑录等实体，而往往是从"观察""模仿""感悟"中传承与提升。"看戏"与"听曲"也构成了学艺者、游艺者学习、欣赏戏曲的重要途径。"观之于目，感之于心"是"形之于体"与"舞之于身"的前提，也是演员在技艺层面学习、传承的不二法门。

刚回到广州粤剧团时，崔玉梅曾有很长一段时间担任倪惠英的替身，在谈及此事时，崔玉梅认为，对于这段经历并没有什么"难为情"之处。她甚至说："如果人生缺了那段经历，肯定不会有今天的厚积薄发……正是这段时间的训练，让我在唱腔技巧以及角色理解上有了很大的突破。"

当然，一提到当中的收获，崔玉梅也掩饰不住兴奋。作为专业的演员，她始终认为角色并无大小之分，无须过于在意主角与配角。只要演员用心去演，潜心摸索，反复雕琢，即便只是几句口白与唱腔，都有发挥的空间，都能在瞬间抓住观众的心。在尝试不同角色的同时，她渐渐开始感受到创作人物的欲望，从"让我演"提升到"我要演""我要如何演"的层次。她认为这并非如外人所想象的"虚度时光"，恰恰相反，她觉得获益良多。时任广州粤剧团团长的倪惠英本身就是自己学习的榜样，她身上有很多丰富的舞台经验和艺术特色可资借鉴；同时，倪惠英还是一位不喜因循守旧，力主不断拓展的领导者。为了提升粤剧艺术水准，倪惠英邀请了不少名导演、名编剧以及专家前来指导，这些均是崔玉梅从旁能得以观察学习的大好良机。此外，她往往要在同一剧目中承担不同角色，一是B角，一是剧中其他角色。例如在《范蠡献西施》一剧中，她就要同时排演西施和郑旦两角，既要揣摩、区分两个不同角色的特色，又要不停转换角色，这恰好锻炼了她体验、饰演人物的能力。通过这种磨炼，崔玉梅对于角色有了进一步的体会，对于表演的理解也更深入了。

在学习、观察的过程中，崔玉梅渐渐找到了自己的表演方式，她开始大胆尝试不同行当的演绎，力求更深入理解粤剧表演，探寻更多的艺术方法。在《五女拜寿》中，崔玉梅饰演富人的二女儿杨双桃，这是一个嫌贫爱富、势利尖酸的妇人，但在行当上不能单纯以花旦造型和习惯来表现。于是崔玉梅在琢磨角色后，决定一改此前长于表演大家闺秀的花旦行当和小家碧玉的小旦行当，而使用彩旦程式演绎，凸显角色的性格特点。同时考虑到人物的身份，须赋予她富贵与庄重之气。为突出杨双桃盛气凌人的特征，崔玉梅又加强了人物的声音表现力，以"先声夺人"的处理使观众有"未见其人先闻其声"的感觉；她又在表现角色泼辣霸道上重彩涂抹、着力渲染。比如剧中杨双桃吩咐下人时，有几段口白："来人呀，替老爷夫人准备香汤沐浴，更换新衣；来人呀，替老爷夫人收拾卧房，熏香叠被；来人呀，吩咐厨房准备山珍海味，荷花厅替老爷夫人洗尘接风。"崔玉梅使用较夸张的方式，以高调金声使口白一气呵成，颇具威势，从侧面反映了杨双桃性格外扬、欺凌成性的特点。通过这一角色的设计和演绎，崔玉梅体会颇深，如何在剧情文本（文字）与"四功五法"（表演）的鸿沟中实现两者的嫁接转换，使之融合交汇，是演员在成长中面临的重大课题。

粤剧《南越宫词》
崔玉梅饰演金笛

获奖详谈

在演绎了大量传统古装戏之后，崔玉梅开始寻求突破，思索如何凸显自己的艺术特色，如何进一步提升自己的艺术水平。恰好这时，她收到通知，需要顶替一名演员去饰演《刑场上的婚礼》中的女主角陈铁军。该剧原是由红线女提议、广州红豆粤剧团创排的现代革命题材粤剧，讲述的是一对热恋青年为革命殉身的故事：1927年的广州，工人运动此起彼伏，社会局势非常紧张。富裕家庭出身的女大学生陈铁军，因不满包办婚姻而出逃家门，困顿之际巧遇广州工人运动负责人周文雍，并参加了革命。为更好地开展地下革命，组织要求两人假扮夫妻，以掩人耳目。两人开始从相知到相爱，却因为起义失败而被捕入狱。周文雍、陈铁军面对敌人的威逼利诱宁死不屈，最后在刑场的婚礼上被枪决，留下可歌可泣的悲壮诗篇。该剧虽然为现代革命题材，但是人物形象饱满而鲜明，故事情节跌宕起伏，凸显了人性的光辉和为正义事业奉献的崇高精神。

在采访中，崔玉梅表示："《刑场上的婚礼》对我来说，是我人生另一个转折点。"作为一名在传统剧目上浸润多年的演员，却强调一部现代戏的意义，这当中应有值得思考探究之处。

崔玉梅并非首次饰演陈铁军的演员，在她之前，《刑场上的婚礼》已经由红豆粤剧团演出200多场。换言之，她面临的困难不只是熟悉剧本、演绎角色，更重要的是如何在该剧原来良好的群众基础上以及原有的审美思维上实现新的突破，呈现出属于崔玉梅自己的艺术特色。在背曲词、看录像的同时，崔玉梅开始钻研人物，揣摩应该用什么样的唱腔和身段塑造角色。

该剧对于演员的考验，集中在能否适应并驾驭变化。剧情变化、情绪变化、节奏变化，贯穿了整出戏剧，要求演员在变化中抓住节点，凸显并丰富人物的内心世界，尤其是表现人性的复杂性与多面性。例如，陈铁军性格的转变恰恰是随着情节的改变而呈现出来的。从家庭出逃时的陈铁军还是一位性格倔强、任性冲动的妙龄少女，虽然思想先进，富有学识，但是对于社会人情还是略显稚嫩。后来碰到周文雍，为其见识气魄所吸引。在加入党组织后，陈铁军慢慢变得成熟稳重，颇有主见。在接受组织安排的任务，让她跟周文雍假扮夫妻，以便进行地下工作时，陈铁军还略带少女的羞涩，但在出生入死的经历中，她逐渐意识到革命工作的艰巨与光荣，更为"丈夫"周文雍胸怀大志、勇于承担的精神所感动，开始产生真正的爱情。这些转变，从对白、唱腔等方面都必须处理得当，尤其是情感的自然过渡，须拿捏得恰到好处，不瘟不火，方见功力。

粤剧《刑场上的婚礼》，倪惠英饰演陈铁军、欧凯明饰演周文雍

《刑场上的婚礼》,崔玉梅饰演陈铁军、欧凯明饰演周文雍

崔玉梅牢牢抓住这些细节,去构思塑造陈铁军。在她所撰写并发表的《心灵感悟 倾情演绎——浅谈陈铁军舞台形象的塑造》一文中,崔玉梅谈及了自己塑造人物的体会。兹结合该文提要和采访所得概述如下:

红线女看完粤剧《孙中山与宋庆龄》,上台亲吻崔玉梅的瞬间定格

一是在熟悉剧本的基础上，深刻理解人物性格特征，挖掘人物内心世界，务求人物形象的饱满、生动。崔玉梅特别强调了"心理依据"，她认为一句台词、一个动作都是舞台人物的心理依据，也是演员以之作为进入角色的突破口，更是在表演过程中理顺情节发展和心理变化的关键。只有把握好心理依据，演员才能演活人物，使之在舞台上鲜活地呈现在观众面前。例如，在第一场逃婚中，崔玉梅抓住陈铁军身上所具备的青春朝气、热情冲动的特点，把人物初涉社会的无知和恐慌表现出来。又如刑场一幕，陈铁军已成长为坚定的革命者，故而表现出视死如归的精神，面对敌人毫不畏惧，与爱侣周文雍从容就义。这些转变，都是根据剧情发展和人物性格来调整和表现的。

二是凸显唱腔的特色和优势，充分利用唱词表现剧情的跌宕与人物的个性，尤其注意根据人物的情绪来调整声音的高低缓急，更清晰细腻地折射角色的心理状况。崔玉梅从斯坦尼斯拉夫斯基关于"声音力量使用与抑扬顿挫关系"的论断中获得启示，认为戏曲唱腔离不开轻重顿挫的交替变化，人物的情感往往从中得到展现。所以在《刑场上的婚礼》一剧中，陈铁军前后的声音处理迥然不同：逃婚离家时的陈铁军仍然有青春少艾的热情高昂，而与敌人智斗时的陈铁军，则多了几分成熟与内敛；当与周文雍相处日久，渐生情愫时，陈铁军的唱腔也注入了几分柔情蜜意，听来令人回味；而当面对残暴凶狠的敌人时，陈铁军一改斯文静态，代之以大声呵斥，声音高亢而明亮。这都充分体现了崔玉梅对于声音的自如控制，对于唱腔的匠心独运。

三是注重与对手交流，使戏剧整体效果浑然一体，富有感染力。目前的粤剧新编剧目，多见生旦为主的戏，因此男女主角的互相配合、交流成为表演的关键。《刑场上的婚礼》也是一出以男女主角为主的现代题材剧目，崔玉梅非常重视与对手的合作，她认为互相交流、配合、促进，是双方能在舞台上碰撞出艺术闪亮火花的前提与基础。她深入理解剧情，觉察到陈铁军与周文雍的相知、相爱有一个过程，而且两人的爱情建立在彼此心意相通、革命理念一致的基础上，在言语与行动上，他们都有一致性。如何表现这种一致性，使两人的感情戏显得自然而深情，则需要多一些诸如眼神、动作的交汇。在表演中，崔玉梅很注意一些细节，比如与饰演周文雍的欧凯明的柔情对视以及一起怒斥敌人的卑劣用心，都尽量表现得丝丝入扣、若合符节。

四是从外在形象到内在精神塑造人物，凸显人性光辉。陈铁军在历史上确有其人，从历史到艺术，如何实现中间的过渡，使角色在可信的基础上更可爱、可敬，崔玉梅也下了一番苦功。她曾收集资料，比如陈铁军仅存的照片，仔细端详研究，力求在外形上捕捉到人物当时的外表气质，并在舞台上还原出来。除此以外，崔玉梅更注重人物精神境界在艺术手段上的提升，她认为陈铁军是一位奇女子，内心是非常丰富的，不仅有对个人幸福的追求，更有由此推及的对祖国和人民美好未来的憧憬。但是，人物的表演不能脸谱化、程式化。崔玉梅此前积累多时的表演经验起到了作用，她充分利用在拍摄古装粤剧、都市粤剧和电视连续剧时的表演技巧，把人物细腻的、丰富的内在情感挖掘出来并加以表现。正如她所体会的："传统粤剧中多是表演才子佳人，而现代戏《刑场上的婚礼》需要的是时代的精神和细腻的感情。"故而在舞台上看到的陈铁军，观众并无说教枯燥或呆板僵化之感，相反地，由于崔玉梅对人物的成功塑造，使得观者为她所展现的精彩、动情而鼓掌称许。

为了在比赛中获得更好的艺术效果，给评委和观众留下深刻印象，在参评中国戏剧梅花奖时，崔玉梅还不断提出自己的想法，力求有所突破。例如，她建议在该剧尾段加入一段主题曲《狱中明志》，表达陈铁军对革命的忠诚、对未来的憧憬以及对周文雍的爱意。当中有一句"盈伤剧痛似火燎"，为突出曲词的效果，崔玉梅着意做出处理，把重心放在"似火燎"，尾腔拖得较长，使得短短一句曲词，抑扬顿挫、轻重得宜，凸显了唱腔的张力。此外，崔玉梅还注意到曲牌的安排，既有舒缓幽怨的南音（正线、乙反），又有急促紧张的快二黄。快慢的交替，节奏的变换，正好反映了人物的情绪。这些都证明了演员只有进行主动的二度创作，才能使剧本的文字变得生动而富有生命力。

在访谈中，崔玉梅透露出自己这些年的艺术感想。她从传统戏中走来，之后饰演了不少的现代戏人物，开始慢慢清晰把握演绎这一类人物的艺术规律和心得。她认为现代戏人物并非"不讨好"的角色，也并非与传统行当毫不沾边。只要把握住人物的性格特点，围绕其言行举止展开合理合情的设计，自然能够在舞台上塑造好角色。在对待传统技巧与现代题材的问题上，正如红线女老师所言："传统艺术技巧是经过前人长期努力得来的。它的一动一静、一颦一笑、一姿一态，以及一腔一调……都经过无数次的研究、试验，真可以说是千锤百炼。这样的东西，应该视为极其丰富、极其珍贵的遗产继承下来，而不应受到轻视，更不要轻易就把它抛弃。在表现现代生活的现代戏中，有不少是可以用得着的。我们不能在传统艺术技巧和现代剧的表演之间划上一道宽不可逾的鸿沟。"

粤剧《三家巷》,崔玉梅饰演陈文婷

粤剧《红的归来》
崔玉梅饰演红线女，欧凯明饰演马师曾

曾有学者表示，粤剧是发展的艺术，有其创新性和兼容性。因此，关于粤剧表演特点、剧本创作、舞台音响等方面的开拓、改革，都是行内外乃至社会各界关心的焦点所在。或许，目前还不宜以成败优劣对犹如雪球般仍在滚动的"粤剧发展现状"做出简单直接的判断，但无可否认，不断创新拓展的态度，是促进粤剧艺术事业发展的重要因素。

作为从事表演事业的粤剧演员，摆在面前的重大课题就是如何在塑造人物角色中形成自己的表演特色，并不断积累、总结经验。在这方面，崔玉梅是勤于思考并颇有心得的。在排演了多场剧目后，她开始反思如何饰演人物才能更好地塑造舞台形象，如何使角色在方寸之地、片刻之时给观众留下印象，而这些都离不开"入""出"的辩证关系。所谓"入"，即对传统技艺的锤炼，每位戏曲演员都经历了诸如"四功五法"等基本功的训练，并以此运用到包括对曲词剧情的理解以及人物角色的揣摩上等，以己之经历、情感代入；而"出"则是更高层面的要求，即如何使所演绎的人物凸显演员风格、特色，从而让角色具有鲜活的动态和鲜明的特征，富有人性、情感的立体感和即场感。

在《三家巷》中，崔玉梅饰演陈文婷一角，陈文婷在剧中是一位天真活泼的富家女，同时也是情感丰富多变的人物。崔玉梅在表演中既要突出陈文婷小姐直率任性的脾性，又要展现她在风云变化的革命斗争中走向成熟的过程。在研读剧本和有关资料后，崔玉梅感觉到陈文婷身上最大的特点是"真"，是有血有肉的人物。在表演中，崔玉梅着重利用舞蹈动作表现其天真烂漫、言行无忌。由于是现代人物，不能照搬传统行当程式，故此，崔玉梅在设计动作时较自由舒展，幅度较大，以突出人物个性。在人物唱腔设计上，崔玉梅也倾向于较质朴的唱法，尽量贴近人物性格。在《孙中山与宋庆龄》《刘胡兰》《司徒美堂》等现代剧的人物塑造上，崔玉梅均能利用"入""出"的辩证关系演活人物。如在《刘胡兰》之《就义》一折中，崔玉梅所饰演的刘胡兰，就抓住人物的内心独白表现其精神境界和心理活动。当面对敌人威胁恐吓时，崔玉梅利用锣鼓点节奏，以动作和表情展现了人物的情感和心理，并唱道："阵阵创痛痛彻心，面临就义忆生平。胡兰我风雨里生来，战斗中成长。十六年时光虽短甘苦尽尝。日寇铁蹄踏，鬼子烧杀抢。百里平川但闻哀声放。冰雪压西山，乌云盖吕梁，汾河两岸天地暗无光。"这一段较为抒情，崔玉梅用缓慢节奏予以处理，而后则渐渐趋快，表达情绪的激昂："春雷动，战旗扬，来了救星共产党。锄汉奸，打

粤剧《红的归来》,崔玉梅饰演红线女

日寇,手中挥舞红缨枪。心花怒放我参党,灯塔的光芒照四方。胡兰有党心明亮,胡兰爱党胜爹娘。夜望南天盼北斗,朝迎红日想延安。胡兰永远跟着党,跟着党。要学那西山松柏,铁节繁枝向太阳。"这一段曲词,既有反线二黄,又有流水南音,并以合尺花做结,崔玉梅除了在唱腔上别出心裁,根据人物情绪做出适度调整(比如流水南音由趋快改为缓慢),更重要的是配合身段和表情,突出人物追求正义、坚定信念的决心,摆脱了脸谱化、程式化的束缚。崔玉梅对现代人物的设计、塑造,日趋成熟,心得渐多,骎骎然有自成一家的风范,其独到之处在《孙中山与宋庆龄》《司徒美堂》和新剧《红的归来》中俯拾即是。可以说,崔玉梅长期的舞台实践以及好学敏思,已然使她的艺术风格愈显鲜明,尤其在现代戏表演上,她能借鉴吸收传统行当和程式的精华,并自觉运用到现代戏中,使人物角色富有个性,增强了戏剧效果与情感共鸣。

结　语

"玉经雕琢方成器,梅历冬雪更添香。"崔玉梅的经历,正是戏曲艺术表演者某种程度的缩影,她出身于粤剧家庭,自幼受到熏陶,且进入专业学校学习,又有大量舞台实践机会和经验。但她并不满足于停留在"完成任务"的层面。对于角色的塑造、人物的揣摩、唱腔的设计、情感的交流,已然成为她艺术表演生涯的一部分,也是她不断向前、不主故常的重要元素。如何在多元化的现代社会展现粤剧艺术魅力,如何在旧有模式中摸索出路,又如何使传统与现代接轨,是崔玉梅们面对与思考的重大课题,让我们翘首以待并送上祝福!

粤剧《花枪奇缘》，崔玉梅饰演姜宝枝

麦玉清

清丽灵秀，通台老倌

2015年获得第27届中国戏剧梅花奖

麦玉清，一级演员，粤剧表演艺术家，中国戏剧梅花奖得主。自幼酷爱粤剧，十三岁开始学艺，师从粤剧表演艺术家郑培英老师，天资聪敏、勤奋刻苦，在艺术上形成独特的表演风格，擅长闺门旦、青衣行当，扮相俏丽，音质甜美，富有感情，表演真挚感人，广受好评。曾参演《狸猫换太子》《唐明皇与杨贵妃》《梨花情》《宝莲灯》《伦文叙传奇》《沙家浜》《红雪》《山乡风云》《梁祝姻缘》《魂牵珠玑巷》《黑狱断肠歌》《范蠡献西施》《梦断香销四十年》《宋皇告状》《君子桥》《拉郎配》《红丝错》《皇帝与村姑》《睿王与庄妃》《六月雪》《啼笑历劫缘》《刁蛮公主戆驸马》《白兔记》《花染状元红》《三脱状元袍》《子建会洛神》《血溅乌纱》《青青公主》《蔡文姬》等剧目，塑造了杨贵妃、华山圣母、青青公主、蔡文姬等多个舞台人物形象。曾于1994年饰演《唐明皇与杨贵妃》中的杨贵妃一角获广东省首届戏剧演艺大赛优秀表演奖；在《唐太宗与小魏征》一剧中扮演女主角衡山公主，荣获1995年广东国际艺术节表演二等奖；在《红雪》一剧中一人兼演三角，荣获2002年第八届广东省艺术节表演一等奖；曾以《宝莲灯》的《二堂放子》一折参赛，荣获2002年广东省第三届戏剧演艺大赛金奖；2003年荣获中国戏剧家协会主办的首届中国戏曲演唱大赛红梅金奖；2003年荣获广东省"戏剧十佳中青年演员"称号；2009年荣获"全国文化系统先进工作者"荣誉称号；2015年饰演《蔡文姬》中的蔡文姬一角在第27届中国戏剧梅花奖评选中蟾宫折桂。

学艺从艺

麦玉清的父母都是粤剧迷,她从小受到家庭的熏陶,酷爱粤剧、粤曲,三岁便大胆登台演唱《沙家浜》。麦玉清非常热爱粤剧舞台,她曾笑称,小时候家里的房门门帘被她当作幕布,毛巾当披风,一番装扮后便开始投入表演了。小学时麦玉清参加了宣传队,接受唱歌培训,十三岁时以《鹅潭夜月》中的唱段,考进了江门市粤剧团当学员,并师从粤剧表演艺术家郑培英老师。

在剧团当学员的三年,非常艰苦。因为经常要随团下乡,当时条件有限,每个人都得自己拿铺盖,内有棉被、衣架、水桶,洗澡、休息等日常生活都很不方便,很多困难都要靠自己克服。在练功方面,麦玉清非常认真刻苦,但是她曾为此备受折磨,因为患有关节炎症,半蹲的时间不能太长,经常边流泪边坚持练习。但麦玉清个性好强,并不畏惧各种困难,反而下定决心要跨越障碍,实现目标。麦玉清还是一位有心人,她认为"偷师"是学习技艺最有效的方式之一,经常利用排练的间隙在舞台的虎度门(戏台两侧的出入口)位置,仔细观看别人演出,细心领会,多次揣摩。她还会和团里几位年轻演员一起,找一些折子戏,轮流表演不同角色,以此磨炼技艺。麦玉清的付出有了收获。有一次,团里的花旦有事演不了,需要有人马上顶上。麦玉清因为平素的留心,对曲词比较熟悉,便自告奋勇地顶任该角,引起了观众的注意,认为一个小女孩大胆登台很不容易。第一次"顶角"或许是"初生牛犊不怕虎",但随着阅历渐增,麦玉清开始对"顶角"感到害怕了。她担心自己会紧张,怕到台上记不住曲词,或不熟悉身段。在《状元媒》一剧中临时饰演柴郡主时,她便主动与音乐师傅商量"度曲",并与同事互相背曲、抽查。由于有充足准备,当晚演出一登台,她立即镇定下来,投入到表演中。直到十八岁,她正式担任团里的正印花旦,主演《偷看公主》《唐明皇与杨贵妃》等剧,为自己将来艺术水平的提升,打下了扎实的基础。

艺术的道路从不平坦。因为当时整个社会环境的变化以及个人心境的改变,麦玉清于1989年离开江门市粤剧团,转行做服装生意。在这段时间,她全身心投入到生意场上,对原本钟爱的粤剧、粤曲艺术不闻不问。此后虽然商场得意,但她却在物质丰富的同时更向往充盈的精神生活,心中始终放不下魂牵梦萦的粤剧梨园,在经过多番考虑后,麦玉清决定重回舞台,继续梦想。她担任江门市粤剧团的团长,从排戏演出到商谈台期等大小事务均一肩承担,繁忙的事务既是一种锻炼与磨砺,也是提升阅世、处世能力的途径。后来,由于优秀而全面的素质,粤剧前辈郑培英对麦玉清青眼有加并将她收为徒弟。麦玉清也从江门市粤剧团调至广东粤剧院,来到更广阔的天地。

由于聪敏好学、刻苦用功,麦玉清在前辈的悉心指导下迅速成长为广东粤剧院的团长、副院长、一级演员,并担纲正印花旦,在多部作品中饰演主角。

粤剧《紫钗记》,麦玉清饰演霍小玉

粤剧《狸猫换太子》，麦玉清饰演李宸妃，丁凡饰演陈琳

古腔粤剧传统例戏《仙姬大送子》，麦玉清饰演仙姬

演艺经历

麦玉清钟情于粤剧表演，对于行当的理解，也随着经验的累积和技艺的磨炼而不断深入。郑培英对于徒弟爱护有加，精心指点，认为麦玉清表演的最大优点是感情投入、细腻传神。麦玉清久经磨砺，各种旦角行当都曾尝试过，有"通台老倌"之誉。

如在《宝莲灯》一剧中，她分饰两角，颇见功力，受到观众和专家好评。《宝莲灯》由陈酉名、陈晃宫根据《刘锡放子》改编，主要讲述书生刘彦昌与华山圣母一见钟情而后私订终身，因仙凡结合而触犯天条，从此夫妻永隔。圣母为保护亲生儿子沉香而嘱托刘彦昌迎娶王桂英为妻，抚养沉香，令他成人后华山救母。沉香与异母之弟秋儿共同成长，却在学堂闯祸，意外导致秦太师之子秦官保失足触石身亡。王桂英为保沉香而让亲子秋儿投案。沉香避祸远走，后得灵芝及霹雳大仙指点练成武艺，劈开华山救出圣母。麦玉清在该剧中先后饰演华山圣母和王桂英，一仙一凡，颇有难度。但她注意表演两个人物的相似处和相异处，既能在华山圣母身上凸显人性中的善良品格，同时又能在王桂英这一平凡妇女身上展现非凡的通达无私。比如在第二场，圣母与书生刘彦昌相遇一幕，麦玉清所饰演的圣母以青衣行当应工，她充分表现出圣母端庄大方、慈善通达的特征。如刘彦昌目睹仙宫内圣母神像随即有感而诗，圣母随从灵芝认为刘彦昌亵渎神灵，欲加以责罚，圣母则劝灵芝查问清楚，并为刘彦昌解释："想是游山失落，在此权宿一宵。""如无轻薄之言就由他去吧。"当听得刘彦昌为自己赋咏诗句："寂寂守名山，岁岁烟云里，雪样聪明火样情，貌与心同美。雨露洒人间，要挽春光住。喜看山花烂漫红，伊人独憔悴。"圣母被刘彦昌的才情与人品所打动，多处维护这儒生，实则已动凡心，倾慕刘彦昌。麦玉清对于人物定位清晰，饰演圣母时尽量采用"对比法"，把握人物表达情感的尺度，务使符合其地位身份。她先是表现出圣母身上的高雅气质与仙家风范，如当中有一段调寄《杨翠喜》的小曲，麦玉清尽量徐徐咏唱，配合眼神动作，含情脉脉之余而不失规矩。在宝莲灯被二郎神盗走后，圣母预计到将要来临的种种危难困境，力劝刘彦昌逃走。麦玉清则在人物身上加上几分因对爱侣的关心而表现出来的焦急之情，她唱道："危急矣，你快逃亡。劝君你莫惜苦命三娘，同衾已是无希望。但得夫能脱险，为妻死也心安。（拖腔）珍重三日情缘，也算此生不枉。"在这里，麦玉清侧重突出人物为爱舍生的高贵品质。

在饰演《二堂放子》一折中的王桂英时，麦玉清则主要突出人物的委曲求全。得悉沉香与秋儿闯下弥天大祸，相爷下令交人偿命时，王桂英陷于"两难"之中：一个是圣母所托孩童，一个是自己亲生孩儿，手掌手背都是肉，剜却哪边都心痛，绑儿投案实令人断肝肠。为弄清真相，王桂英与刘彦昌分别审问两儿，然而兄弟情深，均自愿认罪。麦玉清先是让人物展现出作为母亲的"爱儿本能"，听闻相爷让交人，马上面露焦急之情，说道："他死了一个儿子，难道要我两个儿子偿命？"旋即稍作镇定，细问端详，以"数白榄"形式问"须知杀人要填命""你忍心舍双亲""宁不要性命"，在语气音调上逐层递进，有所变化；当听得沉香依次回答"唯有把命偿""恕儿难奉养""为免累爹娘"时，不禁又气又急，马上唱道："骂奴才太倔强，偶疏管教便逞强。惹得飞灾临身上，令慈母心恸伤。"唱完拿起藤条便打。被秋儿拦阻并听说是亲儿所为时便转怒为疑："你说谎，你说谎，小小年纪怎会把人伤？（此处稍快）"略微停顿，再一字一顿道"须知杀人要偿命""你忍心舍双亲""宁不要性命"，此处问答与之前审问沉香时一模一样，但处理起来则略微有异，增加了少许呜咽，更显伤痛失望之情。正是有这一细腻情感的铺垫，在后面的沉花哭腔"我我我的心爱（此时在旁的刘彦昌一声短叹）我的不肖儿郎"唱词中，从"心爱"到"不肖"词语的转换，才更能反映人物复杂多变的心理，情节衔接得自然流畅。麦玉清把作为亲娘共有的爱儿本能，与作为王桂英特有的通达宽容、贤良淑德品格结合起来，融于一体，丰富了人物性格与舞台形象。在该剧中，麦玉清充分发挥了闺门旦、青衣的行当特点，在诸如反线中板、二黄乃至滚花等唱段中亦颇富个人特色，使人物栩栩如生，令文字剧本立体化、形象化。限于篇幅，本文不一一赘述其余细节。

关于一人分饰两角甚至更多，本是对演员的一大挑战，但麦玉清无畏困难，勇于尝试。在《红雪》一剧中，她甚至分饰三角，可谓"分身有术"。因为她在此戏中要同时饰演姑娘、母亲、寡妇三个不同角色，特别是在第十三场戏中，剧情需要她同时在三个角色之间切换，一转身就饰演某一角色，对演员的即兴投入与区分表演要求非常高。经过这种磨炼，麦玉清深深体会到来自角色区分难度的挑战，如何使自己忘掉自身，迅速投入表演，又如何在舞台上呈现人物，使观众忘掉演员而聚焦在角色上，这都是演员需要思考琢磨的。

在《睿王与庄妃》这一宫廷剧中，麦玉清出演清朝顺治时期的皇太后布木布泰（庄妃）一角。该剧讲述了庄妃为让儿子福临顺利继承皇位，而不惜在复杂的政治旋涡中斗争的故事。在剧中一开场，睿亲王多尔衮便和肃亲王豪格为登基继位争吵不休，那边厢道："皇城十万兵，皆由我统领。"这边厢道："只要俺一声令，皇城顷刻便铲平。"庄妃见状，马上稳定局面，宣称多尔衮以持剑闯宫而获罪，须等候处斩；豪格不知是计，笑逐颜开。庄妃马上吩咐随侍的

"玉影霓裳——麦玉清粤剧艺术专场"
麦玉清饰演嫦娥

布婉，速带铁骑三百，护送多尔衮出城，以此诱捕豪格。这一幕主要以对话为主，麦玉清尽量利用念白的顿挫、声音的低沉有力，赋予人物威严与果断之感。在接下来的第一场《城外郊野》中，庄妃前来与多尔衮相见，晓之以理，动之以情，试图说服多尔衮。麦玉清在表演中唱道："出了皇城冒险见睿王，家邦安危一身当，母子赖他保家邦。迎上军阵休乱主张，立马整衣妆，暂压下惊慌，笑看风雷激荡（拉高腔）。"已经表露出庄妃以大局为重，图谋大计的心理。在与睿王对话中尤见精彩处，当睿王质问为何阻挡三军时，庄妃淡定而答："（此处唱腔为中板）曾记当年同倚马背上，好男儿豪言壮语永难忘。他说道十四阿哥是个狩猎汉，有他相帮不怕虎与狼。"睿王不以为然地说："当日的童言戏语，早已烟消云散。"庄妃见招拆招："但是当年的十四阿哥，却永远留在我心头之上。我绝不相信，你是一个背信弃义之人。"多尔衮胸怀怨气，清算旧事，手下人更是在旁高呼："拥立皇爷，登基称帝。"见此情状，庄妃让布婉说出自己暗中相助，帮睿王脱险之内幕，在睿王错愕之际，继续说出自己心中所想："扶幼主不能没你睿亲王。我敬你为大清拼流血汗，我敬你为霸业沥胆披肝，多少回搏电驱云如日朗，多少回出生入死挽危亡。今日大清如板荡，盼你再展巨手定国邦。"见睿王猜疑，庄妃道出原委：两王相争，一方取胜，另一方必定元气大伤，若他邦来犯，则江山落入他人之手。说得睿王羞愧当场，当下表态："大丈夫壮志凌云冲霄汉，岂在那偏安一隅小帝皇？"见睿王还在犹豫，庄妃继续劝说："军国大事你执掌，皇上封你辅政王，哪敢争来谁敢抢？玉玺一方交手上，兴亡成败任主张。"麦玉清表演时并非只是单纯的晓之以理，还辅以念白与眼神，注入人物在实际场景中的情感，运用动之以情的手段，加强了人物的表演效果。

麦玉清主演宫廷戏亦颇有心得，在《刁蛮公主戆驸马》一剧中她饰演凤霞公主，把人物演得栩栩如生，令人赞叹。此剧根据马师曾原作整理，是"马红戏宝"，历来盛演不衰。在饰演这位观众早已熟悉的人物时，麦玉清着意突出其"聪明乖巧"与"刁蛮可爱"。虽然公主是皇上的掌上明珠，金枝玉叶，但如果在表演中只是刻意表现其"刁蛮"，则无法更好地使观众为剧情所动，产生共鸣；如果不着力在公主的乖巧灵敏上，则容易使人物单薄，无法凸显舞台的喜剧效果。麦玉清牢牢抓住人物个性与剧情发展的关系，在表演时并不偏废，而是紧密结合。比如在第一场《五凤楼前风波起》中，麦玉清让观众见识了公主的"任性"与"机智"：在老太监添福面前，公主为登上五凤楼，又是撒娇，又是论理，使添福手忙脚乱无所适从。见添福不放心自己登楼，担心闯祸时，公主马上想到妙计，转移注意力，让添福扮盲人玩耍。等到自己被添福"抓获"时，则借此撒娇，说服添福从己所愿。麦玉清赋予公主独特的气质，即不光

粤剧《刁蛮公主戆驸马》，麦玉清饰演风霞公主、姚志强饰演驸马孟飞雄

是刁蛮娇女，更兼聪敏伶俐，使人物可爱可亲。在五凤楼上，公主看到外国使臣相貌丑陋，当场大笑不止，惹得使臣不满，并表示要一雪耻辱。在金銮殿上，当因耻笑使臣而导致北狄西戎兴兵侵境，问罪于公主时，公主面对三军大元帅孟飞雄的质问，侃侃道来，有理有据，驳得孟飞雄与使臣哑口无言。在第三场《三步一拜进洞房》中，麦玉清更是把公主与驸马孟飞雄的"夫妻斗气"表演得味道十足、妙解人颐。驸马为教训公主，杀其威风，坚决不跪迎，且请出先皇御赐的黄金锏。迫于形势，公主虽极不情愿，唯有三步一叩首进门。其中表演精彩迭出：一方面，千娇百媚、惯于呼喝的公主在黄金锏面前，威风全无，花容失色，还得顾全自己颜面；另一方面，受不了气的公主诸多表情，时而反唇相诘，时而假意作难。一段小曲《走马》虽然不长，但麦玉清配合表情唱腔，令这一人物笑态百出。受了气的公主自然满腹委屈，在洞房等候驸马时，两人又上演一幕"斗气"喜剧：喝得醉醺醺的孟飞雄想进门而不得，无奈公主尚在气头上，紧锁大门。驸马再三低声下气，仍无法得到公主原谅，只好在门外忍受酷冷北风。公主渐减怒气，又想让驸马入房，便偷偷开了门；孰料轮到驸马发威，戏弄公主，两人轮番斗法，笑料不断。麦玉清在表演中注意人物的表情和动作，收放得度，使平常的夫妻闺房趣话变得充满生活与艺术气息，在表现公主的"刁蛮"上显得层次丰富、可爱可亲。

在《唐明皇与杨贵妃》一剧中，麦玉清则突出人物的悲剧意蕴。作为历史上有名的四大美人之一，杨贵妃的形象出现在不少的文学与影视作品中，对于如何能既符合史实，又突出个性的处理，成为艺术家们共同面对的难题。该角色以花旦应工，但更重要的是表现人物雍容华贵、娇媚万千形象特点的同时，也要突出人物在政治风云变幻中渺小无助、唏嘘堪叹的悲剧元素。在上半场，麦玉清把杨贵妃娇媚动人、不可方物的雍容贵态充分展现出来，尤其是"七月七日长生殿""贵妃出浴""唐宫献荔"等几幕，杨贵妃与唐皇相爱缠绵、柔情蜜意的各种情状，麦玉清表演得惟妙惟肖，分别把人物的"娇态""媚态""嗔态"都呈现在观众眼前。而且，麦玉清还注意力求人物地位与气质的融合，对于娇媚美人与高贵妃子拿捏得很到位。而在下半场的"马嵬兵变"一幕中，麦玉清则利用青衣行当中凄美哀怨的特点表现人物，尤其是与唐皇生死离别、互诉情愫一段，无论是唱腔、念白，还是动作、表情，麦玉清都注重凸显人物在面临巨变与生死抉择时的内心世界与情感变化，渲染杨贵妃依恋唐皇的纯真爱情与情愿为保江山而自甘受死的无奈肠断，深化了作品的主题思想。

粤剧《唐明皇与杨贵妃》
麦玉清饰演杨玉环

粤剧《蔡文姬》
麦玉清饰演蔡文姬、林家宝饰演左贤王

《南唐李后主》为五场历史粤剧，编剧为陈自强、王凡石。该剧主要叙述南唐帝皇李煜丧偶，郁郁不乐。在与小姨嘉敏相恋并册封她为国后的过程中，宋朝意欲并吞南唐，一直在寻找机会与借口。宋皇赵匡胤在攻克金陵后，爱惜李煜才华，封他为违命侯，享受朝廷俸禄；但赵匡胤的弟弟赵光义却心怀不轨，垂涎周后美色，设法据为己有，多处刁难李煜。宋皇驾崩，王位易主，大权在握的赵光义更是为所欲为，借故报复李煜并调戏周后。他得悉李煜词作为周后所钟爱，以此要挟凌辱周后并杀掉前来劝谏的李煜之弟李从善，剜去宋长老双目。李煜得知送回来的词稿乃是一堆白纸，方醒悟又中赵光义奸计，悲愤交加之下与周后饮下赵光义送来的毒酒，抱恨而终。

　　该剧凸显人物的内心冲突，情感的变化与情节的起伏紧密相扣。麦玉清饰演周后，她牢牢把握这一角色的身份地位与心理特征，在细节处理中较好地展现了人物性格和情感。尤其在保存词稿的第四场《醉舞》中，面对赵光义淫威相逼，周后始终坚守贞洁内心，不断与之周旋。随着剧情发展，李煜之弟李从善为保护嫂嫂，力谏无果而怒骂宋帝，惨遭昏君杀戮；宋长老欲保李从善性命而不得，大声斥责亦被剜去双目。周后先是为叔叔仗义执言而担心，继而又为赵光义残杀无辜、滥施酷刑而悲愤交加、伤心低泣。面对赵光义大声喝问"你到底依也不依"时，周后随即打个冷战，明白自己所处境况。此处人物借一段小曲以表明心迹："眼前抗衡纵是不易，我岂甘受所欺？拼死殿前，存节义报夫君情谊，免千秋万世人笑耻。笑一国之君，保不了妻子，屈身辱志，哀痛此时，中道仳离。夫呀为妻先行入地，待上九天并翅飞。"周后欲拿刀自杀以死明志，却被宋帝一把夺过。当赵光义拿出李煜词稿，以之要挟时，周后整个人呆住了，从抱着"管他什么，无非一死"万念俱灰的念头，转至紧紧盯住宋帝手中的词稿。情节不断推向高潮，当宋帝高举词稿，扬言若不依从，便要焚烧时，周后开始变得愤怒，但现实的残酷让她不得不低下高贵的头颅，她慢慢开始妥协，开始顺从宋帝。这一段戏，最能检验演员的表演功力，这是一种紧密结合行当，而又侧重人物角色内心世界、冲破程式限制的表演。麦玉清充分利用语气、眼神、动作等细节，拿捏好表演寸度，既不统统过火，也不完全内敛，而是视剧情需要予以调整。如在宋帝作势要烧掉词稿之际，麦玉清饰演的周后跪下来，哀声劝止，马上从一个内心高洁、不肯随波逐流的高贵妇人变成自贬身价、乞怜求助的平凡女子，当中的情感转折自然得当；当宋帝要求周后殿前起舞，否则尽焚李煜稿作时，周后半伏于地，以"散板"唱道："骤起狂飙，天昏地暗"，接着是一段"反线二黄"（板面）："漫说蛇蝎狠，狠不过狠心人。眼前逢劫运，摆脱恨无能。紧紧煎迫痛揪心，我似荒野遇狼群，何以解厄困？"麦玉清在唱词中以带着哀号控诉情感的高腔，表现出周后的情绪起伏，凸显人物内心痛苦的挣扎以及为保存后主毕生心血而委曲求全的情状，感情到位，丝丝入扣。在面对宋帝赵光义步步紧逼的凌辱中，麦玉清把周后羞耻、惊慌、愤怒多种情绪叠加的情状表现得层次分明、栩栩如生，为后来与李煜双双饮下毒酒殉情埋下情感伏笔，令表演衔接自然。

演员表演讲究"入乎其内，出乎其中"，既要投入到角色之中，人我合一，又要能抽身出来，富有个性，引起共鸣。经过多年舞台生涯的淬炼，使得麦玉清在驾驭情感丰富的角色时应付自如，很好地诠释了"演者"的艺术特征与理想追求。

在新编历史剧《青青公主》中，麦玉清饰演一个清新角色——瑶王的女儿青青公主，这一角色有瑶族女子活泼大胆、豪爽直率的个性，但同时不失细致耐心，进退有度。在与明朝名士邝露相知相恋的过程中，她倾慕邝露的才华，希望他能助自己一臂之力，训练瑶族新军，共同保护家园。两人互生情愫，定下婚盟，只是在邝露外出探母之时，被清军围困于广州，青青闻讯赶至相助，他们为掩护百姓逃走而不幸陷身于火海中，与敌人同归于尽，留下一阕悲歌。

青青公主一角，与舞台上一般的女子形象不同，一是人物富有瑶族特色，二是人物置身于特定的历史时期，该剧题材的主旨赋予青青公主丰富的个人遭遇与情感波澜。这两点从程式、行当方面都对演员提出高要求。麦玉清关注到人物的特殊性，她认为应以"还原法"来塑造人物，即把人物置于当时的历史背景与地理环境中去补充角色身上的元素，使之丰富而不呆板、生动而不单调。在青青公主下山求贤一幕中，由于是女扮男装，麦玉清在这里借用了小生行当，来使青青公主这位"女儿身"富有乔装后的"男儿气"，举手投足间俨然是一副书生模样。在第一场一折中，青青与女伴山妹一起到处寻访名士邝露，麦玉清在此为人物注入一股"英气"：她扮演的"他"潇洒俊逸、英姿飒爽，在与邝露共同抵抗官兵时，她施展出武功招式，呈现人物身手敏捷、不畏强权的一面；在试图说服邝露上山时，青青豪气不减，说道："官逼民反民就反，你堂堂才子，对一肮脏茅厕，何必去意迟迟？"这一类的念白、眼神，麦玉清均加入一些小武的行当特色，既是女扮男装的公主掩饰身份的需要，又是作为瑶王女儿的青青平日练习武的明证，更好地透露人物的身份地位和个性特征。在成功引邀邝露上山，帮忙训练新兵时，青青卸去原来的男儿服装，变为清新可人的美艳公主。麦玉清以闺门旦行当应工，严格遵循表演程式的同时亦不拘泥于此，而是根据人物的对白与唱腔来塑造。瑶族儿女喜爱舞蹈，麦玉清便在动作上有所侧重，尽量在舞台上展现不同动作，并配合自己的唱腔。在表现青青公主倾慕邝露时，麦玉清又以花旦行当演出，尤其在眼神方面，她注意到"含蓄"二字。

清丽灵秀，通台老倌

《烂柯山之痴梦》，麦玉清饰演崔氏

粤剧《青青公主》，麦玉清饰演青青公主、梁耀安饰演邝露

粤剧《蔡文姬》，麦玉清饰演蔡文姬

清丽灵秀，通台老倌

获奖剧目

麦玉清是粤剧名花旦郑培英老师的弟子，颇得其真传。郑培英戏路宽广，尤擅青衣苦情戏，富有艺术感染力，人称"催泪弹"。特别是在唱腔上，郑培英不断雕琢，务求符合人物性格与情节变化，凸显艺术张力，令观众、听众产生共鸣。概言之，郑培英的做工与唱腔以"情"为主并贯穿表演始终，"以声传情""以情带声"是其核心与精髓。

麦玉清深深理解恩师的表演成就与特色，并且也以高要求鞭策自己，在塑造人物与雕琢角色上下功夫。她希望能结合行当但不为所囿，突出人物的感情与演员的情感，只有演员与人物有机结合，才能呈现别致的艺术效果。所谓的有机结合，说到底还是表演拿捏尺度问题，如何收放自如，如何不瘟不火，都是演员舞台生涯的一大课题。

在中国戏剧梅花奖的获奖剧目《蔡文姬》中，麦玉清所饰演的蔡文姬，凸显了历史人物的厚重感与即场感，使整台戏松紧有度、感人肺腑，是麦玉清从艺多年来成功塑造的又一形象。《蔡文姬》根据郭沫若同名话剧改编而成，主要讲述远嫁匈奴异域的蔡文姬，在面对曹操遣使邀请归汉续修史书时，在亲情与故邦之间如何抉择的矛盾心情以及种种曲折坎坷遭遇，呈现了历史上这位深明大义、肩负重任的奇女子丰富感人的情感世界与文化情怀。该剧是广东粤剧院着力打造的一部精品剧作，阵容鼎盛、制作精良，具备一定的艺术水平。

在接到任务后，麦玉清开始对人物角色的塑造不断揣摩，力求在表演中能有所突破，有所呈现。在大家熟知的历史事件与人物的基础上，如何使得这一角色重新活跃在粤剧舞台上是非常困难的。她面临两大困难：一是怎样灵活利用行当程式塑造人物；二是怎样消弭历史人物与观众的距离，使之形象生动继而与观众产生共鸣。戏曲的情感形式与生活的情感形式不是等同的，而具体到该部剧作的历史背景，与现实生活又偏偏相差千年以上。麦玉清在熟悉剧本与相关资料的基础上，决定从人物的情感入手。

粤剧《蔡文姬》,麦玉清饰演蔡文姬

首先，麦玉清把人物的定位确定下来。蔡文姬是历史上赫赫有名的才女，彼时处在复杂的汉匈政治环境中；但同时她又是一名妻子与母亲，与常人一样拥有普通人的伦理观念和家庭情感。于是，麦玉清决定定位在青衣行当上，再根据剧本需要来适当剪裁、删改某些细节，使之符合人物该有的形象特征。在行当选择上，麦玉清说道："演历史剧必须对其历史背景有所了解。因此我们前期对汉朝的历史资料做了大量的考究，也特地翻查过相关的史籍，对人物所处的特殊历史时期进行了分析和梳理。"正是由于有这一基础工作，麦玉清在饰演角色时能从人物实际出发，不夸饰、不拘束。在表现人物之间的冲突时，麦玉清注意凸显蔡文姬的文化立场，在大原则上不退让，以大局为先；而在表现人物内心的情感时，则注重人性的共性，从家常伦理出发，如与丈夫、儿女依依惜别等场景。两种表现形式与技巧相互交叠，不断渲染人物。

其次，麦玉清非常注重表演的情感性。该剧并不侧重在情节冲突上，更多的笔墨反而是放在人物的内心世界与历史观念上，而这些都无法单纯地通过跌宕的故事情节来体现。对于演员而言，更重要的是把人物的气质特点还原出来。由于该剧主要描述的是远嫁匈奴的蔡文姬，其思想已经成熟，在处理突发事件时，往往均能窥见人物的稳重与深思。

作为一名富有多年舞台经验的老倌，麦玉清还及时地调整与剧团整体的"合拍度"，使自己融入集体创作中。该剧是大制作，为了达到预期的舞台效果，在很多环节上都设计得巧妙精细。比如为了突出蔡文姬思念故邦、怀念慈父的情景，剧组设计了在舞台上的"同步演出"，即成年的蔡文姬与幼年的蔡文姬同在一幕出现，两人都在吟诵父亲教读的诗篇，这种手法在电影、话剧中较常见，但在粤剧表演中并不多见。麦玉清在这一环节较好地处理"此时"与"彼时"同场的情景，从口白到眼神，均较好地诠释了蔡文姬追思昔日父亲教授琴音妙谛、赋予传承重任的深情一幕。

更值得关注的是，麦玉清在表演时非常注重寸度的把握，尽量使人物符合身份地位与情感起伏。与此前众多角色不同的是，麦玉清赋予了蔡文姬一角由于出身名门而带来的高贵品质与卓越见识，以及经历世事变幻后的淡定心态与广阔胸怀。在该剧开头，麦玉清在抚琴追思时，使用较低沉而缓慢的念白形式，把人物的心境表现出来："茫茫大漠起风尘，文姬归汉路艰辛。嗟别儿女何堪忍，思乡梦圆要别君。"在最后的"君"字上，她特意拉长音调，符合人物沉重而复杂的心情。在接下来的《汉宫秋月》小曲中，麦玉清依然以不慌不忙的方式，让情感在唱腔中缓缓流淌，渗进观众的心田。这种"慢节奏""细功夫"的表现，正好适合特定历史人物的特定心态。在其他场次的唱腔与念白中，麦玉清都表现得不瘟不火，恰到好处地呈现人物的情感与气质。

从麦玉清的表演可以窥见，一位演员在提升自己的表演技巧时，需要通过饰演不同的角色去锤炼、去磨砺。《蔡文姬》一剧的表演，可以视为麦玉清在三十余载舞台生涯中艺术积累的沉淀。她把一位沉寂多年的历史名人搬演到粤剧舞台上，重现于观众眼前；更通过塑造这一形象，还原一段被尘封的历史，在新时代的今天凸显传承文化的艰巨与光荣。麦玉清以自己多年的表演功力，深刻理解人物的内心，超越了"我是在演戏"，在表演的过程中使人物与自己合二为一；也打破了与观众的"间离效果"，使之达到情感的共鸣，套用阿甲的话："这是一种既有距离又感亲切，既受教育又有余闲去审美的艺术。"

在中国戏剧梅花奖评选中折桂，是麦玉清艺术生涯的一个殊荣，令她动容，令她难忘，令她感恩。她不止一次说到，恩师郑培英与自己情同母女，对她不仅在艺术上苦心指导，还在生活等方面关怀备至，但郑老师已然辞世，未能亲到现场看到她的表演，实为她最大的遗憾。如今她希望能继承恩师的艺术风格并发扬光大，为粤剧事业贡献微力。

2016年12月9日晚，"玉影霓裳——麦玉清粤剧艺术专场"首场演出在广东粤剧艺术中心举行。当晚，她一人分饰多角，把嫦娥、杨玉环、穆桂英、崔氏、茹明月等人物在舞台上活灵活现地呈现出来。表演中她演绎了花旦、小旦、大青衣、青衣、刀马旦等多个不同行当，展现了丰富的舞台风采和感人的艺术魅力。麦玉清将专场演出视为检验自己表演功力的一次磨炼，在准备过程中，她并不讨巧，更不想重复自己，而是希望能借不同角色向行家与观众展现自己的艺术心得，又或者借助已经演过的角色，以不一样的方式向大家汇报近年来自己艺术水平的提升。

"品如梅花香在骨，人如秋水玉为神。"麦玉清对粤剧、粤曲艺术有着一种莫名的钟爱与眷恋，也使她愿意倾出热忱，为之痴迷与奉献。人生不同阶段的经历更使她领悟戏曲哲学的高度与深度，她依然在雕琢自己的艺术，依然在绽放属于自己的光彩！

粤剧《穆桂英挂帅》
麦玉清饰演穆桂英

曾小敏

粤剧传薪,梨园芬芳

2017年获第28届中国戏剧梅花奖

曾小敏,一级演员,中国戏剧梅花奖、文华表演奖获得者,现任广东粤剧院党委书记、院长,第十三届全国人民代表大会代表。她醉心于粤剧表演艺术,专攻闺门旦、刀马旦、花旦行当,文武兼长,扮相俊丽端庄,唱腔圆润委婉,表演细腻,深受广大戏迷的喜爱以及同行的赞赏。曾主演《花蕊夫人》《白蛇传》《女儿香》《刘金定斩四门》《汉文皇后》《宝莲灯》《红梅记》《山乡风云》《青春作伴》《梦·红船》《白蛇传·情》等大型粤剧剧目及粤剧电影《传奇状元伦文叙》《柳毅奇缘》《白蛇传·情》《谯国夫人》等。

从艺数载,曾小敏积累了丰富的舞台经验,荣获第28届中国戏剧梅花奖、第23届上海白玉兰戏剧表演艺术奖主角奖、第16届文华表演奖等殊荣。

学艺从业

曾小敏从小即对文艺产生兴趣,喜欢唱歌跳舞,在姐姐的影响下,她曾有一段时间醉心于绘画,但对于粤剧却从未接触。就在读中学的某天,父母带着小敏前往广州参加广东粤剧学校的招生考试,结果一考即中。此前曾小敏对于粤剧一无所知,只是感觉很美,觉得演员的衣服头饰都富有美感,化妆也很有特色。接触粤剧艺术后,曾小敏从逐渐认识了解到喜欢热爱,被粤剧的无穷魅力深深吸引住了。

进入广东粤剧学校后,曾小敏接触了粤剧艺术不同种类的技巧。她个性要强,为夯实基本功,常常不睡午觉,只为利用那宝贵的时间进行加练,直到动作过关为止。她笃信"一分耕耘,一分收获"的真理,始终以高标准要求自己,对于艺术上的细节从不放过,且坚持取法乎上的原则。在熟练掌握一整套程式规范后,曾小敏开始参与排戏,尝试在舞台上找感觉。这是一个检验平日训练效果的大好机会。

她参与排演的古装戏有《放裴》《猴王借扇》《天女散花》《贵妃醉酒》等，集中精力主攻刀马旦行当。曾小敏说，现在回过头来看可以发现，刀马旦类的戏对于一名学戏的花旦非常重要，在唱、念、做、打以及身段动作等方面都有所涉及，可以为将来饰演其他角色奠定扎实基础。另外，她还尽可能地参加各项比赛，通过比赛过程中的准备、练习与登台实践来磨炼自己。她笑称自己没有大志向，但每做一件事总是先明确小目标，然后一步一个脚印地踏实前行。事实证明，这些日常良好的习惯，为她将来的成功做了重要且关键的积累。曾小敏相信，人生道路很长，如果光是忙于奔跑会太累，但一路坚持小跑，既能一直延续状态，还能边跑边思考，不断提升境界。

在唱腔方面，曾小敏也下了一番苦功。在广东粤剧学校期间，她即开始学习"红腔"，后来发现自己的音色不太适合，转而取法"芳腔"，并在不断摸索的过程中融合两家长处，甚至结合其他诸如美声等唱法，使自己的发声既保留粤剧传统味道，又能更加科学化。这种博采众长的方法也是在长期的探索中形成的。有一次，曾小敏演唱名段《柴房自叹》，到红线女老师家中向她请教，结果红老师听到一半即建议她录音，并温言鼓励她不一定要唱红腔，应拓宽艺术的可能性与可塑性。她在感激前辈无私指点鼓励的同时也体悟到艺术上不断寻觅自身特点的重要性，果断采用干净明快的唱腔，并继续摸索适合自己风格的艺术道路。针对引起热议的唱腔流派问题，曾小敏认为，唱腔艺术风格的形成有多种因素，随着时代的发展，如今的演员已经不再需要自己专门去"度腔"（设计音乐唱腔），但这并不妨碍演员主动找音乐师傅去探讨唱腔细节，也就是说，即便分工有所改变，作为表演主体的演员仍然肩负"度腔"的重任，这种主体性不应该被遗忘与抛弃，恰恰相反，演员应该有自己的想法，发挥能动性与创造性，才能逐渐形成自己的鲜明特色。

艺术道路上，曾小敏遇到不少名家明师，均对她的艺术风格影响甚大。比如国家级非物质文化遗产代表性项目（粤剧）代表性传承人、广东粤剧院原院长丁凡，就与曾小敏结下师徒缘。曾小敏非常感激这位"平和处事、热心对人"的师傅，从与之认识合作并得到其口传心授的过程中，深切感受到这位艺术家对于粤剧舞台的热爱之情。还在曾小敏未与丁凡结下师徒缘时，他们已经有合作，一个偶然的机会，还在广东粤剧学校就读的曾小敏接到任务，出演《寒江关》中的女主角，而男主角正是大名鼎鼎的丁凡。对于自己能够与这位大老倌合作演出，曾小敏自然是兴奋得不可名状。所谓"初生牛犊不怕虎"，在广东粤剧学校六载磨炼，已经使曾小敏充满了信心，压根儿没有考虑其他临时突发的因素。但实际上学校的"舞台"与剧院的"舞台"还是大有不同，这里不仅考

粤剧《花蕊夫人》
曾小敏饰演花蕊夫人

粤剧《女儿香》,曾小敏饰演梅暗香

验演员的基本功，更考验演员对于舞台的熟悉与感觉，说到底，所有演员的成长都离不开经验积累。当天在台上发生了种种没有预料到的情况，比如头饰绑得不够牢固，道具没有好好检查致使剑穗掉出来……这些都令经验不足的曾小敏招架不住，只有狼狈地草草完场。

这一次教训，给了曾小敏沉重的打击。不难想象，从广东粤剧学校刚毕业的学生，要承受来自各方的批评，是多么的困难。她一度怀疑自己、躲避表演，甚至宁愿饰演不起眼的角色，为的只是不要长时间地出现在观众面前。不过，这一次教训，也恰恰为曾小敏的再次学习积累提供了机会。更重要的是，热心艺术且乐于扶掖后辈的丁凡，不忘关怀年轻人的成长。他得知曾小敏准备参加第三届广东省粤剧演艺大赛，便建议她排一个文场戏《投江》，还主动帮她联系北京的涂玲慧老师帮忙辅导。在北京匆匆的三天学习后，丁凡再帮她检查细节，查缺补漏。这种无微不至的关心令曾小敏非常感动。虽然此前在剧团工作，她都会跟随其他人叫丁凡一声"师傅"，但按照戏行规矩，没有举行拜师仪式，还算不得真正的师徒关系。经历了这次排戏，曾小敏便征询丁凡意见，问他可否入其门下。丁凡为人随和，他并不重视外在仪式，在他心目中，继承传统文化才是最重要的。他非常愉快地答应了这个请求，并希望曾小敏把戏排好，争夺殊荣。曾小敏也不负厚望，她在《投江》中，除了发挥自己扎实的刀马旦基本功外，还在唱腔、表情、做工上下功夫。这是一出独角戏，非常考究细节。她不但学习涂玲慧老师授予的技巧，还把自己的一些想法融入其中，不断丰富人物。曾小敏参赛的这个版本，除了夺得金奖外，还受到好评，被收入到广东粤剧学校的教学内容中去。曾小敏谦虚好学，除了向丁凡等老师请教外，她还充分利用广东粤剧院的良好氛围和力量，不时向剧团的前辈请益，观察他（她）们在舞台上表演艺术点滴，汲取营养，化为己用。

2005年，广东粤剧院成立广东粤剧青年团，年轻的曾小敏成功竞选当上了团长。这段难得的经历，既磨砺了她的舞台技艺，更为她日后的人生道路奠定了坚实基础。广阔的视野、探索的思想，恰好在这个环境中得以逐渐养成。广东粤剧青年团为曾小敏搭建了一个良好的平台，让她迅速成长，不断升阶。

青春组合

　　曾小敏与文汝清、彭庆华既属同门，又是同事，在舞台上合作多年，已然形成默契，被戏称为"铁三角"，构成了粤剧行内新鲜的组合形式，在2019年中央广播电视总台春节联欢晚会上，他们联袂演唱《粤韵新篇》，展现了年青一代粤剧人的风采。粤剧舞台多以生旦组合形式表现才子佳人与男女情爱类的题材，但三位主角同台搭档的情形则不多见。

　　要追溯这个"铁三角"组合，还要从广东粤剧青年团说起。当年，曾小敏与彭庆华、文汝清都是青年团的骨干，彼此年纪相仿，志趣相投，慢慢地熟络起来，相互搭配就更加娴熟，更便于投入到舞台表演中。他们的成长也正是基于这个"铁三角"组合，在艺术上互相促进提高。早在"铁三角"组合定型成熟之前，几位年轻演员经历了长时间的磨炼，比如在《六月雪》《刘金定斩四门》《双枪陆文龙》《穆桂英招亲》等经典剧目中，他们均有不俗表现。更重要的是在传承经典、重现经典的过程中，他们都留下了青春烙印，绘写了属于自己的艺术画卷，为日后技艺的逐渐成熟、经验的日益积累、视野的不断拓宽奠定了扎实基础。如是，我们对这些年轻的粤剧演员在碰上新编剧目时所展现出来的自信裕如以及锐意创新多了一份理解与赏识。

　　曾小敏经常强调，舞台是容纳大众艺术的场所，既有分工的不同，也有合作的关联；更重要的是彼此的信任互补，才能使"大戏"真正成为浑然一体的艺术。所谓"配戏"，就是说相互的搭配映衬，才能使人物角色熠熠生辉。在"铁三角"组合排练与表演片段中，她提及了一个细节：大家会在交谈与开玩笑中，不经意地交流对戏剧的看法，生活中的"自我"与舞台上的"他人"在这种平和融洽的氛围中构成了另类的"对话"。这种艺术上的"熟悉的陌生"与"陌生的熟悉"交织在一起，对于演员颇具挑战性。但正由于有了这种友谊基础、心理基础与舞台基础，在剧目角色的设计上，已能明显看到他们的主动塑造。如《梦·红船》一剧中，曾小敏饰演的梅卿是剧中女主角，虽然该剧以突出男主人公邝三华（彭庆华饰）为主，但在处理人物（如邝三华与超剑郎）的矛盾冲突过程中，梅卿这一角色起着关键的黏合勾连作用，对于推动情节发展、凸显人物性格、展现剧情高潮都有着重要意义。曾小敏吃透剧本，很好地把握该剧的艺术张力，一方面，她要处理好对待两位追慕者（邝三华、超剑郎）的情感细节，分别表现不同情境下的感情转变过程，如对待师兄邝三华，从原来兄长般的尊敬佩服到得悉师兄爱慕自己后的诸味杂陈，为其自轻自残而痛心不已，再到为邝三华的"红船梦"而感动，不屈从于敌人的强势；又如对待超剑郎，从开始的一见钟情到后来的鄙夷轻视，其复杂的心绪也有所展现。另一方面，曾小敏还注意到"以小见大"的艺术手法，使梅卿的个人情感最终挣脱了狭隘的拘囿，把家国情怀与儿女私情较好地结合起来，展现了大时代背景下小人物身上的"光辉"。这些既与曾小敏多年来积累锤炼的艺术感觉有关系，更离不开三位演员多年来相互了解、彼此扶持的默契度。

又如《青春作伴》一剧中，曾小敏饰演一位刚毕业的大学生文青。这位在生活的波折中逐渐成熟起来的"女村官"，在面对困境时展现的坚毅与勇敢，是时代青年的写照。剧中有两位"对手"，分别是罗家伟（彭庆华饰）与林春华（文汝清饰），先后追求文青，但一人见异思迁，一人风雨与共，在青春奋斗的过程中也顺带出三人的爱情故事。曾小敏很好地把握住该剧的"时代感"与"青春气息"，接到剧本后她便深入挖掘人物的性格内涵，通过文字建构角色的形象。由于这是一名现代人物，年龄、心理等方面均与自己条件相符，但要在艺术舞台上以戏曲手法展现人物形象则需要花心思。曾小敏牢牢地抓住"青春"二字，认为年轻人就应有年轻人的想法、姿态和精神面貌。她认为，剧中的文青不是一个完全成熟、做事世故老到的女孩子，她还在成长过程中，对于人生规划、爱情选择、人际交往等方面都显得青涩但不失活力。因此，她既表现出青春少女初涉社会的单纯天真，也刻画出大学生"村官"的执着坚定，更描绘了青年人战胜困难茁壮成长的过程。在展现人物个性特点时，曾小敏注意到细节的处理，比如与罗家伟的感情，从开始的相互爱慕到逐渐疏远再到分手作别，曾小敏没有做概念化的表演，而是在情感起伏中也注意突出人物藏于内心的倔强与坚韧，还在与林春华的交往中较好地做了情感铺垫，实现了人物矛盾冲突与情感交流的平稳过渡。

同为现代剧目，曾小敏曾将经典剧目《山乡风云》与《青春作伴》对比，认为演员应根据不同的剧情、背景与人物定位做好设计，在行当程式运用上尤其要注意"活用"。戏曲艺术的规律是表演需要决定程式设计，而不是生搬硬套。在《青春作伴》一剧中，剧组大胆采用诸如书包舞等现代舞蹈，曾小敏也注意减少固定造型的表演而代之以生活化的动作。同时，曾小敏认为戏曲人物的塑造离不开个性，无论什么行当的人物，都要有他们自己的特质，才能令人印象深刻。如果表现得模棱两可，纯粹唱完念完就下场，必然是失败的表演。

这类"三角组合"的剧目，既能较好地发挥默契度较高的演员所长，又能反过来激发编剧灵感，催生类似的作品。粤剧史上曾有仙凤鸣剧团的"铁三角组合"（任剑辉、白雪仙与梁醒波），如今这几位年轻演员也在探索自己的艺术方向与轨迹。曾小敏还有不少与两位搭档合作主演的作品，或以文场为主，或以武场为主，或两者兼有，充分发挥三人组合的特长。戏曲是综合艺术，从文本到表演，除了编剧、导演等不可或缺的元素外，作为舞台主体的演员，如何实现从案头到舞台的转化，既考验其艺术水平与艺术修养，更考验其"黏合"的功力。限于篇幅，此处暂不展开。

粤剧《梦·红船》,曾小敏饰演梅卿、彭庆华饰演邝三华、文汝清饰演超剑郎

粤剧《青春作伴》，曾小敏饰演文青

粤剧《穆桂英招亲》,曾小敏饰演穆桂英、彭庆华饰演杨宗保

粤剧电影《柳毅奇缘》，曾小敏饰演龙女、丁凡饰演柳毅

红梅芬芳

演员有自己的成长轨迹。曾小敏坦言，《花蕊夫人》《青春作伴》《白蛇传·情》这几部戏代表着自己的成长阶梯。就以《花蕊夫人》为例，该剧的排演对于自己艺术的磨砺大有助益。当时剧院专门邀请关国华、关青、小神鹰几位前辈帮忙指导，尤其在传统唱腔上精雕细琢，令几位年轻演员获益匪浅。尽管经典重排，珠玉在前，但曾小敏感到人物形象应该更丰满些，需要向观众清晰展现花蕊的个性与内心世界。如在孟昶离宫一幕中，花蕊并无太多表演。曾小敏认为人物情绪上要有铺垫与顺承，不能毫无反应，经过与导演商量，决定在此处增加新曲。又如孟昶辞世，花蕊喊出一声"孟郎"的情节，曾小敏认为人物此时需要情感的宣泄，应该有一段独白戏，对整个剧进行情感气氛的渲染。事实证明，这些主动修改添加，非常成功。曾小敏强调，在舞台上，演员要参与到角色设计中，不能单纯地接受剧本，而要理解戏剧主旨与人物内心，并要发挥主动性去塑造人物。经过一场又一场艺术的淬炼，曾小敏益发感觉到表演并非简单的程式，而是演员内心与舞台人物的交融，戏曲就是现代与传统的沟通和对话。

在多年的艺术舞台上，曾小敏饰演了无数面貌各异的角色，在内心深处，她一直渴望有新的挑战，恰好正碰上角逐中国戏剧梅花奖的时期，经过衡量分析，曾小敏决定挑选《白蛇传·情》作为参评作品。对于白素贞这一角色，曾小敏钟爱有加，认为她敢于追求理想与自由，为爱情而不畏牺牲，勇往直前，具有人性的光辉。而且，该角色文武兼备，唱打俱有，形式多样，技巧丰富，极有挑战性。作为经典剧目，《白蛇传》在全国各大剧种中均有表演，粤剧剧目更是长演不衰。但如何在这个基础上做出提升完善，成为摆在曾小敏面前的一道难题。早在构思之时，曾小敏便与创作团队人员沟通，看如何重排这一经典剧目，突出新版的奇巧妙思。与剧组反复磋商并思考再三，曾小敏决定对人物进行升级加工，向观众呈现不一样的白素贞。该剧确定主旨须突出一"情"字，真挚动人的爱情贯穿整场戏，传递温馨美好的人间。剧中所展现的人与蛇妖之间的爱情，究其实质就是人类真善美情感的集中反映。此外，曾小敏认为，戏曲作为美的艺术形式，既要传承传统精髓，以传统行当和传统手法表现人物、展露剧情，又要结合如今时代的审美趣味，最大可能地引起观众的情感共鸣与认可，做到以"古典的舞台演绎现代的情感"。这种情感，除了要展现出人类光辉人性外，还需以贴近当代人生活理念与审美时尚的形式，激发观众内心的波澜。再者，人类的情感非常复杂，很多时候并不是非黑即白，非此即彼。该剧展现的正是这种令人纠缠不已、痛苦不堪的丰富情绪，从而在遵循剧情逻辑与戏剧规则的前提下最大限度地扩大戏剧张力。就如主题所传递的思想主旨"人若无情人亦妖，妖若有情妖亦人"一样，人与妖的区分并非判若鸿沟，在彼此的冲突与碰撞中，人与妖之间往往会产生特殊的情感。曾小敏对于角色白素贞乃至该剧的理解，超越了文本的文字意义，上升到哲学层面，这使得她在塑造人物时呈现出与传统剧目《白蛇传》不一样的地方。

戏曲是美的艺术，曾小敏从一开场就把人物的"美"向观众展现得淋漓尽致。在美轮美奂的布景下，白素贞徐徐出场，款吐心声（小曲《妆台秋思》）："万花吐芳旖旎开，爱一枝淡雅耐寻味。有相知最明我心，说绿鬓娇红定相宜。一枝秀，细采摘，花簪鬓上暗动爱思。定要追寻，依稀可盼梦里两相依。"在优美的舞姿与动听的歌声中袒露心事，观众看来，舞台上这哪里是面目可憎的蛇妖，分明是可爱率真的女神。拉近与观众的距离非常重要，舞台上的"身份嵌入"发挥着重要作用。《妆台秋思》本为怨调，唐涤生的《帝女花》中即采用此曲，但不同的剧情，不同的台词，还须有不同的情感，不同的形式。曾小敏充分注意到潜意识的交流，并没有硬生生向观众念出曲词，反而吃透剧本文字背后的信息，使舞台效果最大化，为随后的表演奠定基调。第一场的《钟情》较之旧版，在主人公情感交流的细节放大上做了功夫，如两人近距离的目光对视、细语倾谈、咏叹抒情的成分也明显增多。曾小敏还注意运用身段与双手，配合唱腔与眼神，使人物处处透露出"爱的信息"与"真的意愿"，也更好地突出了白素贞在情感上的主动性与勇于追求真爱的坚决。

在展现"美"的同时，曾小敏还塑造了爱情与亲情的"真"与"痴"。小青闻不得雄黄酒，劝说姐姐离开人间，白素贞不从；法海见不得妖邪，劝说白蛇离开许仙，白素贞不听。就在许仙劝说她饮下雄黄酒时，白素贞明知饮后会"原形毕露"也不惜"以身试酒"；即便向许仙说出怀孕真相以求躲避第二杯劝酒时，却也因丈夫一句"为孩儿祝祷"而罔顾后果；更为许仙的盟誓"一心一意一世人，不离不弃终百年"而冒险饮下第三杯雄黄酒，结果露出原形吓死许仙。白素贞为救夫婿，再冒风险前往仙山求灵芝草。这些都反映了白蛇"为情而痴"的特点。曾小敏的表演，着重在"率真"上，运用了减法法则，即不过多地在人物角色上重彩浓抹，而是从内心世界出发，取得自然而然、水到渠成的艺术效果。

曾小敏饰演白素贞一角，还注意到她的"善良"，白蛇虽为蛇身，却充满人情。如"求情"一幕，原来版本着重在"盗草"，新版本则改为"求草"。一个"求"字，更

粤剧《白蛇传·情》,曾小敏饰演白素贞、文汝清饰演许仙

粤剧《白蛇传·情》，曾小敏饰演白素贞、朱红星饰演小青

南国舞台上的红豆豆 粤剧梅花奖演员访谈评论集

粤剧《白蛇传·情》,曾小敏饰演白素贞

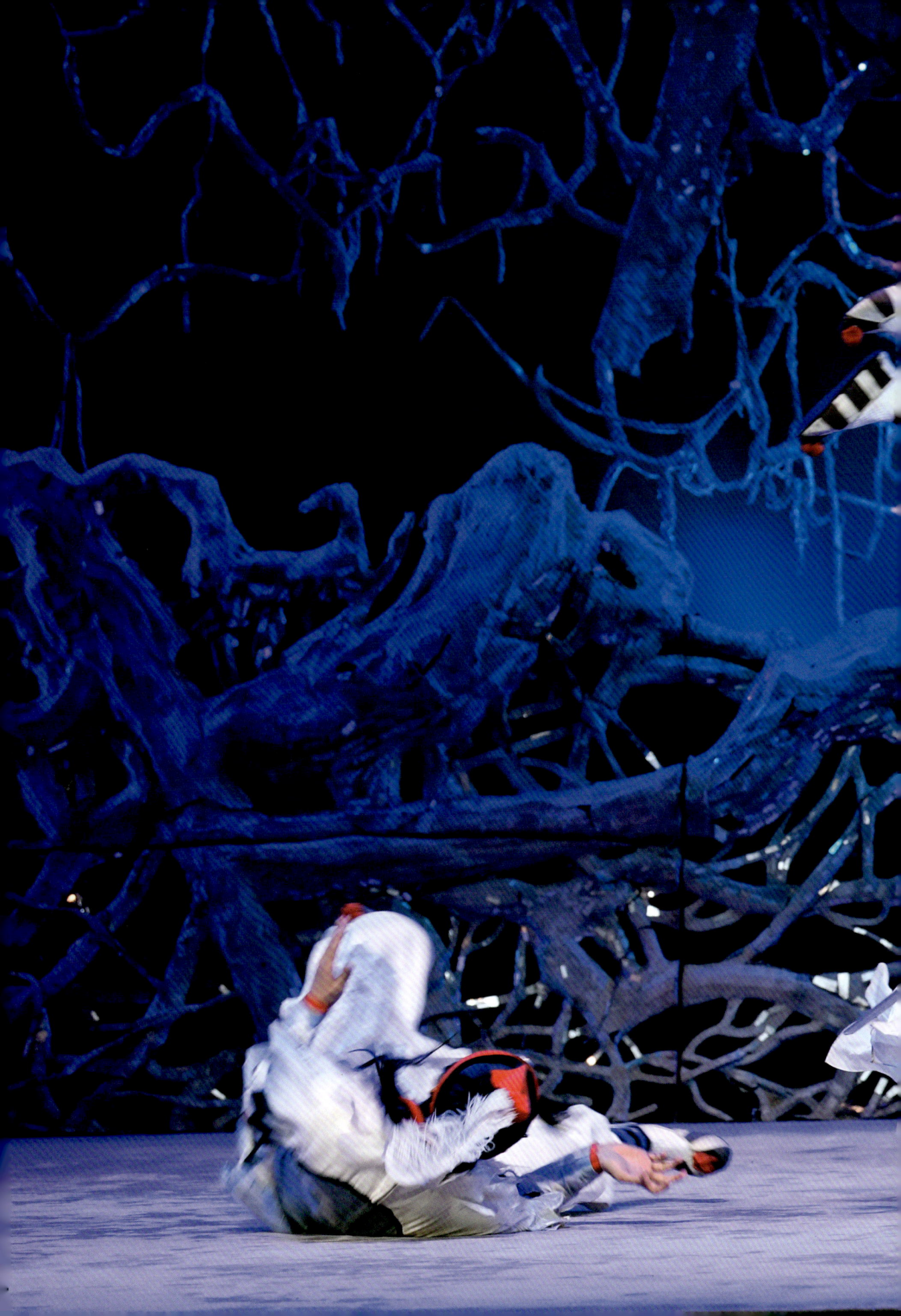

粤剧《白蛇传·情》，曾小敏饰演白素贞

粤剧《白蛇传·情》，曾小敏饰演白素贞

粤剧《刘金定斩四门》,曾小敏饰演刘金定

体现出白蛇委曲求全，一心一意救回许仙，尽量避免兵戎相见的苦心。又如《水漫金山》一折，白蛇的唱词"莫再推波怨恨深，待我讲理殿堂上，望他息手，让我夫郎，携手相依醉年光"（小曲《千般恨》）"，体现了白素贞希望消除怨恨，心平气和地解决事情的衷心。原来版本的武打场面也换成以水袖为主的艺术形式。长水袖的对打设计，既彰显了曾小敏允文允武的艺术特色，更烘托了人物无奈、焦急、愤怒的复杂情绪。当中有一细节堪可注意，在白素贞叫唤"许郎"并与众兵交战时，间有短暂的停顿：此时演员定住身姿，与众仙兵神将对视，再配合锣鼓做动作。这契合了传统戏曲的写意手法，在紧张的打斗中，透露主人公迫于无奈而抗争的心境，再次凸显白素贞的善良。自始至终，白素贞身上闪耀的更多是人性光辉的部分，与法海的存心破坏以及许仙的愚昧无知相对比，尤为明显。在该剧结尾部分，许仙在雷峰塔边，白素贞道出心声："我触犯天条，本该遭天谴灰飞烟灭。佛祖念我情痴，将我收入雷峰塔，保得真身，再修千年，或可成人。为此，我愿塔里千年！"通过演员深情委婉的唱腔，再次充分彰显白蛇的宽容善良。新版《白蛇传·情》突出了"情"字，曾小敏赋予了白素贞鲜活感人的灵魂，让观众感受到人物在追求心灵自由与情感自由的过程中，所展现出的真诚、善良和高尚。正如她在《聆听足音》一文中所述："当我触碰着戏里白素贞的爱恨缠绵，仿佛置身于西湖边上，与许仙四目相投，怦然心动。金山寺前挥动长袖，这是千般委屈、百般隐忍后无奈的呐喊和抗争。泣别断桥，本是恩与怨的解脱，却始终放不下那魂牵梦绕的冤家，被拖拉着的衣袖，无法挪动的碎步，身随心在抖动……此刻，已分不清戏里还是戏外。"演员表演艺术的最高境界正是"人戏合一"，在角色身上注入自己的精神与灵魂。在新版的《白蛇传·情》中，曾小敏实现了经典剧目时尚化（舞台古典、情感现代）的设想，也开始展现她关于传承后创新相互结合的理念。凭借此剧的出色表演，曾小敏荣获第28届中国戏剧梅花奖。该剧后由珠江电影集团有限公司拍摄成4K全景声粤剧电影。

红豆新姿

获得中国戏剧梅花奖的殊荣，对于戏曲演员来说是一种肯定与认可。曾小敏于欣喜中仍然没有忘记，这是一份集体的荣誉，是团队努力的结果。而且，她清醒地认识到，脚下的道路还很长，肩上的担子还很重，粤剧的传承与弘扬尚有很多工作需要开展。

曾小敏曾演唱《此生最爱是梨园》一曲，该曲寄寓了她对于粤剧艺术的深厚感情，也表达了她对自身重任在肩的使命担当。在获得无数荣誉后，她有过如是思考，即一名戏曲艺术工作者如何继续突破自我、开拓创新，在不同层面传承文化、贡献力量。身兼广东粤剧院党委书记和院长职务的曾小敏开始描绘并实施心中的宏图。

南国舞台上的红豆豆　粤剧梅花奖演员访谈评论集

— 粤剧传薪,梨园芬芳

粤剧《红头巾》,曾小敏饰演带好

粤剧《谯国夫人》海报

粤剧《刘金定斩四门》
曾小敏饰演刘金定

对于传承，曾小敏有着明确的态度，她强调要保护文化瑰宝。除名家口述历史、数字化工程、名家传戏、经典复排等系列活动外，她认为推广也很重要，剧团必须找准自己的市场定位。目前广东省的粤剧表演团体大多集中在基层地区，如何加大力度开拓城市市场，成为剧团考虑的重心问题。要打造品牌，就得抓好艺术质量，同时加大宣传力度，扭转"送戏赠票"的固有局面。这几年陆续推出的"周末睇大戏""名家演出周"等活动均受到观众热捧。又如"粤剧进校园"活动，有"粤剧体验馆""讲师团"等重要环节，均产生积极影响。

关于如何在传统基础上创新的问题，曾小敏也有独到见解。她认为首先须在剧本上下功夫，找到与时代产生共鸣的话题。戏曲不是"古老石山"，不能等着进入博物馆，只有贴近现实、走进大众生活，作品才有生命力；其次，形式上也要创新。传统不是一成不变的，如何重新包装，以更好的方式呈现，充分运用新的舞台元素，都能使舞台效果最大化，从而助益戏曲表演；最后，时代在变化，生活的节奏也在加快，戏曲作品应该与时俱进，按照观众审美趣味与剧本实际情况不断完善。好的作品，要把握好主题思想的高度、艺术表演的寸度以及情感传递的节奏。

对于戏曲传统文化，曾小敏认为不只需要坚守继承，还要结合时代发展，大胆创新。作为人大代表，曾小敏在第十三届全国人民代表大会上提出建议，希望政府部门和戏曲团体，以及从事文化生产、宣传、科研、培训的企事业单位，共同努力推动戏曲艺术"云端"建设，针对有戏曲表演学习兴趣的学生和爱好者，建立能得到社会认可的业余戏曲考级机制。

艺无止境，曾小敏勇于探索、大胆尝试的脚步一直没有停止，她希望不断有新的挑战，塑造不同的人物角色，摸索新的表演理念。在2019年推出的《谯国夫人》中，曾小敏饰演冼英一角，向观众讲述了致力于维护国家统一和民族团结的英雄故事，展现岭南人独特的家国情怀与英雄形象。这位年轻的粤剧领军人物，为传承弘扬粤剧传统文化而勇担使命，开拓进取，不断传承创新，使粤剧永葆活力。

在曾小敏心目中，粤剧是传统文化的底蕴根脉，是粤港澳大湾区地域的文化认同，是岭南民众的情感记忆，是华侨同胞的乡愁寄托。为此，她说出自己的心声："传承中华优秀传统文化，是我最大的责任。戏曲的发展与时代的脚步密不可分，作为青年粤剧人，我希望能成为'火炬手'，让粤剧文化走向更远的地方。"

祝愿曾小敏在艺术道路上越走越宽广，不断绽放青春与梨园的芬芳！

粤剧《白蛇传·情》电影海报

后　记

　　这本访谈评论集，历经八载，终于可以付梓面世了。

　　作为历史悠久、影响深远的戏曲剧种，粤剧素有"南国红豆"之誉，是广东省戏曲首个进入联合国教科文组织人类非物质文化遗产代表作名录的戏剧样式，是世界级的非物质文化遗产项目，它的成功申报说明粤剧艺术得到世界性的肯定和认同。如何让更多人认识粤剧，喜欢粤剧，进而推动粤剧的发展，为粤剧文化传承与事业发展做点事情，成为我们采访、写作的驱动力。2014年，我们向广东省艺术研究所申报了研究粤剧艺术的课题，并定出计划，精心选取各有艺术特点、不同流派风格的18位粤剧表演艺术家作为访谈对象，逐个走家串门，谈戏说艺。在这个过程中，我们还查阅粤剧表演艺术家的相关资料，现场观看他们的排练演出，从中体会到粤剧界梨园子弟热爱戏曲舞台、坚守粤剧家园的精神。

　　18位中国戏剧梅花奖获奖演员均有着相似的舞台经历。他们大都从基础学起，从配角做起，从懵懂生涩的"初哥"逐渐成为"顶梁柱""大老倌"；他们又有着各自不同的心路历程，有从小立志从事这一行业的，也有误打误撞"闯"进来的，还有遇到低谷期考虑过转业的，更有已经捧着"铁饭碗"却不甘现状、几番波折后重返舞台的……种种境况，不一而足。有时候，演员的生活比舞台更富艺术性和故事性。反过来，这些生活的片段和挫折，往往也成为他们丰富表演技巧的营养元素以及拓展艺术视野的途径，自然也成为我们最关注的焦点之一。本书所书写的，不只是演员成功后的辉煌硕果，还有成功前所经历的失败挫折和经验教训。如是，则能更清晰地向读者揭示艺术特有的现象和规律，奖项的背后，往往是多年积累而致的水到渠成，而非突如其来偶然得手的一蹴而就。我们始终坚持认为，中国戏剧梅花奖不仅仅是一个奖项，更是对中国传统戏曲文化的体认与再现，是文化自信的标志。中国戏剧梅花奖对于获奖演员而言，也不仅仅是一个殊荣，更是衔接传统与现代、生活与舞台的重要桥梁。

　　本书特点在于访谈、评论两结合，既注重采访交谈的"纪实性""还原性"，也注重评论总结的"理论性""阐发性"。演员已然熟稔的一段"从艺经历"，观众已然习惯的某些"表演细节"，在我们看来，却别有一种"陌生感"。戏曲是很特殊的综合艺术，每一个环节与每一次表演都被赋予独特的意义，如何置诸更广阔的背景中去解读、阐释，都成为思考的焦点所在。在倾听18朵"梅花"的故事与经历的同时，我们也在思索名家流派、经典名作、传播影响、传承创新等问题，并慢慢发现，我们所认为的传统，正通过各种形式和载体重新呈现，我们所定义的创新，也正通过各种机会和平台大放异彩。同时，我们也不回避现实存在的问题，书中也涉及了诸如"戏曲传承""市场机制""创新元素"等内容的探讨，以此观照演员们的艺术观、人生观和文化观。

　　中国戏剧出版社于1988年出版的由赖伯疆、黄镜明两位先生合著的《粤剧史》，梳理总结了粤剧产生、发展、演变的历程，为读者展现了丰富多彩、波澜壮阔的粤剧图卷，成为了解、研究粤剧史的重要参考书籍。限于成书时间与史实资料等因素，关于粤剧在20世纪80年代后的有关情况，该书没有再延展深入，有关中国戏剧梅花奖等相关介绍更是付之阙如。本书通过采访粤剧的中国戏剧梅花奖获奖演员与梳理他们的从艺经历，发现这些珍贵的记录，无疑可以作为粤剧史的重要补充。演员们在访谈中所提供的从艺经历、表演心得、代表剧目、获奖证明等材料，正是粤剧历史的重要组成部分。他们对于粤剧艺术的理解与展望，或许带有部分主观情感，但也恰恰反映了经历过粤剧发展起伏浪潮依然站在舞台前沿的演员们真实的心路历程。

政府重视保护、扶持传统戏曲，使得戏曲园地蓬勃发展、绚丽多彩。早在2009年入选人类非物质文化遗产代表作名录的粤剧，近些年更是掀起热潮，一辈又一辈的粤剧人坚持在南国梨园耕耘播种，千千万万的观众戏迷成为红豆相思的见证人，所有这些，都是今天粤剧文化继承传播、创新开拓局面的重要因素。我们衷心希望这本小书，只是一个开端，如有更多同道中人有志于此，为粤剧的活态传承以及名家艺术的总结积累做点工作，相信南国红豆定会焕发新枝！

书中所采访的粤剧18朵"梅花"，截至本书付梓之时，尚有很多精彩的舞台演出、获奖赛事以及报道片段，但由于已经进入校稿出版等原因，或无法及时补充，尚希原谅。在采访以及出版过程中，我们得到广东省艺术研究所、广东粤剧院、广州粤剧院（广州粤剧团、红豆粤剧团）、深圳市粤剧团、珠海市粤剧团、佛山粤剧院等单位以及梁郁南、梁建忠等名家的大力支持，他们为我们查找演员的相关资料和宝贵剧照（本书所有剧照图片均由演员及所在单位提供），为采访撰写工作的顺利进行提供了极大帮助，在此谨致谢忱！

限于水平与人力，书中不可避免出现疏漏不全之处，我们抱着虚心学习、不断完善的态度，期待听到不同声音和意见，敬请专家和读者批评指正，不胜感激！

邓海涛，广州大学人文学院教师。自幼钟爱传统文化与戏曲艺术，尤其醉心于粤剧、粤曲。从事岭南戏曲方面的教学与研究工作，开设粤剧粤曲文化导赏课程，担任"风荷曲艺社"指导老师。积极参与戏曲推广宣传，曾参加2013年"纪念任剑辉女士百年诞辰粤剧艺术国际研讨会"、2019年"粤港澳大学生粤剧传承系列活动"、2020年"地方曲艺与戏曲专题研讨会"等活动。

书籍装帧：马淑玲
插　　画：戏画家钱新明
封面、底：戏画粤剧《六国大封相》